文化生活叢書

香港的回憶

鄭永常　著

何序

　　本書記載的，既是一位從小工階級向知識分子之路邁進的學者的個人回憶，也是香港從戰後到回歸前五十年間經濟、社會的發展歷史及轉型蛻變的大時代縮影。作者鄭永常教授透過現身說法，將其生活、學習和成長的心路歷程，以誠懇親切的態度向讀者娓娓道來，揭示鄭教授在成長及學習過程中的主觀條件及客觀環境都相對不利，歷遭困頓，卻從不怨天尤人，憤世嫉俗，致全為社會環境所控制，隨俗浮沈；相反地，他以堅定的信念，下定決心，努力不懈，百折不撓，心無旁騖，持之以恆不斷充實自己，並抱著知其不可而為之的精神向目標邁進，化不利為有利，終能有志竟成，從印刷、紡織業小工，逐步前進，最後成為國立成功大學歷史系教授。回憶錄呈現的，正是一位清寒的有志之士艱苦奮進的典型。閱讀這本回憶錄，勵志而外，個人感受最深的是鄭教授的「真」；書中他毫無保留地坦誠暴露自己，對其生活上及學習上的挫折及敗績直言不諱，看起來平常不過，其實最不容易，彌足欽敬。筆者年長鄭教授二歲，成長、教育及工作的環境與鄭教授親歷者不盡相同，唯書中所述香港的林林總總，不少正是我們生活的共同體驗及回憶，讀來倍感親切。這是一本充滿正能量的勵志書籍，值得向讀者推薦。

何漢威

中央研究院歷史語言研究所

楊序

　　翻開鄭永常教授的《香港的回憶》，真是點滴在心頭。我和鄭教授都是生長在同一時期——六、七十年代的香港。那年代，香港基本上窮人佔大多數。低下層的居民拚盡所能，每日工作十多小時，仍然得不到溫飽。此書給了我一座錄像機，重新回看過去的香港生活，酸苦的感覺如絲如縷的縈繞胸臆，但帶著點點的回甘。全書分三卷，首卷細說香港開埠以來的歷史，介紹不同的歷史環境，包括中古、宋帝落難、及清朝割讓香港與英國，成為殖民地的發展概況。香港新界彭氏、侯氏、廖氏等大家族，發展至現在仍然對香港的政策有影響力。卷二最感人，敘說鄭教授如何從貧窮的階層，奮進而成為大學教授。他書寫在貧民區的茶果嶺生活，細致描繪了當時的生活狀況：颱風來臨，整塊鐵皮屋頂被吹走，全家都在暴風雨中，以及天后誕的熱鬧等等，都令人追憶不已。還有，家庭的突變，都給鄭教授重大的考驗。成長後，遊歷內地及臺灣，相信孕育了鄭教授的家國情懷。卷三是鄭教授的文學創作、文史習作及在成大的生活點滴。從內容來看，鄭教授對老師、朋友及社會的不平的事都有著強烈的感受。他與我同一門牆，也是同樣欣賞司馬長風，所以本書對我有很大的震撼力，希望讀者透過本書，共同回到六、七十年代香港的艱苦時期，反省今天一切的成就。

楊永漢

香港新亞文商書院院長

自序

　　我一九五二年在香港出生、成長、學習，至一九九三年來臺南成功大學歷史系任教至二〇一七年八月屆齡退休，現仍在系裡兼任教授，指導未畢業的博士生。我的求學經過也許對年青人有點鼓勵作用，因此在退休前在成大歷史系「振芝講會」作了一次「從小工到教授：與同學分享我的成長和學習」的演講會，讓共事二十多年的同事和同學了解我的求學經過。振芝講會是成大歷史系為紀念吳振芝老師而設立的不定期師生交流講座。我認為我的學習過程有助於年青人了解戰後香港殖民地生活的某種面向，因此根據當時演講內容擴充為本書。由於沒有寫日記的習慣，憑記憶重構青少年時候的經歷，也會借助網絡資料尋找時代的點滴以見證我走過的年代，由於這不是一本學術性著作，資料來源就不列出。為了印證求學過程中的努力及豐富本書內容，因此收入一些在學時不成熟的詩文和文史作品，以及在成大教書時點滴文章權充篇幅。我在成大歷史系大學部或研究所開的課程主要是明代史、東南亞史、東南亞華人史、東亞海洋關係史等，而我的學術研究領域主要在中越關係、海外華人和東亞海洋史研究上，讀者有興趣可參考我出版的專書或學術論文，這裡就不再贅述。

　　由於我的出生、成長與學習都是在香港完成，我視香港為我的故鄉，現在成了臺灣人，因為我擁有臺灣身分證。奇怪的是，臺灣人一聽我講話就知道我來自香港，是香港人。回香港，親友和朋友都說我的香港話已經不夠道地了，去中國大陸開學術會議，他們介紹時說：這位是來自臺灣的學者。有時不免有點汗顏，究竟我是誰？不用說，我是以一個中國人的認知在生活著，每一個人的角色都有多樣性，包

括身份認同也是如此。由於青少年時代的生活，見證我在香港低下階層的掙扎過程，也反映香港殖民地過去一段的歷史變遷。作為一個史學工作者，有責任留下一點歷史見證，我的生活也許是香港戰後一代人的歷史部分面向。雖然個人的經歷微不足道，但願能發揮一點正能量，讓新一代的朋友們理解戰後大多數香港人的奮鬥精神。

為了更完整理解香港與中國內地的關係，我重新整理一篇差不多二萬字的〈香港史話〉放入卷一，目的是讓讀者透過不多的篇幅，了解二千年來香港的發展與中國內地的關係。一般香港史的書寫都是從上層社會說起，而這一本是從小工階級邁向知識份子的生活、學習和成長過程的記錄，也可說是戰後從低層或邊緣見證香港發展的歷史，也可說是香港歷史一個側面。這部回憶錄寫完之際，正尋找在香港出版的可能性，卻發生二〇一九年六月動亂，我稱之為「動亂」因為除了和平示威外，還發生非法堵塞馬路及暴力衝撞政府機構的行為。事件一直延續至九月中仍未平息。由於有暴力衝突，香港社會處於風雨飄搖的困擾之中，這是回歸以來，不斷出現的「麻疹」，當然就是沒有打預防針的結果。

香港特區政府無論第一屆的特首董建華及其後的曾蔭權、梁振英或是林鄭月娥都是香港親華商人或殖民地菁英官僚階級出身人物，他們沒有受過政治歷練，不懂群眾心態，最簡單的是香港人需要「安居樂業」。若不「安居」何來「樂業」？董建華初期提出每年建公共房屋八萬五計畫，卻因亞洲金融風暴，樓價急跌，中產階級成為「負資產」一族，其後這「八萬五」計畫就中斷了，不再提及。其時內地經濟迅速發展，紅二代、土豪、官僚用各種手段發大財成為富豪階級，其子女南來香港投資買樓，推高樓價，且內地人大量湧入香港。香港人口從五百多萬增長至七百多萬，加上旅遊經商的流動人口，香港居住環境擁擠不堪可想而知。最有感的當然是原來的中產階級人士及剛從大學畢業出來工作的年青人，他們買不起房子，不能向上流動，所

有上進的機會都給堵住了，這些負面因素，影響到香港人存在的價值和意義。內地經濟與科技發展迅速，不但不能引起香港人對國家的自豪感，反之，挫折感、失敗感和壓迫感越來越重，越來越強烈。加以無恥政客和基督教教會恐共與反共心態的推波助瀾，以及高等院校的知識份子鼓吹「違法達義」口號，將年青人推上火線，致使香港陷入「無法無天」的困境。香港原是有聲望的法治社會，如今一朝便破壞殆盡。

　　香港是一個開放社會，如果香港警察殺人，駐香港的英美領事館官員，以及歐盟駐港機構代表，以及那些 NGO 哪會不公開而強烈譴責和抵制之理；如果港府縱容警察殺人或強姦，為什麼家屬或當事人不站出來討公道？正義必然站在受害者一方，香港警察若有此作為必然引起全世界公憤，雖然有心人在歐美各國指控香港警察暴力，當時並沒有引起西方制裁香港，香港警察的暴力相對於美國警察來說是小兒科，美國警察每年平均開槍擊斃一千人。這也說明，香港警察殺人或強姦是「假新聞」，當然警察用催淚彈、辣椒水等鎮壓暴徒是否過當？這是可以討論的。

　　香港社會之所以怒火中燒，這裡不談外力介入的因素，事實上絕大多數的香港人在生活上面對種種負面感受，投射到生活美好的追求便成為追求自由民主、本地認同，追求社會公義的心態日益強烈，卻轉化為痛恨富二代、紅二代、反大陸人、反中國共產黨、反中國。現今香港社會已被撕裂，政府與群眾對立，群眾與群眾對立，已到是非黑白不分，不靠邊站者其心必異，群起而攻之的地步。看到社會上的暴力行為，打著「違法達義」的旗幟，什麼「光復香港、時代革命」？竟然任意堵塞馬路、鐵路、擲汽油彈，佔領校院，鼓吹罷工罷市罷課，以及破壞公共設施和私人店舖等等，用玉石俱焚的「攬炒」心態，盡其破壞之能事，已到無所不用其極，無法無天，這與文化大革命沒有二樣。在這些所謂「革命者」和教會神職人員因反對中共的

宗教政策，從而慫恿、誘惑或教導中小學生參與反政府活動，這是一場「彌賽亞革命」，「願榮光歸香港」多麼撼動人心。有理想的成年人可以為理念殉道，但不能慫恿中小學生上前線，這跟 IS 恐怖份子有何分別？神職人員和教師誘惑中小學生參與「違法達義」活動是對職業道德的褻瀆，是一種罪孽。現實並不如此簡單就得到好結局，如北非和中東的「民主革命」，千萬人頭落地，西方人從大航海以來並沒有放棄他們的「天真」想法，以為我是「真理」、「上帝與我同在」，以傳播福音之名，從事黑奴買賣、販賣鴉片，侵占土地、殺戮弱小民族，帶來各國及殖民地的災難，他們都要負起責任，至今仍未向受害者道歉。他們以他們的「普世價值」來欺壓其他民族，自尊自大，容不下其他不同文明的復興與發展。

筆者感到痛心，因為香港是我的故鄉，動亂不知何時了結。如果這次事件讓社會大眾、特區官僚階級，以及大陸中央政府更能充分了解香港人需要，提出「可行方案」去解決香港人關心的問題，也許還有失而復得，廢而復舉的機會。因為搞暴力就是那一小撮人或未能自我控制情緒的青少年。無論是特區政府或中央政府都必須善待香港青少年，這將是中國未來的福氣，內地人民也樂見香港人的活潑和動力，不過對於違法者必須要繩之以法，否則香港的法治社會便不可修復。

我們應該相信香港人可以很理性的守著「一國兩制」的分際，不會讓野心家將香港從中國分裂出去，中央政府應該放心讓香港人在「一國兩制」下普選「特首」和「立法局議員」，香港人有能力和責任治理香港，這也是海外華人普遍的期待。香港是世界上最國際化的自由經濟大都會，市民的背景相當複雜，表面上是以華人為主的香港社會，其實自開埠以來歐美裔、東南亞裔、東亞裔、印巴裔香港人也不少。香港包括新界除了少數原居民外，大多數香港人都是從內地因戰亂、反共、飢荒或追求改善生活而南下香港，當中很多是逃亡者、

難民和偷渡客及其後裔，他們對共產黨的統治並沒有好感，殖民地的香港成為自由燈塔，讓市民有喘息的空間。

近二、三十年來有很多從香港移民外國回流香港的第二代，他們都是擁有外國籍的香港人，從內地或臺灣移入香港的新移民也不少。一些表面上看上去跟香港人沒有什麼分別，可是他們可能是從英美加澳紐回來的港人第二代，或是新加坡人、馬來華人、越南人、日本人或韓國人等等，他們都擁有香港身分證，都是香港人，但你不能說他是中國人。因此「一國兩制」能夠成功，用以維持香港國際金融中心地位，便不能排斥非中國籍的香港人，也就是說「香港特區」有其「特」的一面。讓香港人有權選舉「特首」，也能突顯中國政府有決心和信心在香港推行「一國兩制」；如果「兩制」真的能夠落實下來，便可擺平自一九八四年中英談判香港回歸中國以來，香港人被涼在一邊的感覺。

二〇二〇年五月中國人民代表大會通過香港版「國安法」來確保國家安全，換言之，香港絕不可能脫離中國而獨立，將治權有條件的放給香港人，由香港各界代表通過協商，釐訂一套「香港有心、中央放心」的「特首」和「立法局議員」選舉辦法，作為二〇四七年前的過渡階段，屆時再檢討推進修訂。現時特區政府必須立即行動，盡快讓居住正義得以落實，改善醫療環境，加強社會階級向上流動，政制改革必須盡早實施，也就是推行所謂「真普選」。香港是在中國控制下推行「一國二制」的海港城市，地位很明確，因此出任行政長官和官僚團隊以及議會議員，必須是「愛香港愛中國」，具有中華民族感情的香港人。

中央政府應該有信心讓香港實行高度自治，這也是未來臺海兩岸談判所觸及和面對的問題，也是中國內地自治區如何有「自治」之實的問題，這也是未來中國經濟發展至某一階段所必須面對地方政制改革的問題，特別是自由經濟城市如深圳、上海等城市，香港的經驗可

作為未來地方改革借鑒作用。不要把香港變成內地城市同一模式，若果如此，香港將失去存在意義。反之，香港自治可提供中央政府參照，如何改進內地城市的治理方法。內地由中國共產黨統治，在可見的將來一段很長時間，此一格局不可能改變，也許中國能大一統以及有效治理，執政黨獨大是有其存在因素，但是如何防止貪污腐敗、奉公守法，改善人民參政和監察權，並且將其納入現時的政治框架中，確實有其必要。最近武漢發生新冠肺炎，整個世界各國都遭受連累，而武漢市及湖北省政府慢半拍或隱瞞的處理方法，正是中國必須關注及改善、反省之處，為了維穩而置危機不顧，這不是良好的治理方法。幸好，中共中央政府果敢決定，下令武漢封城，阻斷病毒向外擴散。這次新冠肺炎感染爆發，證明地方政府治理出了問題，一個地方政府怎麼會如此輕率處理一群專業醫師提出的警惕報告？如何有效建立一套即時反映基層社會的需要，以及由基層社會監督政府的運作，已到了刻不容緩的時候。

以中國之大，人口之多，各省區地域殊異，我不贊成類似全民投票的西方民主選舉模式，這只會鼓勵不學無術之徒鼓其如簧之舌騙取選票，人才不可能由此尋獲，於國於民無益，圖增困擾和無奈。戰後依西方方式建立的所謂民主選舉，成功者不多，動盪不安、戰亂則經常出現，包括所謂老牌民主國家如英、美、歐盟等也面對艱困局面，不知如何治理。共產黨統治的中國，近四十年來的改革開放，走出一條新路，人民走向小康社會，但是隨著生活富足，人民追求越多，人類的普世價值如環保、人權、自由、民主等觀念已深植人心，包括如何參與決策，行使及有效監督執政者的權力，使政府如實反映民意為國為民做事，而不是敷衍了事，這是共產黨必不能迴避的老問題。

中華民族要偉大復興必須有兼容並蓄的精神，具有包容各族及地方歷史文化的胸懷，尊重不同族群的語言文化和宗教信仰，包括港澳臺在內，否則也偉大不起來。香港如果能落實言論自由和民主選舉，

就可在「一國」下突顯「兩制」的包容性，也是中華民族偉大復興的考驗。中國歷代王朝，對國內或邊區地方實行羈縻政策，都是實施多元的統治政策，就是不必把主流文化強加於少數族群身上，這是歷代王朝時代中國人的智慧。二、三千年來，在王朝的架構下，不同族群仍然生活在他們的土地上，有著他們自己的語言和文化，如果中華民族的生活、語言、文化和宗教都同一模式的話，我們變成單一民族，文化自然鈍化（愚昧），民族生命會出現貧血，將逐漸走向頹敗。中華民族是多元種族，因為多元，中華文化才多采多姿，因為多元，今天還有這麼多不同民族生活在這個大家庭中，以中華民族的體質與包容性，可以容得下香港的特殊地位。

香港從來只有在殖民地允許下的自由，從來沒有民主，社會也不公義和平等。香港新世代都在富庶環境長大，受西化教育和西方價值觀影響，看到內地經濟與科技突飛猛進而無動於衷，反之，備受威脅。香港不必「革命」，也沒有這個條件，徒增困擾，尋求協商是最佳的辦法，中央政府要更了解香港新世代的想法，不要只從官僚、商人、鄉紳、建制派、民主派、左派去了解香港，這些從殖民地時代便享受額外待遇的既得利益者，不代表新一代香港人。

中國共產黨也要為五十年後中國變化，包括地方政治改革做準備，新的中國式民主政制要開始實行試驗，尋找出路，香港是很好的參考模式，就如中國大陸改革開放初期是以新加坡為參照系數。由於我在臺灣生活了差不多三十年，也見證臺灣從威權時代邁向民主的過程，我不認為西方的民主選舉是中國大陸最好的選擇，因為中國幅員遼闊、民族眾多、城鄉差距、文化宗教不同，以及經濟水平差異這麼大，但是有些西方的價值觀值得共產黨引進參考。

我贊成香港直選，是因為它是大都會，城鄉差距不大，人民普遍受過良好教育，又受西方思想影響已有一百多年，個人的獨立性強。惟一擔心是有才能的人不一定投入選舉，因為選舉過程的「烏煙瘴

氣」，如造謠、抹黑、栽贓及民粹主義逼使「才能之士」望而卻步。當然選舉法律規範得宜，讓有才能之人放心及願意投入選舉，奉獻自己，有賴各階層人士經過詳細討論、誠實洽商，釐訂一套令人遵守及尊重的選舉辦法，則是香港社會的大幸和機會。香港回歸以來不但沒有死去，仍然維持國際金融中心、自由商業貿易中心，國際旅遊城市等地位，都代表香港人有能力管好自己。

這篇序言原本只有一頁交代寫書的緣起，因為「動亂」讓我重新思考香港的未來，這本書代表我對香港的思念。在我的一生中最幸運的是娶了一位了解我的太太，結婚後她除了工作外，便是照顧小女，而家中大小事務都由她打點，太太一直陪著我學習、成長，並願意陪我來臺灣生活。我們在臺灣無親無故，一切從零開始，還好認識了很多同事、學友、學生和鄰居，臺南是我們的第二故鄉，小女在臺灣完成大學後便出國留學，最後定居巴黎，人生似乎總是漂泊不定，每個人都有選擇自己生活的權利。現在對我和太太來說，臺南、香港和巴黎都在我們生活的思緒中，我十分感謝香港的弟妹及家人對我們的關懷，兄弟姊妹情深，數十年不變。我還要感謝香港二位兄弟般的好朋友朱盛林和李溢澤，在我追尋夢想的過程中，不斷地支持、鼓勵和陪伴，讓我在落魄的青年時代不至於孤單寂寞。

原先我希望這本小書能在香港出版，由於對香港出版界相當陌生，故請老同學香港新亞文商書院院長楊永漢博士幫忙，楊兄找了幾間出版社談出版事，雖然有出版社有興趣，但幾經評估及市場考慮，最後說不宜出版。楊兄建議回臺灣出版，並推薦給萬卷樓出版社，楊兄熱誠支持和推廣並為小書寫序，使這本小書能順利在臺灣出版，感念在心。我十分感謝中央研究院歷史語言研究所研究員何漢威教授願意為這本小書寫序，漢威先生是我的同門師兄，亦師亦友，每次上臺北開會，漢威先生都盡量抽時間跟我見面吃飯，聽先生閒聊學門事，使我增廣見聞，受益良多，在此致上敬意。最後，感謝學界多位好朋

友願意為這本小書寫推薦的話。

鄭永常

原序於二〇一九年六月，二〇二〇年六月二十日改寫

我在香港工作與學習對照表

西元	工作單位（正職）	學業經歷
1952	出世	九龍官塘茶果嶺村
1960-1966	……	茶果嶺四山公立學校（小學）
1966-1967	……	鑽石山永康中學（初中一年級）
1967-1969	中環國威印務（學徒）	……
1969-1970	長沙灣偉信印刷廠（補師）	李鄭屋慈恩夜中二年級
1970-1972	荃灣中央紗廠（書記工）	大窩口全完夜中學三年級
1972-1977	荃灣南海紗廠（領班見習生）〔大夜班／通霄班〕	深水埗愛丁堡英文書院（F.4-5）（1974-1975）〔日間部〕
同上	同上	香港理工學院（二年部分時間課程）（1975-1977）
1977-1980	崇佳實業有限公司（工廠助理）	大同夜中學中六級（1977-1978）香港能仁書院文史系（1979-1983）
1980年6月-8月	浪遊中國二個月（54天）	同上
1980-1983	葵涌靜宜女子中學（教師）	同上
1983-1988	大角咀德善英文書院（教師）	能仁文學研究所碩士班（1983-1985）
同上	同上	羅富國教育學院在職中學教師訓練課程（1985-1988）

西元	工作單位（正職）	學業經歷
同上	同上	新亞研究所博士班（1987-1991）
1988-1991	屯門譚伯羽中學（教師）	同上
1991-1993	新亞研究所副研究員暨博士後研究	……
1993-2017	臺南國立成功大學歷史系（副教授、教授、系主任）	……
2017	退休，兼任教授	……

目次

第一卷　香江史話

第一卷
香江史話

為了更好說明我在香港的生活年代，我把香港過去二千多年來的歷史變遷，做了一個簡要的資料整理，使香港的發展有一系統脈絡。這個在中國廣東省的邊緣小島，從來未引起中央王朝的關愛眼神，直至一八四二年才被中央王朝認識它的地理位置，也不解為什麼英夷會選擇這個南方小島為殖民地？而香港的歷史從此進入世人眼中，至今仍為世人關注的國際金融商業中心，也是西方了解中國內地的線眼。下頁是明朝郭棐《粵大記》「官富巡司」圖。這書完稿於萬曆二十三年（1595），圖中五處有貿易船或漁船停泊，顯示香港並非荒涼之地。

〔明〕郭棐《粤大記》〈廣東沿海圖〉（局部）

一　香港名稱的由來

香港又稱「香江」，名稱不知從何時明確指涉「香港島」。明郭棐《粵大記》〈廣東沿海圖〉有「官富巡司」十分詳細記錄香港海域的管轄範圍：包括香港島之香港（指鴨脷洲），還有香港島上的黃泥埇（黃泥涌）、稍箕灣（筲箕灣）、大潭、赤柱、舂磡（舂坎角）、鉄坑（黃竹坑）之地名；新界九龍沿海，從聖山（青山）、屯門、淺灣（荃灣）、尖沙嘴、九龍山（獅子山／飛鵝嶺）、鯉魚門等地；以及香港海域附近各離島島嶼之名，各處地名古今差異不大，清楚明白，大致不誤。清代陳倫炯《沿海全圖》廣東海域有「紅香爐山」是指香港島。「香江」之名可能是晚清時香港島半山薄扶林有溪水流入海中，附近船隻或洋船經過取淡水飲用之處，由於溪水甘冽香甜，故稱為「香江」。英國船隻經過香江後，繞過摩星嶺與青州間之硫磺海峽，便是進入維多利亞港，這個島嶼逐漸從香江轉稱為「香港」。

另一說法是一八一〇年代，英國東印度公司勘探香港地形，繪圖上有 Hong Kong 一名，即「紅香爐水域」，中譯「香港」之名便不脛而走。大概在一八三四至一八三九年間，英船經常停泊在香港水域，我忘記在哪處（香港海事博物館？）看過一幅一八三八年的香港油畫，在中環已有二幢英國商館。最近看到法國檔案資料留下一幅 Yooequa 的絲綢畫（1830-1840），畫中呈現鴉片戰爭前香港太平山下已建築很多棟商館，海面還有幾艘西式帆船停泊。來華的英國人向英外交部提出占領香港，似乎早在鴉片戰爭前英國人已進入香港且定居下來。一八四一年《中國叢報》（西方傳教士一八三二年在廣州發行的英文期刊）記載香港島人口包括附近九龍等地，共有七千四百五十人，而一八九八年英國租借新界時人口不少於十萬，由此可見，香港原本就不是「不毛之地」。香港開埠後，港島和九龍人口增長迅速，

至一八九八年，從七千多人增長至十五萬五千人左右，如包括新界在內當時香港人口已超過二十五萬五千人。

香港聞名於世，是拜大英帝國（UK，大不列顛與北愛爾蘭聯合王國）兩次不名譽的「鴉片戰爭」所賜，清廷割讓香港島和九龍半島，再租借新界構成香港的英殖民地範圍。香港由三區域組成；一八四二年鴉片戰爭後，清朝永久割讓香港島連同鴨脷洲與英國。一八六○年第二次鴉片戰爭，即英法聯軍之役後，永久割讓九龍半島即界限街以南，包括昂船洲在內予以英國。其後列強紛紛瓜分中國，以租地形式擴張勢力範圍，一八九八年英國迫清朝租借九龍半島界限街以北，深圳河以南地區，包括鄰近兩百多個島嶼九十九年期，清朝只保留九龍寨城作為象徵擁有九龍半島以北的主權。由於中國共產黨建國之初就不承認晚清以來簽訂的不平等條約，這就產生一九九七年香港回歸中國的問題。

二　中古時代的香港

香港的歷史當然不是從英國人來了後才開始，大概三萬多年前廣東沿海地區包括香港已是古人類的活動場域，距今六千年香港先民已在港島春坎灣、南丫島深灣、赤鱲角、屯門龍鼓洲等地活動，且留下新石器時代中期的文化遺物，如陶器、生活工具和裝飾物等。一九五五年香港政府在深水埗李鄭屋興建屋邨時發現古墓葬，考古學者判斷為東漢墓穴，並出土五十八件文物如陶屋、陶鼎和各種青銅器等，而墓磚有些刻有多種花紋及文字如「大吉番禺」等字。

香港海域屬於珠江出海口，廣州對外的海洋貿易船隻，都會經過香港海域進出珠江河口。東晉時，法顯從印度經獅子國（今斯里蘭卡）抵達耶婆堤（巨港或西爪哇）候船回廣州，這是一條定期跨海貿易航線，船上大都是信仰外道（婆羅門教）的商人，後來這艘船因為

颱風關係被吹至山東嶗山上岸。如果在正常的情況下，該船離開海南島後，沿岸航行至珠江外海的伶丁洋，經萬山群島轉入廣州，便須偏東沿大嶼山西北入珠江，這是一條較深水的海道。船隻以大嶼山的鳳凰山、大東山為望山標誌，沿海道經大澳、赤鱲角外海，再以屯門青山為望山標誌，航入珠江河道繼續上溯至番禺，抵達廣州。

六、七世紀後，阿拉伯、波斯和印度商人來華貿易漸多，廣州的對外貿易蓬勃發展，番舶穿梭往來珠江河口，屯門成為重要的海防基地。相傳五世紀初南朝宋元嘉時，有杯渡禪師到了屯門青山岩洞禪修，而杯渡禪師修禪的地方逐漸發展為寺廟，有稱普渡寺／杯渡寺／杯渡庵／青雲觀等，即現今的青山禪院，是廣東新安縣八景之一。唐代為了更有效管控中外船隻出入珠江河口，便在屯門設軍鎮守，有駐軍二千人。屯門最高的山峰名為「青山」，海拔五百八十三公尺，可以瞭望周邊海域，以及遠眺珠江和伶丁洋上的船隻動態，有船出入廣州便通知海防駐軍前往檢役等工作，確保航道安全。《唐書地理志》記錄了賈耽〈廣州通海夷道〉是從廣州至阿拉伯的航海路程，一開始便指出屯門的重要性「廣州東南海行，二百里至屯門山，乃帆風西行，二日至九州石（今海南島東北），又南二日至象石（今海南島大洲島），又西南三日行，至占不勞山（今越南占婆島）……。」「屯門山」就是指「青山」，宋以後指為「聖山」。宋元明清以至現代，屯門始終是珠江出海的門戶。唐韓愈貶官潮州，坐船途經香港時，看見青山有感成詩，有句云：「屯門雖云高，亦映波浪沒。」五代十國，建國廣東的南漢，在屯門設海關向來廣州貿易的番舶抽解（徵稅），可見，屯門自古以來是國際貿易船出入廣州的海門。

三　古老的香港人

如果說香港最古老的民族，可能是蜑家人。古代蜑民生活於浙

江、福建和廣東沿海一帶，以船為家的漁民，稱為蜑戶，香港人稱之
為「水上人」。唐柳宗元在廣州時說：「卉裳鴃衣，胡夷蜑蠻，睢盱就
列者，千人以上。」可見，蜑民除打魚外，也從事貿易起卸貨物和接
駁服務。由於一般商舶太大，不能靠岸時，便由蜑民用舢舨載運貨物
和客人上岸。香港現時海面上的躉船，早期多是水上人的工作。北宋
周去非《嶺外代答》對「蛋蠻」的描述：「以舟為室，視水如陸，浮
生江海者，蜑也……蜑之浮生，似若浩蕩，莫能馴者。然亦各有統
屬，各有界分，各有役於官，以是知無逃乎天地之間。廣州有蜑一
種，名曰盧停，善水戰。」香港的蜑民屬廣東一支，蜑家話屬於粵
語，與廣州話完全互通，他們有一種自娛文化，稱為「鹹水歌」，形
式有獨唱、隨唱、對唱等歌法，明末清初流行於珠江三角洲一帶。英
人占領香港之前，在香港、九龍、新界沿海地區都有水上人家的蹤
影，如長洲、大澳、南丫島、香港仔、西貢、屯門、葵涌、油麻地、
筲箕灣等海灣地區。

　　十九世紀初最有名的香港人物是張保仔，他原是新會水上人家，
出海捕魚被當時著名的華南海盜鄭一擄走，加入紅旗幫海盜集團。鄭
一過世，其妻續當紅旗幫領袖稱鄭一嫂。鄭一嫂起用張保仔為助手，
且結為夫婦，紅旗幫領導權遂由張保仔繼承，該海盜集團全盛時期時
擁領六百艘戰船共三、四萬人，是華南沿海至東南亞最大的武裝力
量，經常劫掠運鹽官船或外國商船，但不滋擾貧民和漁戶，嚴禁部下
掠奪，有劫富濟貧的俠盜精神。清軍多次追剿無功，一八一〇年張保
仔在赤鱲角海面再遭清軍圍剿，兩廣總督百齡又利用黑旗幫和藍旗幫
攻打紅旗幫，張保仔勢力大傷，願意接受招安，交出一萬七千多人、
船二百多艘、砲一千多尊、兵器二千七百件，清政府以「千總」招
攬，保有三十艘戰船，收編入廣東水師。由於張保仔曾經以港島為基
地之一，有關藏金傳說不斷，最為人知的是長洲張保仔洞，現時成為
旅遊景點，不過，這裡不是藏金之所。這是從山上通往海邊的通道，

洞內通道是岩石堆疊而成，有些處很狹窄，較胖的人要側身才勉強通過，洞內漆黑一片，若要尋幽探險，便要用電筒照明以策安全。

香港島在英國人來之前，已有村落出現，完稿於一五九五年的《粵大記》也提及香港村（鴨脷洲），而撰修於一八一九年的《新安縣志》就提及香港島有三條村落：薄扶林村、赤柱村和香港圍（黃竹坑舊圍或稱香港村）。再晚一些還有掃桿埔村和大坑村。跑馬地的大坑村在英人統治前或已經存在，雖然大坑村最古老的記載是在蓮花宮的銅鐘（1864）。但是依照廟宇早期發展史來看，在墾殖初期，多以茅舍等簡陋設施來安置神明，及至人丁興旺才有財力建築大型廟宇，作為聚落的信仰中心。而掃桿埔建村，就更早一些了，留待下文再述。比明清兩代更早的記載是新界五大家族：錦田鄧氏、新田文氏、上水廖氏、上水侯氏和粉嶺彭氏。他們大概是在宋至明期間移居香港新界地區，五族各自有其勢力範圍，轄境內建築圍村、祠堂、書室和廟宇等，聚落交通要道設有墟市，形成一個生活自治體的社區。

四　宋元以來的大家族

第一大家族鄧氏先祖原籍江西，再移入福建。北宋初年入元朗錦田，其後子孫繁衍，有些遷回內地，有些擴散至屯門、粉嶺和大埔等地區。第二大宗族先祖文氏，為南宋抗蒙英雄文天祥的堂弟，因逃避蒙古兵，移居東莞，後遷至新界大埔，其後一些子孫遷至元朗，亦有族人向外擴散，聚居於元朗和大嶼山沙螺灣等地。上水侯氏家族原籍廣東，先祖侯五郎為北宋進士，及至六世孫侯卓峰遷入上水河上鄉，為侯氏家族在新界的開基祖。侯氏家族為上水最早發跡的大族，曾在上水建立兩個墟市，其後勢力衰落。而較晚遷居入上水梧桐河畔的廖氏家族，逐漸成為上水地區的領導村落。廖氏家族原籍福建，先祖元末初居屯門，其後子孫遷入上水梧桐河一帶開基，廖氏家族勢力日

大，且建立石湖墟市，成為深圳河以南最重要的貨物集散中心。粉嶺
彭氏家族原籍江西，南宋時遷居粉嶺龍躍頭，家族發展至元末時，人
丁單薄，受外地遷入的鄧氏家族所迫，遷至粉嶺樓一帶。其後族人繁
衍，在鄰近建村，有些遷居上水、大埔等地，有記載其族人曾於清朝
在香港島掃桿埔建立村落。清代時掃桿埔（箒管莆）原是上水廖氏族
人所擁有的一塊荒地，廖氏家族按俗例將土地租予彭氏，約定首十年
不收租，等待荒土種成熟田後才收租。因該地近海邊，必須靠海堤防
止海水淹浸農田，但海堤常有缺損，無法種成熟田，彭氏以此為藉口
拒付田租，要求廖氏修葺海堤。由於路途遙遠，廖氏難以監控，決定
將田地贈與當地社學，箒桿莆一地成為社田，改由官府向彭氏收田
租，彭氏就在該地建立箒桿莆村，附近的大坑亦逐漸形成村落。

　　除了這五大家族外，香港、九龍、新界各地，亦有多個清代之前
已經抵達的氏族；如宋代竹園蒲崗村林姓家族、元代屯門陶姓家族、
九龍衙前圍村吳姓家族、明代粉嶺龍躍頭溫姓家族、鹿頸朱姓家族、
西貢大浪西灣黎姓家族、大嶼山石壁徐姓家族等等。一六六一年清朝
因打擊鄭成功，厲行「遷海令」，將沿海居民內遷三十里，且將房屋
焚棄，不准百姓復界，沿海因此空虛，竟淪為海寇之巢穴。及至康熙
親政，才逐漸「開邊展界」讓部分人民回鄉復業，至一六八三年清軍
平定臺灣後才正式「展界」，允許沿海居民復歸故土。早在一六六九
年允許部分復界後，本地人獲准遷回舊地，同時客家人也開始從大陸
山區遷入香港。「本地人」與「客家人」是兩個不同的族群，雙方語
言、風俗習慣不同，互生磨擦，因土地分配利益問題經常產生「土客
械鬥」。「土」是指「本地人」即宋元明已遷入香港、九龍和新界的居
民；「客」是指清初允許復界後遷入的「客家人」。

　　早在明末清初時，沿海寇患頻繁，居民為求自保，於房屋周圍建
築矮石牆，用以抗拒海盜，粉嶺龍躍頭老圍是新界最早的圍村。康熙
允許復界後，回來的本地人回到舊地依原來樣式，建築矮石牆將房屋

圍起來，客家人也建造圍村，作為雙方械鬥時的堡壘。因為一八九八年大清和英國在北京簽訂一份租借九龍界限街以北，深圳河以南的土地條約《展拓香港界址專條》時，條文中訂明「展界內不可將居民迫令遷移，產業入官。若因修建衙署，建造礮臺等官工需用地段，皆應從公給價。」可見，當時清廷與英人訂約時，明確保障新界原居民的權益，也就是說，香港原居民擁有的地權繼續受香港法律保障。傳統上新界居民可在村落內，或私有農地或荒地上興建房屋居住的權利。自新界成為英租界後，有關這一傳統一直延續，一九〇六年便有免費建屋牌照。一九七〇年代初殖民地政府發展新界，大規模收地，並向被徵地村民派發換地權益書，允許年滿十八歲，父系源自一八九〇年代新界認可鄉村的男性香港原居民，一生可申請一次建造一座三層高的丁屋，而無需向政府補地價。到了一九九七年香港回歸中國，這一原居民的特權政策仍然繼續，也成為地產商炒作房地產漏洞，確實到了必須檢討的時候了。

本地人村落因有圍牆故稱「圍頭人」，圍頭人的村落往往一村內只有一個家族、單一姓氏。他們講的「圍頭話」是粵語中的「莞寶方言」，即東莞與寶安的混合方言，也稱「莞寶粵語」，分布於廣東珠江口東部的東莞、深圳和香港，跟廣府話有一些差別。「圍頭人」也可能是為了區別於客家而定義出來的，因為土客械鬥，客家人為了防範圍村人的突擊，也把村落圍起來，所以新界圍村有「本地圍」與「客家圍」二大類別。

五　官富鹽場與行政區的設立

其實香港與中國內地歷代連結不斷，早在宋代，朝廷便在香港境內設置屯門、官富兩大鹽場，而官富鹽場產量最為豐富，從尖沙咀至觀塘沿海都是鹽場，當時的行政中心在「官富寨」即在九龍寨城附

近，朝廷派官駐兵治理官富場。南宋時為了加強官富場及沿海的統治，便將「官富寨」改建為「九龍砦城」，「砦」（寨城）是指以石頭為建材的城樓，並派水軍駐守。這些石頭就是在九龍城東端的牛頭角至茶果嶺間的山頭開採出來的花崗岩石塊。當時建寨城目的是防止私梟作亂，維持社會治安等。到了元代，「官富場」改為「官富巡司」，明代又改稱「官富巡檢司」，設有巡檢及司吏各一，元明兩朝，修葺固化城牆，加派重兵火砲駐守。明朝時代，官富鹽場是新安縣（舊稱寶安縣）境內的四大鹽場之一。清初康熙皇帝下遷界令，鹽場由盛轉衰，及至復界後，新遷入的居民，不懂曬鹽，官富鹽場最終被廢置。及至嘉慶年間出任兩廣總督百齡（1809-1811年在任），因打擊張保仔等海盜，將官富砦，改稱「九龍」，至道光年間，朝廷正式改官富巡司為九龍巡司，衙署設於九龍寨城內。「九龍」一名正式成為官方地名。

順便一提，一八四二年英人占港島，清廷駐軍九龍寨城，雙方隔海對峙，為了加強防治，清政府又在寨城外加建外牆，可是形勢比人強，一八九八年中英簽訂《中英展拓香港界址專條》後，九龍寨城主權雖然仍歸中國政府所有，然而當新界成為英租界，九龍寨城變成「孤島」，處於無政府的圍城狀態，清廷已無力關注這一塊地，甚至到了民國和人民共和國也沒有處理它。日軍占領香港，拆毀全部城牆作為建材，二戰後露宿者開始在九龍寨城聚居，九龍寨城變成三不管地帶，形成黃賭毒的巢穴。及「九七」將至，中英達成協議清拆寨城，一九九三年完全清拆，一九九五年於遺址建成九龍寨城公園，供後人尋找它曾經存在過的歷史。

香港沿海歷史也值得一說的是古石刻，在鯉魚門外的佛堂門天后宮附近，有一塊一百多字的石刻，其末有句「咸淳甲戌六月十五日書」字樣，「咸淳甲戌」即咸淳十年（1274）即刻碑年分。這一年宋度宗駕崩，宋恭帝繼位，南宋一代快走到盡頭了。石刻中有「古汴嚴益彰官是場」，「汴」意即開封，北宋京師所在。北宋亡，京師播遷杭

州，故南宋人稱開封為「古汴」。「嚴益彰」是人名，「官是場」是指嚴益彰在「是場（官富鹽場）」當官之意。考這塊古碑，筆者細讀，句讀如下：

> 古汴嚴益彰官是場，同三山何天覺來遊兩山，攷南堂石塔，建於大中祥符五年。次三山鄭廣清堞石刊木，一新兩堂。經永☐膝子覺繼之。北堂古碑，乃泉人辛道樸鼎刱於戊申，莫攷年號？今三山念法明、土人林道義繼之，道義又能宏其規，求再立石以紀，咸淳甲戌六月十五日書。

石刻中有句「攷南堂石塔，建於大中祥符五年」字樣。大中祥符五年即一○一二年。所謂「南堂」是指「南佛堂門」即清水灣半島對岸的東龍州北岸，這裡有一石塔建於一○一二年，可能是為航海者標示而建。而鯉魚門外大廟灣的佛堂門天后宮是指「北佛堂門」又稱「大廟灣佛堂門」。

　　換言之在東龍州的「南堂石塔」建於1012年，在北宋真宗年間。而「北堂古碑」是福建泉州人辛道樸原刻於「戊申，莫攷年號？」「戊申」雖然說「莫攷年號」，但一定比南宋「咸淳甲戌（1274）」早一些。北堂原有石碑鼎刱於「戊申」，考「咸淳甲戌（1274）」之前的「戊申」是在北宋熙寧元年（1068）／南宋建炎二年（1128）／南宋淳熙十五年（1188）／南宋淳祐八年（1248）。因碑文中有「三山鄭廣清堞石刊木，一新兩堂」字樣，故在北宋時南北兩堂都有石塔或碑刻。而「北堂古碑，乃泉人辛道樸鼎刱於戊申」應該是在南宋年間，即南宋建炎二年（1128）／南宋淳熙十五年（1188）／南宋淳祐八年（1248）。照常理推算石刻三十年應還可以看到內容，因此南宋淳祐八年（1248）相距只二十六年，碑刻除非被破壞，否則沒有重刻必要，再過一甲子即南宋淳熙十五年（1188）碑刻也許因風化而模糊不

清，又再過一甲子即南宋建炎二年（1128）碑刻已經有一百四十六年，碑石已因風化糊掉了。「今三山念法明、土人林道義繼之」，「今」是指南宋咸淳甲戌（1274）年間，「土人」是本地人之意。「宏其規」是指重建南堂天妃廟。請在官富鹽場當官的嚴益彰「求再立石以紀」，以上是對香港佛堂門天后宮石刻的考察。

透過以上香港西邊的屯門駐兵和抽分，官富砦城的建立，以及東邊南北佛堂門的塔、廟和碑刻等，都反映香港並非化外之地，且有悠久的歷史意義。更值得深思的是，香港海岸有多處形狀奇特的摩崖石刻，如東龍島、長洲灣、大浪灣等地。石刻紋多由兩組線條鐫刻，構成幾何圖形或螺旋條紋，呈現抽象圖紋，狀似鳥、魚、獸等紋飾。考古學家估計，這些石刻刻鑿年代，有新石器時代、也有三千年前的，這是香港古代民族留下來的歷史印記，他們是誰？古代的蜑家人嗎？還是香港的過客？

六　南宋落難皇帝與香港

廣東人自視「天高皇帝遠，無王管。」那麼香港更是廣東邊陲之地，與皇帝何干？歷史往往不以人的意志轉移，萬萬沒想到「皇帝竟落難來到香港」呢！現今車水馬龍的於九龍馬頭涌留有宋王臺花園，園內有「宋王臺石碑」和《九龍宋皇臺遺址碑記》詳細記錄此一歷史事件。簡單說南宋末年，大臣文天祥、陸秀夫、張世傑、陳宜中等人護送皇帝宋端宗和宗室、后宮等坐船沿海往南逃亡，元軍艦隊窮追在後。他們途經泉州、潮州、惠州，最終逃至官富場（今九龍城），在此建立行宮（暫且歇息）。然而蒙古戰艦死纏不放，繼續追殺。隨行官員護駕經至淺灣（荃灣），橫渡伶丁洋往西走、卻又遇上颱風，宋端宗遇溺得病駕崩。衛王隨即繼位為宋帝昺，宋海軍擁帝后等輾轉渡海入新會崖山。蒙元海軍追至與宋軍在崖山海面大戰，陸秀夫見國之

將亡，背負宋帝昺投海殉國。當時有三十艘宋人大船往南海逃亡至越南，而南宋亦於焉結束，只留下文天祥千古絕唱「辛苦遭逢起一經，干戈寥落四周星。山河破碎風飄絮，身世浮沉雨打萍。惶恐灘頭說惶恐，零丁洋裡嘆零丁。人生自古誰無死，留取丹心照汗青。」訴說著歷史興衰與人生意義。

零丁洋（伶丁洋）從香港至澳門的海洋，也是珠江河水與海水交匯的海洋，海面上淡黃的餘波，《過零丁洋》千年來令人唏噓不已的絕唱。後人為了紀念端宗皇帝曾駐蹕在九龍城的大岩石上，因而鐫上「宋王臺」三大字，旁刻「清嘉慶丁卯重修」字樣。「嘉慶丁卯」即一八〇七年，當地人稱此巨型岩石為「聖山」。日本占領香港時，因擴建啟德機場，炸毀巨岩，巨岩爆裂為三，但奇蹟似的聖山石刻「宋王臺」等諸字完整如故。香港重光後，殖民地政府繼續擴建啟德機場，香港有識之士籲請政府在附近劃地建公園保存「宋王臺」石刻，這就是宋王臺公園的由來。

順便在這裡談一下飲食文化一：盆菜。傳說南宋君臣逃亡至深圳和新界一帶，天色已晚，將兵們都已飢餓疲累，新界村民也許同情落難將兵，也許避免將兵強徵糧食，自願將各家中僅有的豬肉雞鴨、蘿蔔蔬菜、魚蝦等來煮飯，供將兵填飽肚子，因碗碟等供應不足，便將煮熟的菜餚放入木製面盆內，供將士們圍盆而食，這是盆菜的起源。現在，盆菜是香港過年過節時美食之一。

七　英屬香港與外地移民

自一八四二年香港成為大英帝國的殖民地後，使十九世紀的東亞海洋秩序重新建構。十六世紀初葡萄牙人控制馬六甲，但在十七世紀中已被荷蘭人取代，馬六甲海峽幾乎是荷蘭人的勢力範圍，葡萄牙人只保留澳門租借地控制著廣東對外貿易。十八世紀中葉後，英國的海

洋力量又從印度洋回到東亞海域，當時工業革命已在英國展開，生產力大量提升，需要尋找新的貿易市場和生產材料，東亞成為英國的目標。一七八六年英國東印度公司迫使馬來亞吉打蘇丹將檳榔嶼租借給英國，一八一九年新加坡也成為英國殖民地。一八二四年依照「英荷條約」馬六甲轉交給英國，英國將蘇門答臘西南端的明古倫讓與荷蘭，馬六甲海峽及馬來亞成為英國的勢力範圍。二年後即一八二六年，英國將新加坡、檳城和馬六甲組成海峽殖民地，成為新興殖民主義者勢力，進軍中國已到日程來。接連二次不公義的鴉片戰爭，香港不但成為英國的殖民地，也把十六世紀以來由澳門獨占廣州的海外貿易轉移至香港，特別是輪船出現後，澳門已失去貿易港的意義，香港成為中國沿海重要的貿易中心。自此，英國控制了從中國沿海經馬六甲至印度洋的航運路線，而東南亞各國的勢力範圍基本上是殖民地時代分贓政治的版本。

自香港割讓給英國人為殖民地後，移民人口直線上升，因為香港是英國人的口岸殖民地。英國統治初期，以香港島為主，除英國人外，也有印度人當公務員和警察，跟隨來做生意的人，以英國人和印度商人最多，他們透過香港與內地做生意。其中來自印度西海岸或巴基斯坦的巴斯商人，他們是波斯人的後裔，信仰瑣羅亞斯德教（拜火教）。鴉片戰爭之前已到廣州經商，巴斯商人在對中國貿易扮演著重要角色，尤其是鴉片貿易，如律敦治洋行。香港開埠五十年，巴斯人地位舉足輕重，人數雖不到一百名，但影響力不容忽視。如今在香港留下以巴斯人命名的街道有旭龢道、碧荔道、麼地道等，又創辦律敦治醫院。巴斯人有自己的社群，一八五四年便擁有自己的墳場。其他的印度人多是伊斯蘭教徒或錫克教徒，早期除商人外，當士兵、警察和獄警最多。一九七〇年代很多印度商人在尖沙咀開西裝店，當然也有當酒店或工廠警衛的。

香港最多的移民來自五口通商的城市的華人，其中以廣府人最

多、閩人（包括潮州人）比例亦多。以下是香港人口統計資料：一八四一年（7,450人）、一八五一年（32,983人）、一八六一年（119,321人）、一九一一年（456,739人）、一九三一年（840,473人）、一九六一年（3,129,648人）。香港人口不斷增長，主要是經歷晚清、民國、人民政府等三個朝代的更迭而大量難民湧入，到了二〇一七年香港總人口數七百三十萬，而新界原居民約七十萬，這是世界上高密度的城市人口。香港是以漢人為主的社會，百分之九十二是華人，但作為國際貿易中心，非華人人口約百分之八（2016）共五十八萬四千多人，這些少數族裔香港人大都來自亞洲各國，而歐美人士約占六萬人左右。雖然香港曾經面對九七回歸的衝擊，移民海外的香港人不少，近十年回流香港亦不少，包括他們的下一代。如今香港人口仍有七百多萬常住居民，而來自世界各地的訪港旅客高達六千萬人次（2014），香港的旅遊業是香港榮景的重要支柱。

八　香港開埠初期的政府結構與經貿發展

　　一八四二年英國控制香港後，東亞海域至印度洋成為英國的禁臠，也因此，香港開埠便成為英國在東亞展開現代化新興城市的試驗場「自由港」，其中央區域在中環（維多利亞城），一個現代化的貿易城市設計在香港推動，這是一個商業港口城市。依據《英皇制誥》第一任香港總督砵甸乍成立香港政府。殖民地政府的初期組織有「議政局」（後稱行政局），由總督及三位官守議員組成，至一八九六年才有非官守議員加入；「定例局」（後稱立法局），議員由殖民地政府委任，大多是官守議員，至一八五〇年才委任非官守議員，及至一八八〇年才有首名華人議員伍廷芳加入。香港於一八八三年成立一個「潔淨局」（市政局），於一八八七年由選舉產生成員。香港警隊成立於一八四四年，負責公共安全包括人口登記、出入境事務、海關、消防、

稅收、簽發牌照（出生證明書、身分證、商業登記），以及郵政、小
販管理及潔淨局等相關事務。初期警察總人數約一百五十人，以印度
人最多、歐洲人次之，華籍占百分之十五左右。一九六七年因警隊鎮
壓左派暴動有功，英女皇賦予「皇家」稱號，之後香港警察便稱為
「香港皇家警察」，及至回歸中國才取消「皇家」兩字。

　　香港開埠初期，白種人高人一等，都可入住中環半山區，而華人
只能住在山腳下、上環、西環和灣仔一帶。位於上環荷李活道的文武
廟，供奉文昌及關帝等神祇，該廟宇由華人富商興建，也是區內華人
議事及排難解紛的場所，它成為華人與殖民地政府溝通的橋樑。一九
○八年殖民地政府制定《文武廟條例》，正式把文武廟交給東華醫院
管理，每年東華三院董事局和社會賢達齊集廟內舉行秋祭，為香港祈
福。記得一九九二年左右，我在屯門譚伯羽中學擔任教師時，校慶日
舉辦了一場歷史探索之旅，由我領隊帶同學從屯門出發，由水坑口開
始步行，這是英軍於一八四一年登陸港島的地點，經文武廟（建於
1847-1862年間），至香港域多利監獄（中央監獄，建於1841年）止，
讓同學踏勘一番，認識一下舊香港的史蹟。

　　香港開埠便成為華南地區重要的轉口貿易中心，三、四年間已有
十多間洋行設立，而華商則設立南北行，他們多從事與中國內地的金
融、貿易、貨倉及海陸運輸業務。特別是中環銀行業一八四五年第一
所銀行「倫敦東方銀行」成立，一八六二年制定貨幣，匯率以銀元計
算，解決市面上流通的墨西哥鷹洋、西班牙銀圓、中國銀錢、澳洲金
幣和印度盧比等不同貨幣。新貨幣在英國鑄造，又鑄造銅元作為輔
幣。一八六五年香港上海滙豐銀行（原稱香港上海滙理銀行）創立，
同年倫敦分行開業，當時業務遍及美國舊金山、日本橫濱、泰國等
地，主要業務依然在中國和亞太地區。香港是海港城市，船隻為主要
運輸交通工具，因此設有紅磡黃埔船塢和鰂魚涌太古船塢，也有英商
開辦水泥廠、糖廠、釀酒廠、冰廠等等。一八六一年外國商人成立

「香港商會」向政府表達對華商的不滿，以保衛其利益，同年成立中華煤氣、一八六三年建成薄扶林水塘供應港島用水、一八八九年成立香港電燈有限公司提供港島的電力供應，一九〇一年中華電力公司成立，供應九龍、新界電力。至此香港日常生活的水電供應，已滿足當時市區的需要，對香港的現代化起推動作用。

　　早期港島的主要交通以馬車、人力車和轎子為主，及至一八八八年山頂纜車才通車，而香港電車於一九〇四年投入服務，巴士則要到一九二〇年代才提供服務。一九一〇年九廣鐵路英段落成，一年後華段落成，九龍至廣州鐵路全線貫通。一八五二年印度商人創辦「九龍渡海小輪公司」來往尖沙咀與中環，及至一八九八年被收購後，改名為「天星小輪公司」，使港島與九龍有渡輪連接起來。對外交通方面，早期海港仍然以帆船為主，允許商船自由進出，吸引外商利用香港轉口貨物，國際性的遠洋航線是由「香港鐵行輪船公司」（P&O）經營，P&O 於一八三七年在倫敦成立，當時已獲英國政府特許經營英國至印度的航線。一八四三年 P&O 在香港設立辦事處，經營香港至英國、香港至美國的定期遠程輪船服務，是當時中國人前往歐美的跨海洋渡輪。特別是一八六九年蘇伊士運河開通後，更可途經地中海直達倫敦，不必中途在埃及的樞謐港轉火車往亞歷山大港轉船，或經非洲好望角到歐洲。

　　十九世紀中葉，香港作為一個現代化商業海港城市的設備已具雛型，隨著香港的基礎建設日益完善，航運業與貿易業蓬勃發展，香港已成為世界級的國際貿易港口城市，主要是從事中國與世界各地的轉運服務。香港從晚清以來為中國賺取大量外匯，特別是一九四九至一九八〇年中國大陸鎖國，內地貨物從香港出口，以香港作為賺取外匯的基地，香港成為會生金蛋的金雞母，隨著內地的改革開放，香港轉口港的地位被弱化，能不能再生金蛋或發揮更重要的意義，就要看香港是否隨時代不同而轉型成功，創造新時代的存在意義。

九　殖民地早期教育與文化

　　殖民地政府初期，並沒有建立正式的教育制度，但鼓勵私人和教會辦學。最早到港辦學的團體是馬禮遜教育協會，一八四二年將澳門創立的馬禮遜書塾遷至香港，改名為馬禮遜學堂，這是香港第一間英文書院。其後包括美國浸信會、倫敦傳道會、美國公理會、英國聖公會和羅馬天主教會都在香港辦學，這些學校都得到香港政府支持，發展迅速，它們辦學的目的是宗教傳播和培養牧師，當然西方的教育學科也是教學內容。英華書院是一八一八年由倫敦傳道會傳教士馬禮遜在馬六甲成立，目的培養當地的華人牧師。當香港開埠一年後，英華書院便從馬六甲遷至香港，這間英華書院除教育工作外，還具有印刷設備與能力的印務機構，出版基督新教刊物、報刊等，對推廣香港文化有重要意義。

　　到了一八四五年，殖民地政府開始津貼由傳統士紳或宗族開辦的學塾（如書院、社學、家塾和義學等），二年後政府鼓勵受資助的學塾轉為官立，接受者轉為官立學塾，改稱「皇家書館」或「國家義學」等。一八五五年皇家書館（國家義學）共有十所，學童四百人。這些學塾受一八五七年制訂的《皇家書館則例》監管。一八六〇年殖民地政府將所有在維多利亞城內的皇家書館學生集中到中央書院上課，二年後正式成立中央書院（皇仁書院），該校校長同時負責視察監督港島各村落的書館，可見殖民地政府將香港兒童的教育權納入管理範圍。一八六三年，港府又將城區私塾或村落書館以免租方式移交當地辦理，而規模較大的是東華醫院於一八八〇年興辦的文武廟義學「中華書院」，收容十至十六歲家境清寒學生，教授四書、傳統禮儀與信札等學科，使日後有謀生技能。一八九〇年這類型私塾或義學在香港島共有六所。

在香港，第一間專上學院是一八八七年由華人開辦的西醫書院。創辦人是第一位獲封爵士的何啟醫生，他父親是何福堂牧師。何福堂牧師畢業於馬六甲英華書院並留校任教，後隨該校遷來香港。何啟畢業於中央書院，一八七一年留學英國，先後取得醫科和法律學位。何啟與倫敦傳道會和白文信醫生共同創辦「香港雅麗氏利濟醫院」（雅麗氏何妙齡那打素醫院）並附設一所西醫書院。雅麗氏（Alice Walkden）是何啟夫人，何妙齡女士是他的胞姐，姐夫是首名華人立法局非官守議員伍廷芳。伍氏生於新加坡，三歲回廣州定居，後入香港聖保羅書院，畢業後留學英國，是第一位取得法學博士的華人，回港後任律師。

值得一提，另一名與何啟沒有關係的著名商人何東爵士，他一八六二年出生於香港，父親是英籍猶太裔荷蘭人，母親是廣東寶安人。父母同居生下何東，其後父親離港，何東由母親獨力撫養，自幼受中國文化薰陶，以中國人自居，畢業於中央書院。一八八一加入英資怡和洋行當買辦，晉升為華總經理，一八九九年受封為香港太平紳士，一九一五年獲頒英國爵士勳銜。何東家族人才輩出，聲勢顯赫，是首個獲准在太平山山頂居住的華人家族，第二代何世禮是國軍二級上將，澳門賭王何鴻燊是何東的侄孫，武打明星李小龍是何氏家族外孫等等。

何啟創辦的西醫書院，也是孫中山學醫的學校，他是首屆畢業學生。隨著清朝科舉制度沒落、西學在中國國內興起，有識之士渴望在香港建立一所大學，美其名為中國培養人才，實質是維護英人利益和培養當地公務員。一九一一年香港大學成立，將西醫書院合併為醫學院，創立工學院和文學院，這是創校三大學院，至一九二七年又在文學院之下創立「中文學院」。這也香港第二次大戰前唯一的專上學院。香港首間公立醫院「國家醫院」於一八四八年在中環成立，當時華人不信任西醫，且醫藥費昂貴，其服務對象主要是公務員和警務人

員。國家醫院經過數次搬遷，至一八七八年荷李活道國家醫院被燒毀後，病人移轉至西營盤醫院。該院成立於一八七四年是一所公立醫院，以西醫方法治療妓女性病，因為香港開埠初期是貿易港，娼妓行業盛行。故西營盤醫院又有「性病醫院」之稱，也曾是「國家醫院」所在。當時華人比較喜歡看中醫，而香港最早的華人醫院則是一八七二年創立的東華醫院，是一所收容貧苦垂危患病的華人，起初以中醫中藥療法，贈醫施藥，後因發生鼠疫，才加入西醫藥療法，華人開始接受西醫治療。觀念之改變，必須經歷一段時間及衝擊才被接受。及至一九三七年，瑪麗醫院開幕，取代國家醫院，而香港的醫療體系逐漸形成，其後推廣至香港各地區，都建有區域健康院或醫院。

香港西式的媒體文化很早，一八四二年首份民營英文報紙《華友西報》（*The Friend of China*），早一年出版的《香港公報》（*Hong Kong Gazette*）則是一份官報。一八四五年英文《德臣西報》（*China Mail*）創刊，及至一八五三年才有首份華文報《遐邇貫珍》創刊，以宣揚基督教為主，介紹西方歷史、地理、科學、文學等各方面知識及中西新聞，而《孖剌西報》創刊於一八五八年並附有中文版的《中外新報》，內容主要報導船隻航運與貨物資料。一八七二年在首名華人大律師伍廷芳協助下，陳靄庭創辦《華字日報》，報紙是新興傳播工具，使有閱讀能力之士眼界大開。香港是晚清使者或旅行者出國的航運中心，是晚清知識分子出國的轉運站，他們在香港所見所聞，在在影響著他們的思緒，而香港的現代化城市建設和新聞媒體對他們的衝擊更大。最明顯的例子是王韜，他自幼隨父熟讀四書五經，可是舉人過不了關，一八四七年他去上海探望父親，順道參觀倫敦會傳教士麥都思主持的墨海書館，並參觀他們的印刷廠房，對活字版印刷機十分感興趣，開始致力於西學。因結識太平天國地方長官劉紹慶，為太平軍出謀獻策，因此惹來麻煩。一八六二年，當清軍攻破太平軍時王韜的《陳情表》落入清軍手中，清廷要追捕王韜歸案。當時墨海書館館

長麥都思的兒子麥華陀是英國駐上海領事，王韜逃入英國領事館避難，幾個月後由領事館人員護送乘怡和郵輪逃亡香港。

　　墨海書館館長麥都思安排王韜在香港協助英華書院院長理雅各翻譯《十三經》，王韜開始在香港生活。王韜除當翻譯外，還兼任香港《華字日報》主筆。自從王韜成為《華字日報》主筆後，開始收集香港資料，發表〈香港略論〉、〈香海羈蹤〉、〈物外清游〉等三篇香港早期歷史文章，對了解當時的香港情況有重要價值。一八六七年理雅各回蘇格蘭後，邀請王韜到歐洲遊歷，並繼續幫助理雅各翻譯中國經典，一八七〇年王韜從歐洲遊歷回到香港，撰寫《普法戰紀》傳閱，引起很大的迴響，朋友集資籌建中華印務總局刊刻出版該書，順理成章於一八七四年便創辦《循環日報》，王韜成為《循環日報》主筆，這是香港第一份華人資本的中文報紙，該報至一九四七年停刊。由於香港開埠便推行自由港政策，中外商人雲集，西洋事物即時傳入，晚清以來內地官員和知識分子出國多從香港或途經香港出洋，香港的新事物對內地官員和文化人士影響至深。特別是年輕中國人在香港受教育的，影響更是深遠，其中一位是孫中山。

十　殖民地教育與文化對孫中山的影響

　　孫中山從十七至二十六歲，大部分時間在香港度過，在這裡是他的革命思想的發源地。一九二三年孫中山在香港大學演講時總結說：「我之革命思想，完全得之於香港。」因為他看見香港社會秩序井然，建築宏美，市容進步，言論自由，一個現代都市的形象深深烙印在他的腦海裡。孫中山十七歲孫從香山縣（今中山市）來港，入讀聖公會拔萃書院，後又轉入中央書院（皇仁）繼續學業，曾一度輟學赴檀香山。一八八五年回鄉結婚後再到香港復學，在中央書院完成中學課程。一八八七年孫中山回廣州南華醫學堂學習，其後又轉來香港雅

麗氏醫院附設的西醫書院接受五年醫學訓練，且於一八九二年以優秀成績畢業，其後到澳門和廣州行醫濟世。

孫中山的革命思潮在香港求學時已被啟發，目睹中國內地滿目瘡痍，雖自強運動有一定成果，然要國家臻至富強，還有一大段路要走。一八九四年即西醫學院畢業二年後便上書直隸總督兼北洋大臣李鴻章謂：「竊嘗深維歐洲富強之本，不盡在於船堅砲利，壘固兵強；而在於『人能盡其才，地能盡其利，物能盡其用，貨能暢其流』。此四事者，富強之大經，治國之大本也。……如中堂有意以興農政，則文（孫中山）於回華後，可再行遊歷內地新疆、關外等處，察看情形，何處宜耕，何處宜牧，何處宜鹽，詳明利益，盡仿西法，招民開墾，集商舉辦。此於國計民生，大有裨益。所謂欲躬行實踐，必求澤之沾沛乎萬民者，此也。惟深望我中堂有以玉成其志而已。」《上李鴻章書》洋洋灑灑約八千字，可見當時孫中山期盼為國家發展出一點力，可是李鴻章不屑一顧。孫中山知大概唯有革命才能改變中國，於是一八九四年便在檀香山籌備革命，成立興中會。

當然孫中山在香港讀書時已受到啟蒙，大概在一八九○年左右在香港受過西式教育的華人知識分子在中環結志街建立一所「輔仁文社」，當時的主要幹部有楊衢雲、謝纘泰等成員共十多人，他們主張推翻滿清，建立合眾政府。一八九五年孫中山經尤列撮合將興中會與輔仁文社合併，組織仍用「興中會」之名，舉楊衢雲為會長，孫中山為秘書，在中環成立商號「乾亨行」掩飾革命工作。孫中山在讀西醫學院時便已結交好友陳少白、尤列、楊鶴齡等三人，此後這四人過從甚密，非談革命無以為歡，由於此四人在香港經常聚首議論大清時政，遂漸有「四大寇」之稱號。一八九六年香港殖民地政府認為孫中山「危害殖民地的和平與秩序」頒下驅逐令，孫中山開始流亡生涯，不過他利用乘船途經香港時在船上與革命黨人籌劃革命事業。一八九九年秋，孫中山派陳少白由日本前往香港籌辦《中國日報》宣傳革

命，報館設於中環士丹利街，該報至一九一三年才停刊，這份報紙成為宣傳革命的有力工具。孫中山早期的起義活動主要在香港策劃，如一九〇〇年惠州起義、一九〇七年潮州黃岡起義、惠州七女湖起義，以及一九一一年黃花崗起義等，香港成為革命黨人的基地。

　　在這裡順便一提，屯門蝴蝶灣有一處私人經營的「青山農場」，農場主人李紀堂於一八九五年加入興中會，將農場提供給興中會使用，這裡成為革命黨人的秘密行動基地，成為軍事訓練及儲存武器炸藥等軍事要塞。該農場在一九二〇年代興建了一座中西合璧的兩層紅磚房屋，稱為「青山紅樓」，簡稱「紅樓」，現在改稱「中山公園」。我來臺灣之前在屯門兆山苑居住十年，「紅樓」就在家居對面，每次從外面回家都經過紅樓，革命之事已經很遙遠，卻又活在眼前，二千年來歷史不斷在屯門上演著。

十一　民國局勢與香港的連結

　　民國以後，國內不平靜，袁世凱執政時期以北京為首都的「中華民國」政府處於混亂的政局，稱帝失敗後，接下來是軍伐割據，動盪不安，國家面臨分裂之局。一九一七年第一屆國會議員一百三十多人響應孫中山護法號召南下廣州。原因是北洋政府權力鬥爭，大總統黎元洪與國務總理段祺瑞有府院之爭，張勳以武力威迫使黎元洪解散國會令復辟帝制但數日終歸失敗。段祺瑞主張「再造共和」拒絕恢復國會，重新選舉第二屆國會。可是南下廣州的第一屆國會議員法定人數不足以召開正式會議，孫中山提議在廣州召開國會非常會議，決定組織護法軍政府，稱為「中華民國軍政府」，行使行政權。換言之，當時中國境內有二個政權，而世界各國視北京北洋政府是中華民國的合法政權。而廣州軍政府採用青天白日滿地紅旗為國旗，反對及不承認北京北洋政府的法統。一九二一年在廣州正式成立「中華民國」政

府，選舉孫中山為「非常大總統」，並展開第二次護法運動。一九二四年孫中山採取「聯俄容共」政策，在蘇聯顧問協助下創建黃埔軍校（中國國民黨陸軍軍官學校）以培養軍事幹部，第一任校長為蔣介石。一九二五年三月十二日，孫中山逝世於北京，蔣介石發表《哀告全體將士書》，國民黨決議改組大元帥府，在廣州成立國民政府，由蔣介石領導國民革命軍展開北伐。

一九二七年國民革命軍抵達南京，政治鬥爭開始，共產黨策動南京排外事件，殺害洋人和洗劫領事館、教堂、學校、商社、醫院等，引發國民政府與英美日矛盾的國際事件。汪精衛在上海與蔣介石會面，承諾阻止武漢反蔣介石，可是國民黨中央監察委員檢舉國民黨內之共產黨員謀反。與此同時，在北京的北洋政府最後一位掌權者張作霖，派軍警突擊蘇聯大使館、遠東銀行、中東鐵路辦公處，並逮捕李大釗等共產黨員和國民黨員。而蔣介石卻聯合上海青幫、洪門、杜月笙等，發動四一二事件，解散上海總工會，捕殺共產黨員，「清黨」運動開始，即清除有共產黨員身分的國民黨員，廣東、廣西分別進行清除共產黨運動。汪精衛痛斥蔣介石的清黨活動，認為反共即反革命。武漢國民政府與國民黨中央宣布開除蔣介石黨籍，撤銷其國民革命軍總司令職務。蔣介石隨即在南京成立新的國民政府清除汪精衛勢力，史稱「寧漢分裂」（寧〔指南京，舊稱江寧〕；漢〔指武漢〕）。當時武漢局勢混沌不明，共產黨人推動工人和農民運動，而汪精衛政府頒布法令維護工商界權益，嚴厲制裁工農運動。

一九二七年寧漢分裂期間，中共宣布退出國民黨，汪精衛要求任職於國民政府和軍隊的共產黨員，發表脫離共產黨聲明，否則停止一切職務，而共產黨則發動南昌暴動。形勢急轉直下，武漢政府逮捕及處死共產黨人，八月蔣介石下野，武漢政府遷都南京，宣告國民黨復合（寧漢合流）。可是，九月便爆發寧漢戰爭，汪精衛下臺轉往廣東，否定南京政府的合法性。十一月廣州發生「張黃事變」，實際上

是國民黨內部汪精衛、蔣介石、新桂系（以李宗仁和白崇禧為代表）等派系鬥爭，汪精衛在廣東成立政府。其後蔣介石與桂系李宗仁聯合，十二月南京政府任命蔣為總司令，並發布討伐廣東令，下令查辦汪精衛，汪受新桂系攻擊被迫離開中國，而共產黨則在廣州發動暴動。一九二八年蔣介石當選為中政委主席和軍委主席，從此黨政軍權力集中於蔣手中，蔣介石聯合馮玉祥、閻錫山、李宗仁等進行北伐，一九二八年張作霖回奉天（瀋陽）途中被日軍炸死，不久張作霖兒子東北保安總司令張學良易幟來歸，中國重新統一。當清黨運動時，共產黨被國民黨軍隊追剿，往西北逃亡，這就是中共所謂「二萬五千里長征」，當時左派人士和左傾思想的知識分子人心惶惶，僅上海就有千多名共產黨員被捕，三百多人被殺害，白色恐怖籠罩中國南方。

在廣州的清黨運動中，軍警將穿西裝、中山裝、學生服裝或頭髮向後梳的都逮捕歸案，當時相信有部分共產黨人和左傾思想的知識分子逃亡香港，這是值得深入研究的歷史課題。有一事是確定的，那就是東南亞華人自五四以來深受中國影響，華文學校的老師多從中國下來，他們多是自由主義者或有左傾思想的讀書人，也許是清黨運動時往外逃亡的知識分子，他們是從中國轉到香港再轉往南洋，這批流亡南洋的知識分子影響東南亞華人的思緒，特別是新馬地區，如果我們讀著馬來西亞華教鬥士林連玉先生那一代人的詩文，感覺特別強烈。

十二　香港「海員大罷工」與「省港大罷工」

從一九一七至一九二七年，香港政府與人民關係開始緊張，第一次世界大戰後由於通貨膨脹，工人生活困苦，都希望調高薪資。一九二〇年，香港船塢工人要求加薪被拒絕後，華籍工人集體請假回鄉掃墓，史稱「海員大罷工」。清明節過後，大多工人不打算回港上班，香港公共運輸完全停頓，工商業蕭條。當時孫中山推行三民主義政

策，訂立勞工法案及工會條例，鼓勵香港海員加入國民黨成立之工會。因此，香港海員在香港德輔道中成立「中華海員工業聯合總會」保障工人權益，分別在廣州和香港登記註冊。一九二一年底，英資渣甸和太古兩大船務公司海員要求加薪被拒，一九二二年初中華海員工業聯合總會大罷工，參加罷工海員多達六千多人，一個月後全港海員、碼頭和煤炭工人響應罷工，人數多達三萬人，整個香港海運癱瘓。資方不願加薪，罷工繼續，港督司徒拔通過戒嚴令，且用武力封閉中華海員工業聯合總會，強拆孫中山書寫的招牌，引發香港其他行業員工十多萬人總罷工。勞方與港府談判破裂，港府招募外地工人，改由英軍駕駛天星小輪，雙方關係更為緊張。罷工海員則完全封鎖香港各處海運碼頭，禁止廣東各地糧食運入香港，這一行動竟獲廣東各界響應，引起殖民地政府恐慌。

罷工期間，不少工人坐火車離開香港返回內地，政府下令九廣鐵路停駛，而二千名罷工工人步行返廣州，當隊伍途經沙田時遭殖民地軍警開槍阻止，造成三死八傷，史稱「沙田慘案」，殖民地政府的舉動引起香港華人更大的憤怒和恐慌。一九二二年三月英國駐廣州總領事出面調停，勞資和香港政府達成協議，資方同意加薪百分之十五至三十，香港政府解除對中華海員工業聯合總會的封鎖，釋放被捕工人，發放撫恤金予以沙田慘案受害者，大罷工歷時五十六天才正式結束。當時港督司徒拔的報告認為這是一場政治運動，罷工的幕後組織者雖然是國民黨，但背後受布爾什維克主義（共產主義）所影響。

另一場「省港大罷工」發生在一九二五至一九二六年，這是香港和廣州共同發生的大規模、長時間（一年多）的大罷工事件，數以十萬計工人在國共兩黨和廣州國民政府支持和組織下進行罷工。廣州政府封鎖香港的交通運輸，禁止糧食輸出香港及停止經香港入口的貨物。香港經濟完全陷於癱瘓，因經濟封鎖的影響，香港百業蕭條，大量商戶倒閉，殖民地政府要向倫敦借三百萬英鎊度過難關。罷工緣起

於一九二五年上海租界英籍巡捕開鎗射殺工潮工人和支援學生，即所謂「五卅慘案」。香港的共產黨人以中國國民黨黨員身分，組織全國總工會召開香港各工會聯席會議，成立「全港工團聯合會」，決意罷工抗議英國政府的「鴨霸」行為。這一年六月中，香港各工會包括：電車、印刷、船務等二萬多人離開工作崗位返回廣州，各學校學生同時罷課。在廣州珠江沙面英租界華工響應罷工，廣東各界包括省港各團體、軍人、學生和商界數十萬群眾在沙面示威遊行。英軍指責示威者越界，威脅租界人命財產，向群眾開火射擊，造成五十多人死亡，史稱稱「沙基慘案」。

慘案發生後，廣州各團體提出對英國實施經濟制裁，同日香港二十五萬工人全面總罷工，且有十三萬人返廣州、佛山等地。罷工延續至一九二六年三月，廣州發生中山艦事件，當時蔣介石雖掌控實權和軍權，但國民政府內有共黨化傾向，當蔣介石從汕頭返廣州途中即下令全城戒嚴以防止兵變，並派員占據中山艦，將艦長李之龍（共產黨人）逮捕，並派兵包圍蘇聯顧問和共產黨機關，扣留周恩來等人。當時蔣介石仍未打算清黨，仍維持孫中山「聯俄容共」政策，一切動作主要是防止兵變。蔣介石一切準備就緒，就率領訓練精良的黃埔部隊，開始北伐。同年六月國民政府派宋子文等與英國政府談判結束罷工問題，九月美國公使由香港訪問廣州，受到蔣介石部隊禮遇，國民政府於十月正式解除對香港的封鎖，省港大罷工宣告結束。由此可見，香港的經濟與內地休戚與共。

十三　苦難的「三年零八個月」

蔣介石北伐成功後，面對日本咄咄逼人，九一八事變、盧溝橋事件（七七事變），蔣介石的安內攘外政策已無法執行。西安事變後國共兩黨成立「國民革命軍」，標誌著全面抗日戰爭正式開始。香港並

沒有逃過日本的侵略，一九四一年日本偷襲珍珠港當日，日本軍隊由寶安進攻香港，英軍無力抵禦日軍的進攻，港督楊慕琦投降，及至一九四五年八月日本投降，共「三年零八個月」是香港人受難的日子。日本駐香港長官酒井隆統治期間濫殺無辜，推行皇民化教育，禁止使用英文等。香港島、九龍等主要街道改成為日本名，如中環改名「中區」、西環改名「西區」、尖沙咀改名「湊區」、油麻地改名「香取區」、紅磡改名「山下區」、皇后大道中改為「中明治通」、英皇道改為「豐國通」等等。香港市民的安全、民生經濟各方面大受摧殘。香港淪陷時，由於糧食短缺，日軍實行配給制度；持配給證者，每人每日獲配米六兩四錢，無證貧民只靠吃樹根和木薯粉充飢，苟延性命，饑民搶食現象經常發生。

日本把日本軍用手票（軍票）作為法定貨幣，且大量濫發，導致通貨膨脹，軍票貶值，形同廢紙，老百姓血本無歸。因糧食不足，日本人強迫中國人返回內地鄉下，又拉伕前往海南島開荒等等。香港人口由戰前之一百六十萬銳減至一九四五年戰爭結束時只剩下六十萬。在日本統治的三年零八個月，中國共產黨屬下的廣東人民抗日游擊隊東江縱隊以香港原居民子弟組成的「港九大隊」活躍於西貢、大埔一帶，聯絡東江和珠江三角洲的反日力量。這支游擊隊由二百人擴展至六千人，主要的工作是通風報信、營救戰俘等，似乎沒有正面對抗日軍，戰後這些幹部便成為香港地下共產黨成員。當然香港共產黨組成十分複雜，還包括左派文化人、學生、紅色商人（做大陸生意）、各行業工人等等。

記得在香港教中學時，某年學校去大埔新娘潭旅行，我便帶同班上同學步行至烏蛟騰的「抗日英烈紀念碑」鞠躬，講述日本占領香港的事蹟。西貢大網仔馬路旁也有一座抗日紀念碑。我在戰後出生，也沒有經歷過香港三年零八個月的艱苦歲月，但歷史不能遺忘，這是我們的根本。

十四 戰後中英《展拓香港界址專條》的討論

　　日本投降，第二次世界大戰結束，日軍繼續維持香港秩序，及至英軍再次抵達香港，成立軍政府，香港重光，英國恢復管治香港。香港重光，帶來一個新問題，即香港是否歸還中華民國統治。日本投降前，美國曾認為英國該放棄香港歸還中國，使之發展為國際自由港。香港是英國殖民主義和帝國主義象徵，中華民國成為聯合國四巨頭之一，當然希望消除所有不平等條約及治外法權。早在一九四二年，英美政府準備與中國談判，放棄在中國的治外法權。當時中國外長宋子文等就英方草案提出一份修訂案，包括廢除一八九八年簽訂的中英《展拓香港界址專條》，即中國要求在戰後收回新界，但遭英國拒絕討論這項問題。最後中國無奈照會英國，不將新界問題與取消在華治外法權合併提出，才於一九四三年與英國和美國在重慶簽署取消在華治外法權條約（即《中英新約》和《中美新約》等）。這就留下「九七問題」等待解決。

　　當時英國並不打算放棄香港的統治權，因此在日本投降前，就已計畫派軍隊收回香港，盡快建立軍政府，以確保持香港的穩定和統治權。由於英國的強硬態度，香港歸屬問題從來沒有在戰後的國際會議上提出過。當一九四九年中共立國時便宣布不承認晚清與英國簽訂的《南京條約》、《北京條約》和《展拓香港界址專條》三個不平等條約，並暫時維持現狀，日後再談判解決。九十九年的新界租約，終歸在一九九七年屆滿，收回香港是順理成章的事，人民政府沒有理由不把香港收回中國。一九四五年底香港軍事管制結束，大部分物資恢復自由貿易，戰後香港重建速度驚人，一九四六年中期香港人口便回到戰前水平，商業再次興旺起來。殖民地政府也意識到不能再用戰前的管治手法，取消戰前的一些殖民地政策，例如華人不再禁止使用某些海灘、華人可在太平山頂擁有物業等等。

　　戰後香港進入新的階段，特別是一九四九年，大量難民湧入香港，而我於一九五二年在香港茶果嶺出生，本書的第二章就是我在香港的生活記錄。茶果嶺在清末民初是九龍觀塘區的中心，設有「四山鄉公所」，其範圍包括牛頭角、茜草灣、茶果嶺及鯉魚門。茶果嶺有一間「四山公立學校」是供四山地區小朋友入學的唯一公立小學，我就在這所小學畢業。以上用不到二萬字的篇幅綜觀香港歷史的發展，期待讀者對香港史有一起碼的認識，香港社會的複雜性，從開埠以來都是如此，一直與中國和外國連結一起，深受內地和西方的干擾與影響，至今如是。香港如何維持穩定、向上提升、繼續發展，確有賴於香港人對自身歷史的認識，確保自己的政策保持平衡的發展，才能繼續在中國歷史演變的進程中扮演更有歷史意義的角色。

第二卷
從小工到教授：我的生活、成長與學習

我一九五二年出生在茶果嶺，它是一般香港人也許會感到很陌生的地方。一八四二年之前這裡是九龍寨城以東最繁榮的村鎮，我的童年生活就在這個邊遠的村鎮度過。我一生的生活大概可分為二個大階段；一九五二至一九九三年在香港，一九九三年後至今在臺灣臺南。在香港生活期間，可說是我的重要經歷及奮鬥過程，也是二戰後大多數香港人生活過的年代。如果做口述歷史，除了極少數菁英外，每一位六十歲以上的香港人都能講述那年代艱苦生活的經過。我從中學一年級便出外工作，以後的日子靠半工半讀完成中學、大專、研究所等課程，一九九三年有機會去臺灣國立成功大學任教，好像一帆風順，期間的堅持與掙扎也許對時下年輕人有鼓勵作用，至少讓新一代年輕朋友了解戰後香港的生活概況。這不是一部香港史，而是我對香港部分的記憶。

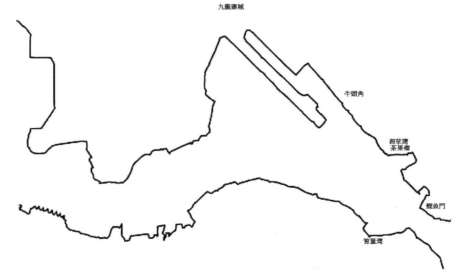

現今海港繪圖（范棋崴博士繪製）：一九四〇年代九龍寨城以東沿海地區，
最繁榮的村落是茶果嶺村。

一　我的身世

　　從母親口中知道，父親原籍廣東香山隆都，老家有田有地，有兩位伯父在美國做生意，這是有證明的；現時中山的家族也是僑眷身分，母親曾說老家大屋廳堂祖父的掛像是穿官服的。父親因當局拉伕當兵，暗地遣派了一名家丁頂替，自己卻出走馬來亞投靠親戚。由於我家沒有留下資料，我是根據記憶及對華人史的研究還原我家的歷史。父親大概是在怡保的巴力（Parit）定居，小時候母親會教我說一些馬來話，現在還記得 makan nasi（吃飯），其他就都忘了。她說他們家住在「巴叻」，我以為是霹靂洲，過年辦年貨她必定買萬里望花生，跟父親吵架時經常指著父親額頭說，你們唐人什麼什麼的，帶我回唐山等死之類的說話，父親卻一聲不響，乖乖坐下來聽訓。我小時候不知母親說的意思，日後卻成為尋找母親故鄉的線索。

　　巴力鎮是在怡保的西南方，在怡保的郊區巴士總站有巴士直達，大概一小時車程，經過萬里望市鎮，鎮上馬路圓環花園中豎起一顆巨大的花生標誌，一眼便認出來。因母親彌留之際，我含淚說帶她回馬來亞，她眼睛稍微一動，那天晚上便離開了。（我寫了一首詩〈追思母親〉參第三卷附錄一）在香港處理完喪事後，便把母親一些骨灰裝在一個小花瓶上，捧著回到臺南家存放。我來臺灣教書，媽媽一直反對，認為我已生活穩定，為什麼還要去臺灣？我三番四次請她來臺南玩，她就是不來。這回她走了，我便把她帶來臺南家二年，於二〇〇七年與太太惠芬和一位檳城朋友吳龍雲博士陪同到怡保尋找到巴力，幾經查詢當地人，終於找到去巴力的巴士總站。我確定巴力是母親的故鄉，我便將母親骨灰灑落在巴力小鎮的小公園草地上。

　　我推算父親大概是一九三六至一九四〇年間或許更早一點便離開中山，前往南洋生活。日本於一九四二年已全面攻占南洋，當時各人

的生活都很困苦。怡保西南的巴力鎮，位於霹靂江（Sungai Perak）中上游，而上游的江沙縣曾是霹靂蘇丹王城，也是霹靂王朝首府所在。霹靂江下游安順是出海口，安順是霹靂州第三大城市，僅次於怡保和太平，而巴力在霹靂江水道必經的小鎮，曾經一度繁榮。當時這裡設有碼頭，應該是出海的中途補給站，大街是華人社區，現存最古老是二層高商場建築，牆壁上仍鑲嵌有一九二八和民國十七年字樣，依稀可辨。

　　我在巴力逗留了幾小時，鎮上大街仍是華人聚落，周邊是馬來人的房子。我在鎮上吃午飯，廣東話也可溝通。小時候母親會對我說，她是跟父親回唐山，你們唐人什麼的。母親說她家兄弟姊妹很多，男生上山打獵都會帶刀子。家鄉附近的萬里望花生最好吃，在香港過年時母親都買一包萬里望花生來吃。回想起來，我有點驚訝，當我懂事的時候母親教我唱兒歌：「起來！不願做奴隸的人們！把我們的血肉，築成我們新的長城！」後來才知道這是「義勇軍進行曲」，當時媽媽吩咐我不要在外面唱，警察會拉人。顯然母親也不知道為什麼，這是她小時候在家鄉學習的。後來我教授「東南亞華人史」時便明白箇中原因，這就是大馬華人在抗日戰爭時的情景，戰後英殖民地當局便把抗日游擊隊視為共產黨，除之而後快，並將華人集中在「新村」，中斷華人對馬共的支援。

　　母親沒有上過學，但她說每天都會跑去學校外面聽同學上課，因此她不會寫字，但認得中文字，可以看報紙和書信。這所學校可能就是巴力中華小學。顯然母親比父親更有文化，父親是大文盲，據母親說父親家有錢，排行最小，家中只有他一個少爺，大伯母是大家長，大伯父和七伯父都在美國做生意。父親小時候不愛讀書，到處拿槍打鳥遊玩，當局拉伕當兵，便下南洋投靠姨丈。母親姓潘，我一直懷疑母親擁有馬來血統的混血兒，即我們所知道的峇峇家庭出生的娘惹（土生華人），母親說家裡都說馬來話。舅父與一位上海人結婚，小

時候看過他們的結婚照片，舅父打領帶穿西裝，舅母穿婚紗，當時馬來人甚少如此裝扮，馬來男生也很少娶中國女生為太太。馬來亞混血華人為了保持華人血統，下代只跟峇峇娘惹或華人結婚。

二戰結束後母親與父親結婚，母親常說外祖母有幾位女孩，由於日本人占領時，父親每逢放假都會到外祖母家玩，且帶來一些禮物來，最常帶來雞蛋和雞，因此外祖母很喜歡他。母親是家中最小的，她其實已有一位心上人，可是被父親挑中了，不得不結婚。小時候聽他們吵架時，母親便對父親大罵，害她遠離家鄉，父親通常都不出聲，低著頭任母親打罵。

父親是一位沒有大志的男生，為人開朗豪爽，喜歡喝酒，記得隨他去飲茶，遇到不認識的茶客，都可高談闊論一番。小時候我沒有從父親口中得知他的事，我知道的都是從母親口中得知。一九四五年八月日本投降，母親與父親在大馬結婚。當時父親接到鄉下伯母來信，催促他立即回家，因為家中田地沒有人料理。一九四六年父親便帶母親回鄉，途經新加坡時大哥出世，因此大哥領有新加坡出生紙。一年後回到鄉下，由於伯母沒有生育，根據家族俗例，舍弟便將其親子過繼給大伯父，大哥習慣叫父親為「亞叔」。不久孖哥（雙胞胎）出世，伯母改變主意，雙胞胎正式過繼給大伯父。因大哥的習慣，我們日後弟妹都稱父親為「亞叔」，似乎父母也沒有什麼意見。

一九四八年父親要求在香港做生意，大伯母極力反對，認為在家千日好，不理父親意見，在中山縣城石岐市購置一棟樓房供父親做旅館生意，父親一氣之下隻身出走香港。一九四九年廣東已為解放軍天下，但中港交通仍然自由出入，大概在一九五〇年左右，母親帶著大哥輾轉來到香港，一九五二年我在香港九龍東茶果嶺出生，茶果嶺成為我的故鄉。

二　茶果嶺的歷史

　　觀塘茶果嶺是我出生的地方，至一九六七年我家才搬至荃灣。從九龍寨城至觀塘沿海是宋代以來生產海鹽之地，稱為「官富場」，清初遷界後，鹽田荒廢。這裡近海又有河川、池塘，因之稱為「官塘」。一九五〇年代因大陸解放，大量難民湧入香港，因此香港人口大量增加，政府開拓衛星城市加速工業發展，安置居民就地就業，官塘改名為「觀塘」。在觀塘未開發之前，近鯉魚門海峽沿海岸邊至觀塘間有一聚落茶果嶺，是當時東九龍最繁榮的聚落，英國人未占領香港前，便已經存在。

　　許冠傑有首流行曲《追求三部曲》，歌詞有句「屋企住喺茶果嶺」，不知他有沒有去過那裡？也有人將茶果嶺誤為「調景嶺」，這是兩個不同的地方。調景嶺位於鯉魚門海峽外的將軍澳，這裡原來是很荒涼的海邊，一九〇五年，一名加拿大人倫尼（Alfred Herbert Rennie）在附近興建麵粉廠，三年後麵粉廠倒閉，傳聞倫尼在廠內上吊自盡，當地人稱該處為「吊頸嶺」，自後一直荒廢，雜草叢生。及至日本占領香港，將麵粉廠用作拷問犯人的指揮所。

　　一九五〇年國民黨政府敗退臺灣，部分國軍軍眷湧入香港，原先殖民地政府將這批難民安置在摩星嶺的域多利兵營內。當年端午節一批支持中國共產黨的學生在難民營區跳秧歌舞，向落難香港的國軍挑釁，結果演變為流血衝突。殖民地政府急速的把該處六千多名國民黨軍眷難民，遷至將軍澳的吊頸嶺安置，並將吊頸嶺改稱調景嶺。其後更多難民從他處移入調景嶺，同年年底，這裡的人口約有一萬人，除了軍人和家眷外，還有國民政府的政界和學界人士，他們都渴望移居臺灣，只有部分有關係的人才有機會，而在臺灣的國民政府透過救總（中國大陸災胞救濟總會）經常接濟和協助調景嶺居民。基於殖民地

政府的不干預政策，調景嶺成為國民黨政府在香港的精神堡壘，整個營區都是親臺人士，有很濃厚政治色彩，長年高掛青天白日滿地紅國旗，山上用石頭砌成「蔣總統萬歲」字樣，遠遠清晰可見，形成「國中之國」。隨著九七回歸，殖民地政府開發將軍澳新市鎮，於一九九五年宣布清拆調景嶺寮屋區，其實這裡的房子大多是石屋平房，整齊清潔，居民們守望相助，算是香港民居中具有特色的香港聚落，現在一點痕跡都找不到了，十分可惜。這也許是九七臨近，香港和中國政府協調的結果，抹去「反共堡壘」的記憶。我們說：凡走過必留下痕跡，然而若不加以關心留意，一切歷史將隱藏在我們的生活之中而不復知，我們變成了沒有根的人民。

　　茶果嶺的名字據說是因為山上長滿茶果樹而得名，客家人蒸茶果需要用茶果葉墊底，因以為名。我的童年生活，就在這裡成長，沿岸都是淡黃色的沙灘，水清沙幼，是我們戲水的地方。沿岸有些地方蓋了高腳屋，現在都變成大馬路及倉庫，從前美麗景色不再出現。小時候最喜歡到沙灘玩耍或游水或堆沙，有一次甚至將撿來的木板做一條小船出海，航不到幾分鐘便入水下沉，這是兒時的夢想。海灘與陽光是我兒時的回憶，我是一名野孩子，瞞著母親到處跑。小時候，茶果嶺有小型渡輪（電船仔）到港島的筲箕灣，但沒有巴士到九龍，當時觀塘仍未開發。東邊就是鯉魚門海峽，一有大洋船從鯉魚門進出維多利亞港時，都很容易便看到。小時候最喜歡坐在海邊看大洋船進出鯉魚門海峽，很多時候洋船會停泊在茶果嶺蜆殼石油公司碼頭加油，我可從船尾的旗幟認識不同國家的標緻，一看到入港船尾掛起青天白日紅國旗，我便有莫名的興奮，因為茶果嶺雙十節時也掛起很多青天白日紅國旗。有時候停泊在茶果嶺蜆殼石油公司碼頭加油的洋人，也會上街走一走，當時民風古樸，茶果嶺好像沒有紅燈區。傍晚時分有人會將洋船上的「餐撈」一罐罐搬到街市旁販賣，便宜又好吃，街坊都會手拿盤子排隊買一點回家助飯，我也最喜歡吃。長大後才知所謂

「餐撈」，其實是洋船上的自助餐吃剩下來的菜餚，有人用罐子將剩餘菜餚裝滿，搬出來供應村民購買。

我就讀的小學「四山公立學校」在這裡是唯一的政府資助小學，村裡還有幾間私立小學如吳福利學校、德明學校，規模都很小，一、二間班房而已。四山公立學校是由四山地區人士出錢興建，供當地小朋友就讀。所謂「四山」包括茶果嶺、牛頭角、茜草灣及鯉魚門的合稱，也稱作「九龍四山」，四山山嶺都是麻石（花崗岩）地質，是良好的建築石材。晚清以來，茶果嶺是九龍寨城以東的石礦業中心。石礦工人分布在「四山」，各有代表即所謂「頭人」一名，通常是石礦場的承辦商，代表政府管理及收稅。我記得四山學校的校歌有「四山學校，茶嶺矗立，西邊茜草，東前鯉魚門，巍巍紅日，新生兒童……」可見茶果嶺是四山的中心區，對外水道交通方便。當時四山公立學校學位有限，一班四十人，我畢業那一年班上只有三十七人，我是第十四屆（1966）畢業生。換言之，一九五二年我出世這一年，四山公立學校便產生第一屆畢業生，至一九七九年因學生減少而結束。十多年前回去走一走，校舍已荒廢多年，雜草叢生，操場比小時候感覺上細小得多，從前三兩友好追逐嬉戲，如今冷冷清清，我的同學不知如何了？人生世事變遷，我又豈能知明天的事呢。初來臺南，聽說有一位成大教授一生就在成功大學附近的勝利路走完畢生路程，從出生到勝利國民小學讀書、臺南一中、成功大學、成大醫院辭世。人生匆匆幾十年，就在這一條街道上開始和結束了，而我卻在異鄉飄泊。人生的幸與不幸，有時真的說不清道理來。

茶果嶺是東九龍連綿山脈之一，沿海岸有白沙灘、漁船和渡輪，海邊也有高腳屋。山頂後是石礦場和白泥廠，西邊是油庫，東邊是鯉魚門海峽。茶果嶺以外的高樓大廈，包括觀塘工業區、觀塘、游塘和藍田等地的高層建築物都是後來興建的。在我九歲前，這些都是荒郊野外，有小河、魚池、果園和菜田。我家在油庫附近的山邊，四山學

校在東邊，每天上學或放學都穿過茶果嶺大街才抵達學校。記得途中有一所街坊福利會，是政府指導下的傳統街坊互助組織，主要提供當地居民資訊服務，包括贈醫施藥、派米贈衣等濟貧福利工作。我記得街坊福利會的門前有一個大信箱，郵差先生只派信至大街上的住宅或商號，山邊寮屋的信全部放在大信箱內，住戶有空過來翻查有沒有自己的來信。

此外，我也留意到大街上都是商店，其中有一間紡織廠、白泥公司和石礦場。紡織廠內有一架二層高的傳統中國式的木質提花織機，工人會爬上織機第二層調整紗線提花機。白泥廠又稱茶果嶺高嶺土礦場，高嶺土是一種含鋁矽酸鹽礦物，呈白色軟泥狀，顆粒細膩，狀似麵粉，廠房附近的房屋和路邊都是遍地白色。故村民都叫這裡為「白泥廠」，高嶺土是製作瓷器和陶器用的主要原料，當時是出口日本的原料。附近是海邊，工人抬著一包包的白泥送上木船或鐵皮船（躉船）再轉運貨輪出口，其實石礦的大石塊也是同樣運輸出口，當然是用木頭車來推運上船。晚清時四山（牛頭角、茜草灣、茶果嶺、鯉魚門）開採的石材都運銷廣州各地興建祠堂、廟宇或房屋門柱等，殖民地初期建築物也採用四山石材。在茶果嶺山後和東邊就是石礦場，每天傍晚都有爆石的動作，全村人每天傍晚都定時聽到銅鑼聲，表示幾分鐘後爆石便開始，忽然「轟隆」一聲，山被炸開，有時碎片石頭會飛越至西邊來，甚至有壓傷居民和損毀房屋之事，我家就曾給碎石擊中，屋頂穿了一個小洞。

一九四五年和平後，人們回流香港，港島筲箕灣對面就是茶果嶺，因有渡輪（電船仔）連接兩地，去香港島十分方便。茶果嶺因為有石油庫、石礦場、白泥廠等工業提供就業機會，還有手工作坊如舊式紡織業、陶瓷等手工業業外，還有學校、茶樓、診所、市場、雜貨店、洗衣場、鐵工廠、街坊福利會和警局等設施，生活機能可滿足一般的需要，故人口穩定成長。傍晚時漁民就在海旁擺攤賣魚，活跳跳

的。這裡也有些富裕人家，二、三層的石屋，蓋得美輪美奐，據說都是大姓人家，且歷史悠久，英國人還未統治香港，他們就在這裡定居，他們多是石礦場或白泥廠的頭人，也是這條村的理事之類。大街兩旁都是石建的房屋，後來蓋在山邊的都是寮屋，且越蓋越多，我家也是其中之一。我不知道香港政府為什麼對茶果嶺的寮屋放任不理？是否涉及地權的問題？包括四山公立學校，已經荒廢很久了。三年前回去走一走，茶果嶺仍然依舊破落不堪，唯一重修的是四山公立學校隔壁的天后宮。

其實從茶果嶺沿海至鯉魚門是一塊黃金海岸，也許把茶果嶺活化或優化起來，補助改善民居，包括重建／改建寮屋，改善大街馬路，活化或優化傳統百姓商品及美食，拆除沿岸貨倉，還原沙灘已不可能，但建設一條沿岸長廊海旁步道，由觀塘碼頭直通至鯉魚門海鮮街，讓廣大觀塘地區市民有一近海休閒散步去處，四山公立學校留下來改造為社區歷史館，陳列東九龍發展的歷史圖片、影帶，或小型活動中心，提供各項小朋友的活動空間。最近（2019年5月）特區政府開始研究「茶果嶺長遠發展用途與發展規模」，確是一件好事，但要有更深刻的歷史思維。香港是現代化城市，活化新界古舊村鎮，包括其他村鎮也應如是作為，保存舊村鎮是香港文化重要組成部分，香港不單有現代化的摩天大樓，也該有傳統古老文化的面向，這才是宜居城市的有機體組合，既有歷史意義，也有生活價值，傳統文化得以繼往開來，香港青少年才能找到自己祖先的根。不要把所有土地都蓋大樓，過於科技與商業化的生活，壓迫感太重，人們脾氣暴躁，抑鬱症自動找上門來，而年輕人的所有創意都被生活壓力消耗殆盡了。

新舊之間如何取得平衡，不是在西九文化區蓋戲曲中心，便可以把傳統戲曲活化起來，這是城市階層的活動，是城市生活的一部分。一般老百姓喜歡廟會時用竹子蓋搭的臨時舞臺，表演傳統的神功戲傳統戲曲活動，每年一度的節日是區域百姓的歷史記憶，就如同長洲太

平清醮文化或元朗天后誕巡遊活動，才是香港傳統文化的存續。將茶果嶺與鯉魚門連結起來，有規劃使之成為東九龍傳統文化活動中心，鯉魚門三家村很有特色，也是一觀光景點，茶果嶺也可以好好的規劃。現在每年茶果嶺天后誕仍然非常熱鬧，特區政府不要只把眼光看著中環、尖沙咀等市區，香港之所以為香港，就是因為香港保持內地已經遺失了的老文化，當然新界圍村文化是另一特色。在市區的老村如大坑村、博扶林村等，為香港古舊寮屋注入活水是香港傳統與現代一體化的工程，新舊之間不會衝突，而是多元性的存在著。特區政府要有保存傳統文化的心態，香港特色才能顯現出來，否則香港和深圳便沒有差異性。

　　總之茶果嶺的歷史，是觀塘早期發展史的一部分，應受到更多的重視。據說早期廣州廟宇和大屋，以及香港開埠的建築物石頭建材，就是從茶果嶺開採的。一九五五年據資料統計，當時茶果嶺的人口約有六千五百人，而白泥廠和石礦場工人最多約有二至三千人，油庫裡工作的人約有三、四百人左右。當時這裡是東九龍最繁榮的聚落。因大陸內戰和政權轉變，南來香港的內地人特別多，包括上海等地的資本家和勞動人民湧入香港，香港也借此龐大的勞動力及南來資本發展本地工業。一九四七年蜆殼（亞細亞）火油公司於茶果嶺興建油庫，政府於一九五〇年代在茜草灣低窪地帶作為垃圾堆填區，而官塘沿海淺灘也有填海計畫，這都是因應官塘工業區的發展的前置作業。一九五〇年代晚期，官（觀）塘工業區初步形成，工廠林立，政府也在觀塘大規模興建徙置區和住宅區來配合衛星城市的發展，而茶果嶺因政府不開發而沒落，至今也如此，可能是土地的業權問題未解決，我不得而知。大陸解放後，陸續有難民擁入香港，其中廣東省農民最多，其他地區也有，而上海及江南地區資本家們把生產機器都搬運來港，也有不同省分的知識分子不想留在中國而來到香港，包括國民黨政府公務員、支持者和軍人等等來不及撤退到臺灣而滯留香港，這些成分

形成香港社會的複雜性，也帶來了大量廉價的勞動力、中小型資本家和文化人。香港的政治和經濟環境頓時面臨新的考驗，從前的轉口貿易已不足養活龐大的人口，香港政府為了更有效管治和發展，工業化是一個方向，新市鎮和衛星城市已提上日程來。

大概在我九歲左右，六十年代初觀塘工業區和雞寮（翠屏道）徙置區（七層大廈）正在興建中，第一座徙置區落成，我最開心的是第一次學習腳踏車。徙置區的出現，是因為一九五三年石硤尾寮屋大火，導致大量災民無家可歸，政府便在石硤尾山邊興建七層大廈（俗稱徙置區）安置災民，之後在新開發的市鎮或衛星城市，政府大量興建這類型的屋邨和工業區，使新興的徙置區（廉租屋）如雨後春筍在各開發區出現，一方面安置寮屋居民，一方面就地發展輕工業和私人住宅，區內一切生活所需應有盡有，學校、市場、衛生所、政府機構等等，這是香港早期區域的發展模式。特別在這裡提一提，初期徙置大廈（七層）的天臺上都設立小學，讓小孩就地上學，故稱為「天臺小學」。當然早期天臺小學的設備相當簡陋，空間也不足，不過能讓小朋友就近上學已經是難能可貴。八十年代初天臺小學才搬入獨立校舍，不過由於皇家土地價格昂貴，因此一間小學分為上午校和下午校，各自獨立，操場也是細小的，打球、盪鞦韆的空間也不足，比起四山公立學校的操場還小，四山還有一處種植花草的園地供同學栽種之用。若果與臺灣國民小學來比較，就差更多了。臺灣國小大都設有內圈二百公尺的跑道和圖書館，在臺北有間上萬人的小學，當然設施更為完備。茶果嶺的沒落，是時間使然，然而它在東九龍發展的歷史意義及存在的歷史價值仍值得執政當局考量，香港並不只有殖民史和殖民文化，本地文化的生命力仍然存在於民間。

維基百科：茶果嶺村一九六二年照片。

有圈處大概是我居住的寮屋。左下有船處是蜆殼石油公司加油船碼頭，再左邊有十多個圓筒型大油庫，最外海面，有一大輪船碼頭，對面是港島北角。圖中間是主要聚落，茶果嶺大街穿過市鎮，右邊山上白色如瀑布流下是白泥廠，對開是小輪碼頭，有渡輪（電船仔）往筲箕灣。再右邊一些是四山公立學校，隔壁是天后廟。再過一些是石礦場。再往右是海灣連接鯉魚門海峽。

三　童年生活

　　我家在油庫附近，有一條馬路出觀塘，要經過一小山峽，油庫在左邊，右邊是一座小山，山上有一座別墅，我們稱之為「大班樓」，裡面居住的就是油庫經理（外國人／鬼佬），後來好像也有華人經理。小時候最羨慕大班的居住環境，有一次與鄰居小孩一行幾人偷偷爬進去看一下，別墅下面是一小水塘，有小小的瀑布，流水淙淙、環境十分清幽，旁邊有一條馬路直達別墅，我們不敢上去。油庫區是用鐵絲網圍繞起來，有十多個很大的圓形儲油庫。如要進入油庫區和職員宿舍必須通過門警把守的閘門才可進入，鄰居阿婆的侄兒就住在油

庫宿舍，都是一排二、三層高樓房，供給油庫職員居住，算是當時的
高尚住宅區。有時刮颱風，我們一家大小便會進去借住避風災。在茶
果嶺寮屋區火災和風災是經常發生的事，有一回打颱風的晚上，我家
屋頂被風捲走了，雨不停地下，床鋪濕透。我們躲在下隔床上，圍著
母親，打開兩把雨傘等待，漫長的夜中淚雨齊下，這是我少時候經歷
過的童年生活，這種生活長大後便沒有再發生了。

　　記得小時候觀塘仍未開發時，茜草灣有一條河流，鯽魚特別多，
我們會用石頭堆疊成水壩，圍捕魚群，樂此不疲，魚不是用來吃的，
是用來餵豬。茶果嶺的傳統特色頗多。如四山公立學校隔壁就是有百
年歷史的天后廟，據《茶果嶺天后廟廟誌》所載：「舊天后廟建於道
光年間，原址處於觀塘灣，一九四七年因城市發展而卸拆，翌年華民
政務司署詢四山居民之要求建造本廟。」廟中還有一塊《紀念碑》
說：「天后宮始建於官當，歷時百載有奇，後因亞細亞公司要在該地
建設油倉，因是遷於此⋯⋯。」據此二塊碑文大概知道，茶果嶺天后
廟原建於茜草灣，碑文有「百載有奇」，大概在道光（1821-1850）年
間時蓋成，當時居民叫茜草灣為「官當」，茜草灣介於茶果嶺與觀塘
之間。一九四七年因殖民政府要在茜草灣蓋亞細亞蜆殼油庫，將舊天
后廟卸拆遷往現址（茶果嶺）重新砌建而成，這間天后宮很有特色，
是用當地石材（花崗岩石塊）砌成，具有歷史價值，而一般天后廟都
是用磚塊砌建的。

　　每逢農曆三月二十三日天后誕，這裡便非常熱鬧，沿海沙灘停滿
前來拜拜的船艇和臺船，信徒們都穿著同一類型的製服裝扮，每艘船
張燈結綵，彩旗飄飄，鑼鼓喧天，舞龍舞獅，人群隨著舞獅團向著天
后廟進發。也有從牛頭角、茜草灣、鯉魚門等地前來賀誕的團體，他
們舞著醒獅或大小麒麟護送著色彩繽紛的花炮，穿過大街前往天后
廟。滿街都是看熱鬧的人。當天學校放假，我匆匆吃了早餐，聽到鑼
鼓聲傳來，便隨著舞獅團趁熱鬧去了，整天都在外面蹓躂。搶花炮更

是瘋狂了，當炮臺「轟」一聲，將花炮領牌射上天空時，所有團體健兒一擁而上搶奪領牌，競爭第一名，這情況不免有衝突，甚至打架。其後港英政府為了安全和秩序，禁止搶花炮，以抽籤代替，激烈的氣氛就減弱了，然人們信仰熱情之心卻沒有熄滅。

　　廟會期間各色玩具、食品等最吸引大人和小朋友。花炮是團體進香時帶來，彩色繽紛，是一門紙紮藝術，可以站立，大概是一道門的高度和一公尺多一點點的寬廣度。最高處用紅布紮緊為牌樓，上面寫上某某堂慶祝天后聖誕進香團等祝禱用語，之下掛滿了神仙人物，如八仙過海，各式掛飾、福祿壽人偶等美輪美奐的造型藝術，如小孩、嬰兒、仙女以及生薑和紅包，盡是吉祥語句。當然會寫上該社團的大名或供奉者姓名，以及製作人的單位，供遊人觀賞。參拜天后便放在廟的空間，等待搶花炮或抽籤領回花炮。經過祭祀的花炮，以醒獅或麒麟護送回到各團體的宴會上，花炮上的形形色色造型物或吉祥象徵的生薑、標語或掛飾等會在宴會上拍賣，價高者得，放在家裡或店鋪，祈求神明保佑，這是中國的民間信仰，中國庶民文化就如此傳承下來，至今不息。天后廟廣場對開的岸邊，一定會用竹子搭建臨時舞臺，供戲班表演之用，著名如任劍輝、白雪仙等都來演神功戲。母親最喜歡看粵劇，當我幾個月大時，母親每天揹著我站在戲棚上看粵劇。日後我喜歡看熱鬧的廟會，也許跟這種環境長大有關，來臺南生活後，逢星期日有空便到附近鄉鎮逛逛宮廟和市集，遇到進香團，我便會駐足而立觀看一番，有時想臺灣的進香團規模確實比香港強很多，形式也非常豐富，這成為我二十多年來生活的一部分。

　　天后廟隔壁有一間長屋，平時放著一條龍船，每年端午節茶果嶺的賽龍舟（大龍）也是十分熱鬧的，海灘人山人海。來自海上船艇和躉船，掛滿了繽紛飛揚的彩旗，自動地圍在兩邊形成一個比賽水道。隨船而來參賽的龍舟，有來自筲箕灣、鯉魚門、銅鑼灣、油麻地等地的龍舟。比賽開始，鑼鼓喧天，人聲鼎沸，好不熱鬧。我最開心是不

用偷偷去游水，那一天父母都會讓小朋友到海邊玩水，因為俗語說
「洗過龍舟水，健康又醒水（聰明些）」。當然端午節少不免要吃粽
子。再來是中秋節，吃月餅就不必說了，當時有供月餅會的習慣，母
親也有供半份，一些送鄰居，一些自家吃。中秋節家家戶戶都掛起燈
籠，我家鄰居的小朋友，每到中秋節便自己做花燈或買花燈，當晚提
出來列隊在附近遊行，一樂也。真的是各處鄉村各處例，第一次在臺
南過中秋節，想買一盞花燈給小孩玩，卻到處都找不到，我很訝異問
雜貨店的老闆，為什麼中秋節沒有賣燈籠？老闆摸摸頭說：元宵才有
花燈，中秋節圍爐燒烤，哈哈真是鄉巴佬了。小時候還有什麼好玩
呢？可能就是放風箏，自己做或買都是一件樂事，鬥風箏更是刺激。
有三種玩法：一是鬥放得多高，那就要看風箏製作的好不好和放風箏
的技巧；二是打轉（翻根斗），個人的表演；三是鎅風箏，將對方的
線鎅斷，通常是用玻璃線，在線上用膠水黏上玻璃粉，進行爭霸戰。
我的童年就是如此走過。

　　在這裡提一下我對基督教的認識，是從家附近的聖馬可堂開始，
大概是小學五、六年級的時候便參加馬可堂的活動，最初吸引我的是
可以打乒乓球；星期六日馬可堂有很多小朋友活動，做禮拜、禱告、
唱聖詩等，偶然也分派麵粉等食物。我很喜歡唱聖詩，覺得和樂安
祥，真的與耶穌基督同在。有一年見到大哥哥姊姊們為了報佳音的事
爭吵，我內心很不愉快，上中一後就不再去教堂。二十歲時，因為對
前途茫然，曾參加一、二次教會活動，理性讓我不能接受教會的儀式
規範。數十年後，我竟然寫了一本十六至十九世紀越南基督教史，人
生如夢，很多事情根本無法了解和預測，書中對傳教士的犧牲精神令
我震撼不已。大概到了三十歲左右，我對宗教有了新的認識，任何宗
教基本上都與人為善，不必執著迷信不迷信的二分法，宗教儀軌有他
們自己的規範，目的是使信徒得到心靈上的慰藉。每個人都要有一顆
安頓的心，才能自覺地活下去，追尋自己的夢想。我似乎深受儒家的

影響，一直有股向上的力量，也安貧樂道，再過三年便七十歲了，雖然身體出了點狀況（洗腎），仍然有做學術研究的衝動。我不知再老一些會否信仰宗教？這也不重要，對生命我處之泰然，要走就走吧，沒有什麼可惜的。

童年還有什麼可記得呢？有一年茶果嶺辦了一次動物園遊樂會，供當地小朋友參觀，我看過一條很大很大的大蟒蛇，還有其他動物如猩猩、老虎？還有記不起來了。據說是村內一位姓蕭的有錢人主辦的。這戶蕭姓是大戶人家，跟荔園有合作關係。小時候最不開心的是過年，每年初一必定要到鄰居家的阿婆家（我暱稱她為無牙婆）拜年，且要跪下來叩頭，不單是我家，附近幾家小朋友都是如此。我們是沒有血緣關係，她好像是這個小社區的長老，可能周邊的鄰居都尊敬她，也許她丈夫在世時在這小社區有名望，這個我不確定。小時候逢清明節，也會隨她家人去和合石墳場拜阿公（無牙婆丈夫）。我因此有機會第一次乘坐舊式火車，當時的火車已從燃煤發動的蒸氣火車頭改由柴油火車頭取代，不過穿過沙田隧道時仍有煤屑飛進來。火車到粉嶺南站下車後，經過一片綠油油的田野，走在田間小路上，兩旁是引水灌溉的小溪，有小魚和蝌蚪，一路走一路玩也是很開心的，走一段路才到和合石，還要上一段山路才到拜山墓前。現在和合石附近的小溪不見了，田間都蓋起了三十多層的高樓住宅，生活環境的變遷不以人的意志轉移。

記得有一次，無牙婆吩咐我買東西，餘下一個斗令（五仙），一時起貪念，買了一條雪條（冰棒）在路邊品嚐，卻給鄰居看見了。阿婆知道後在我父母面前打了我一頓後，還將我縛在屋前樹幹上示眾，鄰居的小孩都過來看我、笑我。我心裡很受傷，也得到很大的教訓，以後都不敢作虧心事。其實阿婆心底是善良的，她會帶我們去玩，記得曾經去過虎豹別墅和荔園等地方。我讀中一時，阿婆在母親面前說我放學後還在外面蹓躂，我便跟她吵了一架，之後她就沒有來我家。

我們搬家後，母親不時去探視她，母親說婆婆是她的契媽。回想起來，我真的太不懂事，阿婆一直對我家有幫助，母親已沒有親戚，這種關係讓母親踏實地生活著，小時候的我又如何了解這種人際關係，長大後待人處事更懂得從他人處著想。生活就是一種磨練，您會慢慢領悟到人與人十分奧妙的關係，更不容易從表面去解釋。

四 父親過世後的家

父親早在一九四八年左右因與伯母不和，獨自來港定居，在茶果嶺石油庫當打雜。二年後母親也帶同大哥南來香港找父親，而孖哥則留在鄉下成為伯父的兒子。一九五二年我在茶果嶺出世，茶果嶺只有一間小型診所，沒有醫院。在九龍最近的醫院是九龍醫院，當時的茶果嶺也沒有公共交通工具出九龍。我是由接生婆（牛媽）接生的。現在回想起來我出生時的接生環境，仍處於清代晚期。從一九五三年起，香港政府才展開在茜草灣和官塘大規模填海計畫，以便開發工業區和安置南來居住寮屋的新移民。我出生時沒有拿出生紙，父母親也不懂，他們都是沒有受正式教育，對現代政府也沒有概念。不過母親在我出生前已經有香港的身分證，因此香港政府也無法證明我不是在香港出生。總的來說，我長大後無法申請英國殖民地護照，只拿身分證證明書（CI）出國。

父親來港時，就落腳在茶果嶺，自從一九四七年油庫設立後，吸引大量新移民居住，由於租金便宜，也可在山邊違建簡陋房子，成為棲身地。父親就在油庫附近的山邊建了一間寮屋，房子依山而蓋，比鄰居的房子高了半層樓，有一條石級梯階上去。基座是水泥和石頭，之上是木板，屋頂是鐵皮和瀝青紙覆蓋。房子內共有三間房，最後的房間牆壁其實就是部分山的峭壁，中間和最前的房子都是用木板間隔，門前一座木板搭蓋高腳棚子，我們就在這裡吃飯和玩耍。我們這

個小社區有五、六間房屋，後面是一座小山，峭壁陡峭的，有一條小流水，從天而降，平時水量不足，一但下雨時便成瀑布。夏天時，小朋友們都在這裡享受瀑布浴的樂趣。

父親本來就收入不多（雜工），母親在家帶孩子，有時幫鄰居挑水來幫補家計，或接一些塑膠花、紙盒之類回家賺點小手工錢，生活應該是艱苦的。少年時的我儘管有幫忙家計，如旱季時往茜草灣挑水，走路超過半小時，茜草灣有一條小溪，溪泉水質清涼透心，大家都喜歡飲用，我做了一對小水桶，星期天或放假便去挑水賺點外快，也曾幫鄰居亞姨一起去臨時安置區賣魚。小學四五年級時，寒暑假會去附近的家庭式五金廠打工，用手啤機來壓制鞋扣，一次不小心壓傷大拇指，留下永遠變型手指。小時候真不知道愁知味，有空便到處跑，偷偷到海邊游水或爬山找「金絲貓」（蠅虎或稱跳蛛），在地上彈波子（玻璃彈珠）、拍公仔紙等，我就是一名鄉下小孩子。

一九六二年是我小學二年級時，家族不幸之事接連發生，美國的大伯父和七伯父同一年逝世，父親受到刺激的那一年腦溢血走了，留下大哥、我和一名弟弟和三名妹妹，最小的還在母親懷胎中。其實早在一九五六年大伯父便以美國公民身分向中國政府申請伯母和孖哥三人移民美國，伯母等在廣州等待人民政府核准出境，結果一年後也沒有批准，他們便回到石岐定居。文革時因伯母是地主階級又有海外關係，經常被批鬥，不久便離開人世。一九六九年孖哥高中畢業後，一位下放澳門附近的山區，一位在石岐工作。一九六〇年伯父想申請父親去美國，但健康檢查不過關，父親開始意志消沉，每天放工回家便飲酒。我最記得拿著玻璃瓶到雜貨店買酒，這是我每天的工作，伙計見了我便拿起竹製量器打酒給我。竹製量器有一兩、二兩不等，掛在酒櫃旁邊，也不收錢，我便走了。原來父親在這家雜貨店有記帳，通常年底結算一次，這是當時一種古老的信貸工具「流水帳」。明清時期東南亞華人小商販也是如此在內陸地區以記帳方式交換當地物產，

收成前先讓當地農民享用外來物品，收成時本利歸還。當地人拿外來
用品時喜孜孜的，但收成時除還本外又加一點利息，就覺得華人貪
婪，經常說華人放高利貸。如果十八九世紀華人不用流水帳方式借貸
服務，東南亞內陸地區農民又有何能力購買到舶來品，如陶罐器皿和
肥皂之類的生活用品。

　　父親走後，一家七口經濟陷入斷糧危機。母親曾向族叔求助，他
住在灣仔船街的別墅中，是中環銀行高級職員，父親在時每年會去拜
年。族叔向母親建議，將最後三名小孩送孤兒院，但母親斷然拒絕，
以後再也沒有來往；母親也曾寄信回馬來西亞向舅舅求助，舅父回信
說「長貧難顧」。母親一氣之下，把家裡所有相關文件和通訊地址等
等，都丟到爐灶中燒成灰燼，從此我沒了親戚。幸好，遠親不如近
鄰，鄰居都出手援助，使我們不致無飯吃。母親決定到油庫打工養
家，家中大小事如煮飯、洗衣、監督弟妹功課等都由我來負責。母親
從來都沒有出外工作過，二年後就病倒住院，出院後鄰居勸她再婚，
才能解決生活問題。我四年級時，繼父（郭先生）進入我家，我們稱
他「二叔」，他沒有結過婚，也是在油庫附設的加油船工作，是船上
一名廚師。我們一家的生活有了依靠，二叔也是一名文盲，木訥寡
言，有時會打打麻將，家中事務甚少插嘴，都由母親照顧料理。

　　過年過節二叔會下廚弄幾項美食，最記得一道菜餚「煎釀鯪魚」
是他的絕活。首先將整條鯪魚肉取出去骨，剩下魚的外皮。魚肉加入
蝦米、一點果皮，還加上什麼調味品，已記不起來。然後剁碎，加點
水攪拌，再搓搓一刻，再將魚肉漿填回鯪魚皮內，填得滿滿的，像一
條胖胖的鯪魚，用慢火煎煮後勾芡，便可上菜，這是我們最喜歡吃的
美食，現在已成絕響。後來家裡又增添了一名弟弟和妹妹。我們一家
十口，經濟雖然比較緊張，生活尚算和諧。我家除了三位最小弟妹完
成五年的中學課程外，其他都是小學畢業便要出來工作。這情況在六
十和七十年代的香港，極為普遍，更多是小學未畢業便出來打工。如

大哥小學還未畢業，因功課不好被老師打手掌，哭著回家說「先生打我唔返學」，父親一氣之下，便把他送去中環利源東街某疋頭舖（布商）當後生（雜務），以後他大半生都在中環工作。

　　在這樣的家庭背景下，我曾與母親有矛盾，但十八歲後對母親的偉大我逐漸體會出來。我很少向別人提及家事，包括很好的二位朋友李溢澤和朱盛林來家吃飯，跟家人都認識，也許他們有點疑惑，他們不問我也不解釋。我們兄弟姊妹陸續長大，結婚生子，除大哥外，各弟妹都各自成家。大弟做生意，最小的弟弟，中學畢業後一邊工作一邊進修，最終考取專業會計師資格，而我卻走上學術的不歸路。二叔於一九九四年辭世，母親也於二〇〇六年壽終。二叔對我們有養育之恩，兄弟姊妹都常銘記在心，清明節都會祭拜。在香港我們八兄弟姊妹都有自己的家庭，至今仍然友愛互敬。雖然我在臺灣教書、大弟移民英國開中餐店，而香港的家人經常聚會。記得我六十歲時，弟妹等組團共十人來臺南為我做生日，兄弟妹手足情深，令我十分感動。

五　小學生活

　　小學是我最完整的學習生活，我十分珍惜，畢業時已經十四歲。雖然成績不怎麼樣，最好的成績是二年級考上第三名，上臺領獎一個塑膠水壺，其他年級名次都排在班中的位置。鄰居都以為我是勤力的學生，因為他們的小孩和幾位弟妹都考不上四山學校而就讀私立學校。我天性好動，喜歡隨著舞龍舞獅到處跑，踢足球、游泳、爬鯉魚門魔鬼山，很多時母親都不知道。在家裡最喜歡看公仔書（漫畫）如抗日英雄《財叔》、美國英雄漫畫《蝙蝠俠》等。每天的功課都會完成，考試時溫習，這不用母親操心。母親說我是文曲星托世，讀書很聰明，其實我一點也不聰明，日後的成就是生活磨練的結果。小學時代最興奮的是與紙紮店的同學等組織醒獅團，平時在他家的紙紮店門

前練習打鑼鼓、舞獅子，過年時到各商店拜年，當然會有利是錢。家人說這些地方容易學壞，這項活動便結束了。在臺灣很多小學都有舞獅或武術的課外活動，他們把這類型的活動視為文化傳承。當時殖民政府不鼓勵這種傳統文化活動，又不准燃放爆竹，傳統活動要到「九七」後才逐漸興起來。不過有一項活動是政府積極鼓勵的，就是足球，這是全城的活動。當時男同學們都瘋踢足球，我們組成足球隊，名之為「茶嶺小雄」，不過踢了一場校外友誼賽，幾乎打起架來，之後便解散了。由於追足球明星的消息，開始看起報紙的體育版來，報紙成為我日後的精神食糧。

小學畢業照是我小時候重要的回憶。對四山公立學校的老師印象，大概在我五、六年級時開始有些感覺。在我們的心目中，他們都是很有學問之人。賴姓夫妻檔老師，據說其中一位是童軍教練和渡海泳選手；年輕的靳思薇老師是教美術的，她曾帶我們回家玩，好像是在銅鑼灣。她家裡擺放很多畫作，她說哥哥是設計師，我想就是著名設計師靳棣強先生吧。當時有了學畫的念頭，嚷著母親買了一套畫具，結果什麼也畫不出來。最近上網查一下，知道靳老師已是香港一位有名的水彩畫大師。另一位有印象的是羅鎮洲老師，小學四年級以上除國文課本外，還有補充教材。這本補充教材是羅老師選輯出版的一本古詩文選本（忘記書名），五、六年級上課前有半小時早讀時間，這教材便成為我們背誦的資料，如〈兵車行〉、〈長恨歌〉、〈琵琶行〉等等。另一位是六年級的班主任何其遠老師，他很嚴肅，我們男生和女生吵架，他就會全班一起訓話，很多時候是以基督教的博愛精神來感動我們。他說話具有說服力，令我們慚愧和感動，甚至全班同學抱頭痛哭。當我上能仁大專時，發現社會系有一位何其遠教授開課，我不知道是否就是我的小學老師，也沒有找他。我開始留意到他的大名，他好像曾經是元朗基督教信義中學校監。何老師居住在沙田信義會，我們曾經到過他家玩。網上已找不到何老師資料，不過一份

一九五八年出版的《基督教香港信義會銅鑼灣教會新堂落成特刊》，資料中「重要關係人一欄共十一人，何其遠排名第一位」，我認為這位何先生就是我的小學老師何其遠老師。

茶果嶺的陸路交通不方便，一九五○年代後期，因觀塘工業區和雞寮（翠屏道）徙置區建築後，才有公共交通工具（巴士）與九龍連結，如羅老師住在老虎岩屋邨，每天坐巴士到觀塘，還要步行至少三十分鐘才能來到學校上課。如在港島較為方便，坐電車到筲箕灣總站，走出海旁便有小輪（電船仔）到茶果嶺。現在我才明白，為什麼這些老師老遠的從九龍或港島來茶果嶺任教？因為四山公立學校是政府資助的學校，薪資較高，當時各市鎮和衛星城市還在發展中，政府津貼的學校不多。除了幾位年輕的老師剛從師範學院訓練出來外，年紀大的多是內地大學畢業後，在香港私立學校任教十年以上，才可以申請到在政府資助學校任教，待遇比較穩定。

香港在殖民地時代，一直採取精英制。四山公立學校是區內最古老的學校，每年有所謂升中試（小學會考），也不是全班同學都可以參加考試，是有名額限制的，因為中學學位不足。原先學校公告前二十名內的同學可參加會考，我是其中之一，老師利用課餘時間補習中英數，差不多一個月後，學校又宣布教育署只允許十五名同學參加，我便被排除在外。當年能考上政府資助中學只有一位同學。據說這位同學中學畢業後考上師範學院，後來當了小學老師。事實上，殖民地要到一九七一年才在香港推行小學「六年免費教育」，也就是說，一九七一年以前的小朋友很早就出社會工作，能完成初中教育並不多，高中畢業就更是少之又少了。其實一九六○年代後期香港工商業急速發展，可是殖民地政府吝嗇於普及教育，直至歐美等國的壓力下，要求香港改善勞工和適齡兒童教育，政府才於一九七一年推行六年免費教育，至一九七八年才實施九年免費教育。相較於臺灣，一九四五年起國民政府維持六年義務教育，至一九六八年實施九年國民義務教

第三排右三是本人

育。當時香港的經濟條件比臺灣好,可是在義務教育的實施卻是落後臺灣一大截,一般而言,臺灣人的教育水平比香港人高。

六　親臺僑校中學一年的形塑

　　一九六六年小學畢業後,原本沒想到繼續讀書,這是茶果嶺小朋友的常態。二叔雖是文盲,但他支持我繼續讀書,二叔一位姪女在德明小學畢業,被學校推薦去鑽石山永康中學就讀初中一,我便隨她報名進入這間國民黨人辦的中學(僑校)就讀。這是一間小型的中學,有三層樓高,班級從中一至中六,女校長姓徐,留學日本。學校前有一開放式的操場,有對籃球架,據說永康中學籃球隊在親國民黨的僑校中是很有名望的。每星期的集會就在這操場舉行,而兩邊居民都可

以從這操場通過，學校的操場原來也是兩邊居民的往來通道。老師們年紀大的多是從內地來的難民，年輕的都是從臺灣的大學畢業回來的老師。這一年我的成績還算不錯，都在前三名內。最重要的是我開始受到「臺灣國民政府」的影響，且與臺灣連結起來。

我的一年中學，算是多姿多彩。學業還可以外，我參加了口琴隊和銀樂隊。口琴隊教練是著名的梁日昭先生，每星期有一天下課後練習，目的是參加學界口琴比賽。梁老師胖胖的，每次上課挽著重重的公事包，匆匆趕來。下課時因我們都去到彩虹邨巴士總站坐巴士，我會幫忙梁老師挽公事包。他常說哪一間學校的口琴隊成績怎樣怎樣，鼓勵我們多練習。銀樂隊是學校音樂老師組成，我是學吹小號，每星期一升旗禮吹奏「中華民國國歌」（三民主義，吾黨所宗，以建民國，以進大同……）、「升旗歌」（山川壯麗，物產豐隆，炎黃世胄，東亞稱雄……），之後向國父行三鞠躬禮。壁報版上全是來自臺灣自由祖國的偉大宣傳，國軍強大，臺灣風景美麗，治安良好，夜不閉戶，人民安居樂業，反攻必勝之類的宣傳海報，我生活在國民黨的中華文化氛圍下。

大概在一九六〇至一九七〇年代親國民黨人創辦的中文中學（私立僑校），如珠海中學、德明中學、大同中學、香江中學、嶺東中學、調景嶺中學等等，在殖民地政府實施九年義務教育之前（1978），這些親臺僑校扮演了培養中等人才的角色，他們大都是中文中學，當然政治宣傳是最重要的教育目標。離開永康中學後，我也經常關心臺灣的事情，得知臺灣在一九六八年便實施九年義務教育，這些政策令人十分嚮往，我開始把臺灣與殖民地政策比較起來，我不自覺被「洗腦」了。這些所謂「僑校」的高中畢業生，都以香港僑生身分考入臺灣之公私立大學繼續升學，一九八〇年代，殖民地政府才投入大量教育資源，而這些僑校辦學越來越困難，便陸陸續續停辦，也象徵國民黨人在香港的影響力日漸萎縮。

　　永康中學位於鑽石山，這裡是內地難民流亡香港的其中一處外省人特別多的聚落，進入大街便有幾間上海小館，最喜歡吃擔擔麵，價錢便宜，也是永康同學中午最好午膳之處。雙十節這裡家家戶戶都掛上青天白日紅國旗，好不熱鬧。鑽石山包括大磡村和牛池灣一帶，戰前是清幽雅致村社，有幾戶人家。戰後內地難民湧入，寮屋居民大增，這裡外省人比較集中，很多人是來自內地各省，以上海、江南、湖南、廣東等省市最多，鑽石山逐漸成為香港早期電影製作中心。一九五〇年代的永華片場、大觀（鑽石）片場、堅成片場等就在附近，一些演藝界明星：如紅線女、丁寧、李翰祥、喬宏等最初就生活在這裡。鑽石山是臥虎藏龍之地，很多流亡香港的國民黨官員和軍官，也有學者如錢穆、左舜生、易君左、成舍我等人物也曾在這裡居住過。當時的香港民間社會，有三塊互不隸屬的鐵三角，一是殖民地政府統治下的港九居民和西方團體及其組織；一是支持內地人民政府的集團，大都是商人和工人階級和原居民；一是擁護臺灣國民政府的團體，大都是文化人和前國民政府的公務員和軍人，以及逃亡下來的難民。其實大多數香港老百姓都是想找一個安居樂業之所而已，由於港府的自由港政策，各集團或團體都有組織結構，基本上遵守殖民地的法律，政府也不干預，這形成香港的複雜性性格。

　　一九四九年國民政府遷臺，內地國民政府官員、軍人和支持者亦大量流入香港，當時港府對香港的管治並不嚴格。小時候，每逢雙十節，青天白日滿地紅國旗海到處飛揚，特別是寮屋區和政府屋邨如石硤尾、李鄭屋、黃大仙、鑽石山、觀塘等地都是旗海飄揚。有些旗幟高達五、六層樓，耀眼奪目。青少年時代，我有一個習慣，每逢雙十節便會乘坐雙層巴士，觀賞各區懸掛青天白日滿地紅國旗的狀況，看到旗海飄揚，內心有莫名的興奮。來臺定居後，雙十國慶除政府機構和眷村外，一般都不掛青天白日滿地紅國旗，內心五味雜陳，有一次參加校慶運動會，唱國歌，我竟淚流滿面。臺灣的複雜和性格，您沒有實際的在地生活，您感受不出來。

　　一九五六年雙十節，政府不准居民在政府屋邨張貼旗幟或裝飾物，這事引起右派（國民黨支持者）強烈不滿，剛好寶星紗廠宿舍發生拆旗事件，星火燎原，暴動終於發生。政府宣布戒嚴，出動軍警鎮壓，事件中至少有六十人死亡，三百多人受傷，超過一千多人被拘捕，一些人被驅逐出境。殖民地發現親臺灣國民黨政府的知識分子在香港辦中文中學和大專院校，培養出一批又一批親臺青年，對殖民地的認同產生強烈的衝擊，這批親臺人士認為香港只是短暫停留的居所，甚至是反攻大陸的基地，政府開始考慮如何收編這類知識分子，以及培養認同香港的大專學生。殖民地政府考慮如何吸納大部分的菁英，減少來自臺灣或內地意識形態的滲透，強化新一代香港人對殖民地的認同。

　　香港的社會意識隨著時代的進步在發展中，一九六六年發生「天星小輪加價暴動」，原因是當時沒有海底隧道，紅隧一九七二年才通車。如從尖沙咀過海至中環，必須乘坐天星小輪，這是人民日常生活的交通渡輪。一九六五年天星小輪公司向政府申請加價，頭等（上層）收費由二毫增加五仙，二等（下層）維持一毫不變。這次加價引起社會人士強烈反感。與此同時，政府也增加薪俸稅、汽車牌照費、郵費等等。一九六六年市民怒氣沖沖，上街抗議加價，一位二十五歲青年蘇守忠在中環愛丁堡廣場碼頭進行「絕食抗議」，陸續有年輕人加入聲援，警察以阻街理由拘捕蘇守忠，引起支持青年前往港督府抗議，要求釋放蘇守忠。當晚反加價青年從尖沙咀天星碼頭沿廣東道遊行至佐敦道碼頭遊行示威，吸引大批群眾加入，沿彌敦道遊行至石硤尾，反對加價。這事件引起九龍連續二個晚上出現騷亂，殖民地政府出動軍警鎮壓，最後造成一死十多人受傷，一千八百人被捕。社會發展帶來的生活壓力，使香港殖民統治者與市民進入緊張的關係。

　　到了一九六七年，又發生左派（親共分子）「反英抗暴」事件，起因是戰後經濟向工業化發展，資本家與工人階級矛盾日增。原本只

是新蒲崗香港人造塑膠花廠勞資糾紛，卻越演越烈，親中共人士受內地文化大革命「造反有理」的影響，把原本是工潮事件上升為「民族迫害」運動。香港進入緊急狀態，全港公共交通罷工。反政府的工人和學生到處擺放土製炸彈，政府軍警鎮壓及實施宵禁。香港動盪不安，已影響到中共中央政府的政策，暴動持續八個月，及至大陸總理周恩來下令收手，暴動才宣布結束。這次暴動最少五十多人死亡，八百多人受傷，一千九百多人被檢控。死傷者中也包括軍警消防員等。

　　一九六七年的暴動是我中學一年級時親身經歷的事件，當時放學回家途中還會圍觀軍警拆除炸彈的經過。因為巴士罷工，學期結束前二個月，我每天都坐非法載客的「白牌車」從觀塘至彩虹邨上學，車費頓時大漲，家裡的負擔已沒法承受。因為暴動，香港經濟也大受影響，二叔經常停工，這學期結束後我決定出外工作幫補家計。因為巴士罷工，上學便要坐白牌車。白牌車是臨時交通工具，共有兩種；一種是小貨車，乘客站在車後的車斗上，車費較便宜，行駛時顛顛簸簸；一種是 van 仔（貨客車），除司機外還有一名蛇仔，負責收錢及沿途叫客上落，如「鑽石山有落」不等，極為方便。當時巴士罷工，沒有公共交通工具，政府以權宜之計讓這類車輛在路上行駛。暴動後政府要取締非法載客車輛，貨車固然不准，連 van 仔也不准，但遭受到公眾責難，指政府「打完齋吾要和尚」，幾經談判，政府決定准其載客，納入公共交通管理範圍。現時市面上有專線小巴（綠 van）和一般小巴（紅 van），提供方便的交通服務，這是香港交通運輸的創舉和特色，這是一種妥協下產生的交通運輸制度。

　　「六七暴動」衝擊殖民政府的統治基礎，殖民地當局反思政府與居民間如何溝通，避免悲劇再次產生，於是一九六八年殖民地政府仿效在新界的理民府制度，在市區推行民政署，主管官員為民政主任，提供資源協助各社區解決地方問題，以及搜集居民意見向政府彙報。至一九八二年將市區和新界的地方行政制度合而為一，改稱為政務

處，主管官員為政務專員，由政務總署統籌，下設港九政務署和新界政務署，合併後改稱為民政事務總署。此外「六七暴動」後，殖民地政府也意識到貪污問題的嚴重，居民不滿的情緒日增，故於一九七一年制定《防止賄賂條例》加重貪污罰則，賦予反貪部門更大的權力偵查貪污案件，然而仍未能有效抑止殖民地的陋規。新任港督麥理浩上任後，強調香港有足夠經濟能力改善居民生活，並成立總督特派廉政專員公署（廉政公署 ICAC）。這些設施都是「六七暴動」後，殖民地政府回應民間與反思的動作。

在這裡順便一提中文運動的問題，香港開埠以來都是以英文為官方語言，中文被貶抑狀態下。「六七暴動」後，有識之士認為港府對華人認識不足，在中文報章發表的輿論經常被忽視，除非是在英文報章《南華早報》發表意見才有實效，然而當時市民教育水平很低，很多市民不懂英文或只懂得基本英語。六十年代末期，高等教育界興起中國民族主義風潮，中文成為建立民族身分認同的象徵，提高中文地位的呼聲日隆，專上學生發起中文運動，爭取中文合法化。政府才開始研究公事上使用中文，而鍾士元博士是首名在立法局使用中文的議員，一九七四年政府立法通過中文與英文享有同等法律地位。

這種生活經驗使我做學術研究時發現，凡是歷史上的制度，都是從生活經驗中產生，事件因矛盾而衝突、最後是妥協和改善，慢慢規範下來成為條文法則。因時地人不一樣，同一制度會遇到新的衝突和妥協，以回應當時民心的要求，因此人民對社會不滿的表達，是社會進步以及探討更適合人民生活的原動力，除了乾隆皇帝外，任何事情都不可能「十全十美」（一笑）。妥協是最好找到共識的方法和生活藝術，社會生活沒有絕對的善與不善，中庸之道是以大多數人的想法為依歸，雖不十分滿意結果，但仍然可以接受，這就是生活之道。

七　印務學徒與夜中進修

　　一九六七年夏天，完成中學一年級課程後，我終於要離開永康中學。我有點不捨得，因為我已愛上了讀書，無奈經濟問題，我必須要負擔改善家裡的生活。二年後，因家人的工作關係遷往荃灣，即從九龍半島東邊搬遷至西邊，這是一個陌生的衛星城市，二年後我家入住房屋協會屋邨，生活總算安定下來。香港人為了居住問題，至今仍然是頭痛的問題，政府要負絕大的責任，人民不能安居，又如何樂業？況且現在已經回歸二十年仍然一籌莫展，居者有其屋本來是生存權的一環，影響到社會的穩定性，無怪乎中產階級和大學畢業生因為房子問題而憤怒不已，特區政府的失能，令人十分遺憾和奇怪。新加坡人民大多數居住在組屋（公共房屋）內，也不影響新加坡經濟的發展，新加坡土地面積比香港細小得多，卻能有條理發展自己的優勢，我們不能不敬佩他們的智慧。香港自開埠以來都是新加坡的競爭對手，殖民地時代香港人根本不把新加坡放在眼內，但回歸以來節節敗退，連大學的競爭力也落後於新加坡，香港人的驕傲已流失殆盡，再不奮進，歷史將遺忘這個曾經是世界一級城市的香港，就好像馬六甲從一四○五至一五一一年是世界級的貿易港國家，如今安在？香港這些所謂精英分子，被西化教育和自由港政策捆綁著，思維僵化，新加坡能，香港為什麼不能？是因為「一國兩制」之害嗎？大陸不是「一國一制」嗎？深圳的發展為什麼能超越香港？不自我反省就等著受更大的挫折。

　　我是「六七暴動」的受害者，暑假一開始便必須找工作，在報紙招聘欄上看到中環某印務館招學徒，便寫了一封求職信。當時天真的想法是，印刷是印書的，與文字沒有距離，我可以繼續學習。一星期後便接到老闆來信歡迎我去面試，大哥在中環工作，讀書時母親每月初便吩咐我去找大哥拿家用，所以我對中環並不陌生。中環是香港的

金融中心，從茶果嶺坐船至筲箕灣，再轉乘電車至中環，電車路附近當時很多老式建築物，如中國銀行、匯豐銀行、最高法院即舊立法院，因為法庭 Court 的發音「葛」，故俗稱為「大葛樓」。當時中環舊建築物有點像上海外灘的舊建築物一樣，非常有殖民地色彩。到了一九七○年代隨著經濟的蓬勃發展，將舊建築拆卸重建摩天大廈，變成現代化的都市，然而人們小時候的記憶被忽略了，我們也不珍惜這些歷史建築物，香港人變成無根的人民。在我的眼中，維多利亞港很寬闊，從西環硫磺海峽（青洲口）至鯉魚門海峽都屬於維多利亞港，茶果嶺就位於維多利亞港東邊鯉魚門海峽的沿岸。香港島與九龍半島最近的距離是天星小輪從中環至尖沙咀的航線。中環海旁就是天星小輪碼頭，在皇后廣場對開，大會堂外面是海邊，經常有一些人在垂釣，因為填海工程，天星碼頭一步一步往海中心移動，維多利亞港變成一條「鹹水河」。小時候覺得發展是理所當然的變化，原來殖民地政府是沒有環保概念的，對於古建築和自然環境也不珍惜，文物資產是近年才被重視。奇怪的是，歐洲如倫敦、巴黎等地的古建築物一直被維護至今，卻並不妨礙他們現代化，我才明白香港殖民地是一塊被試驗的場域，包括制度與建築是沒有理想性目標，只是工具性地維持殖民地的收入和為宗主國利益服務。

我當學徒的印務館在荷李活道地下商店，廠內只有一台照鏡機，原來這裡是寫字樓。老闆為人親切，西裝筆挺，打領帶，對我這位呆呆的來自窮鄉僻壤的小孩有點喜歡，印務學徒成為我第一份工作。當然薪水不高（不記得多少），供兩餐飯和住宿，每個月還可給家裡一點家用。其實這還不算一間印刷廠，而是一間傳統舊式的印務館，印刷機房在卑利街的舊樓內。樓高四層，還有天臺，鋪後面是通天天井，我每天就在這裡沖涼，冬天會很寒冷。二樓是一戶私人住宅，有兩位比我大二、三歲的姑娘還在讀書，每天上學經過，我會多看兩眼有點愛慕與羨慕。三樓是排字房，有兩位師傅，一位學徒。排字房兩

邊都是有點傾斜的木櫃，一格一格的存放各式不同字體和大小的鉛字，有時很羨慕排字師傅的記憶力，隨手就在木格中找到適當鉛字放入木製字盤內，製成印刷版面，由字房學徒送至機房印刷，偶然我也會幫忙一下。四樓是宿舍和廚房，有幾位家在廣東鄉下的師傅以此為家，每年才回鄉一二次。伙頭大將軍是我們的米飯班主，每天清早便到市場去買菜，午餐和晚餐都由他一手包辦，初一、十五會加菜，每年尾牙就更高興了，老闆會加錢買雞、鴨和燒鵝，但老闆甚少和我們一起吃飯，尾牙坐一下就回去了。老闆走後師傅們都會開玩笑，看雞頭對著誰，大家惟恐避之不及，側身閃開，據說雞頭對著的，開年後便被炒魷魚（撤職），當然是開玩笑而已，大家輕鬆一下。其實老闆很少來機房巡視，我負擔兩邊跑，將老闆的柯打（order）傳給機房的朱師傅。

　　機房似乎是印務館的核心，共有五位師傅，一位主管級的朱師傅，操控一部新式風喉機，這裡沒有彩色的柯式印刷機。其他機器還有舊式風喉機、大小照鏡機各一、六度印刷機和手動切紙機等。最初一二個月，除打掃雜務外，就是練習齊紙的手藝，即將凌亂紙張整合為一疊。一般而言，紙張一疊一疊的，切紙師傅根據柯打要求，將疊紙切開如八度、十六度不等，交到印刷師傅印刷成印刷品。當時印刷品大多是是出貨單張，一式三份，不同紙質和顏色。通常是第一張白紙，紙質較厚容易弄整齊，第二、三張是薄紙（黃色與藍色），軟軟的，要花很多功夫才能弄得齊齊整整，每天都練習整齊紙張的工作。練了一點功夫後，我負責把印刷出來的大小紙張弄得整整齊齊，再用漿糊黏貼成冊，第一聯和二、三聯的格式都要對準，否則填寫時過底表格便對不準，最後交給切紙師傅切齊紙邊，便可交貨。當然還有其他種類的印刷品，如喜帖、報告、廣告之類。我記得 P&O 輪船公司的貨單等就在這家印務館印刷的。

　　最初我天真的以為，印刷廠是印書的場域，可以提升文化水平，

其實這是美麗的憧憬與誤會，我在這裡幾乎沒有機會學習操作印刷機，我跟主管朱師傅相處也不太好。我們二人都留宿地鋪，其他師傅在四樓宿舍，每晚我都將二片床板橫架在印刷機上睡覺，陪伴我的是一隻小花貓，一早起來便收拾床板開鋪。朱師傅是一間左派印刷工會理事長，這時正值「六七暴動」，初時他經常派宣傳單或戲票給我，邀我參加他們印刷工會的集會。但當他發現我看《香港時報》時，他的態度便轉變了，有時也會有小衝突。一次我不小心，踢倒了他放在地上的電風扇，我打算扶起它，他迅速的出來用力把我推開，作為師傅他未免太小氣了。在機房中對我最友善的是操大照鏡的古師傅，很多時因為協助他做「隔紙」的工作，如印喜帖用墨多，每印一張都必須墊底一張廢紙，避免過底。有時古師傅會教我操作照鏡機，這是開合式印刷機，右手放入紙張，壓印，左手抽出紙張，動作隨機器開合重複，因此要很手快和小心，否則會夾著手指。如何將字盤的鉛字轉至印刷框架內鎖定，放入印刷機上，調和顏色等都是技術，沒有經常練習，不容易上手。

讀《香港時報》是從小學五年級便開始了，最初是看足球消息，原本是想知道足球明星如有中國足球王之稱的李惠堂，又如姚卓然、何祥友、莫振華和黃志強，稱為「南華四條煙」，風靡萬千球迷，我就是其中之一，他們很多代表臺灣參加國際比賽，我們都稱他們為「國腳」。李惠堂先生曾來永康中學演講，他長得高大健碩，也是我們喜歡的足球偶像。上中學後，踢足球的機會越來越少，而報紙新聞版和副刊卻成為我的重要資料庫。當時讀的是《香港時報》是國民黨人辦的報紙，除批評共產黨，就是宣傳臺灣國民黨政府的政績，關於香港的右派團體的報導特別多。對我而言，副刊是我的精神食糧，這個寫作園地多是落難香港的內地文化人寫稿賺點生活費的欄目，也有海外和臺灣學者投稿。這份報紙的副刊文章成為我吸收知識的來源，讓我認識臺灣的國民政府與共產中國與我們的關係，報紙文章使我對

晚清以來中國的苦難有更深刻的認識，我深受副刊作者的感動，因此對歷史、文化、哲學越來越有興趣。我開始關懷起近代以來的中國種種狀況，也增加我對文化傳承的了解。大概在一九六九年開始看查良鏞（金庸）辦的《明報》，自此以後，《明報》成為我的早餐食糧，及至去臺灣教書後才結束每天閱讀《明報》的習慣。奇怪的是我對於金庸的小說沒有多大興趣，但是《明報·社論》幾乎是我對時事掌握的資料來源，裡面的分析與評論對我思考模式的養成，起了很重要的作用。附帶一提的是，《明報月刊》也是我吸收思想文化的刊物，一些中西學者、文學家和政治人物的圖譜，慢慢進入我的腦海裡。

在中環印務館的二年，跟大哥相處最多。每星期天下午他便約我喝下午茶聊天，當時地道的中環人喝上午茶或下午茶，不是在地鋪的茶餐廳，而是在舊樓的二、三樓，不熟「架步」根本很難找到。晚上會去中環大笪地（平民夜總會）食嘢，夏天食刨冰或坐在曲尺（卜公）碼頭聊天最快意人心。星期日上午多是一個人去看早場電影，價錢很便宜，通常都是美國西部牛仔片，我開始對美國有點認識，是從牛仔片開始。在國威印務滿二年後，古師傅有次輕聲說，有機會轉去「補師」，一年便可以做師傅仔。我知道這裡已沒有機會上進了，看不出有發展的空間，相反的，中環的金融商業越來越繁榮和現代化，舊式的印務館正趨向沒落。而工業發展在九龍大興土木，大的印刷工廠已經出現。

我很快便找到長沙灣政府工廠大廈某間印刷廠，其實也是一間小型印刷廠，老闆很年輕姓任，印刷工出身。當時有三位師傅，機種比我原來的印務館還少，只有一部切紙機、一部風喉機和二部照鏡機，當時還有一排字櫃，沒有專門的師傅，由老闆兼任或其他師傅排字，由此顯得這裡的印刷品沒有國威的多元。照鏡機師傅比我大三歲左右，剛升師傅，老闆說您在這裡一年半左右便可以升師傅。我的工作除了操作照鏡機外，還要協助送貨。照鏡機的操作我很快便上手，我

對墨水調色特別敏感，老闆很喜歡。這印刷廠有二大類印刷品，一是玩具標籤，印在一卷的絲帶上，該玩具廠在西環；一是縫製西裝的單價傳單（廣告），印在藍色信封紙上，摺起來便是一封做男士西服的廣告信，信封上根據美國電話簿打上姓名地址，便寄去美國尋找生意。廣告信的印刷訂單大都來自尖沙咀南亞商人服裝店，絲帶標籤訂單來自西環玩具廠，這二處地點每星期總會去一、二次交貨。當時尖沙咀南亞人商店很多，這些老闆大多是做遊客生意，除珠寶、鐘錶外，男士西裝店特別多，這跟中環的格局又不一樣。由於家在荃灣，我便住在廠裡，下班後只有我一人留下來。浴室和廁所都是公共的，這類工廠大廈有點像早期觀塘、石硤尾、黃大仙的徙置住宅。不過它是分租給中小型工廠，一間一個單位，也有二、三間一個單位的廠家。

從一九五七至一九七五年是香港工業發展的全盛時期，除了港島銅鑼灣至中環，九龍旺角至尖沙咀為商業金融中心區外，各地都設有工業區讓市民就地就業。當時香港的工業產品出口，尤其是紡織品、玩具和電子在亞洲是重要的生產基地，政府為了扶助中小企業的發展，特別建築廉價租金的工業大廈，如長沙灣工廠大廈（1957）、柴灣工廠大廈（1959）、佐敦谷工廠大廈（1959）、大窩口工廠大廈（1961）、新蒲崗工廠大廈（1962）、觀塘工廠大廈（1966）、元朗工廠大廈（1966）、葵涌工廠大廈（1966）、九龍灣工廠大廈（1975）等，這些工廠大概從一九九〇至二〇一二年便陸續拆卸，改變為住宅或其他用途。這可見證香港在戰後面對不同時段的轉型，一九九〇年以後工業已沒有發展的空間，其實早在一九七四年香港的工業已面對瓶頸，這也是我經歷過的階段。

每座政府工業大廈中，各行各業都有如印刷、五金、木雕、紡織等等，都是設在住宅區附近，就地有大排檔、餐廳、茶樓，生活很便利。我在這間小型印刷廠工作尚算愉快，畢竟它是新式的工業結構，與中環傳統的印務館不同，簡單說中午吃飯，都是在外面。半年後老

闆購入一部小型新式的柯式（彩色）印刷機，他讓我來操作，我當然興奮極了，以為就快升師傅。同一時間，我仍念念不忘讀書，晚上到李鄭屋邨慈恩夜校就讀中學二年級，剛要升中三，讀書的熱情又再燃燒起來。那一年孔子誕，老闆說趕貨要求我們加班，我和一位同事都認為孔子是印刷工人師傅誕，其實也沒有根據，我們拒絕了加班的要求。老闆說我不合作，想搞罷工，我真的生氣了，決定辭職回家。回想起來，我的脾氣並不好，忍耐力也不夠，快出師了竟如此衝動，離開了印刷行業，也就前功盡棄。

八　紗廠生活中的尋尋覓覓

回到家裡，呆了一星期就呆不住了，鄰居說附近紗廠請書記工，有興趣可試試。當時已經十八歲，只想早點找工作，幫助家計，有沒有興趣並不重要，也沒有想再找印刷業的工作。就這樣我便進入了中央紗廠當書記工，書記工的工作很簡單，中學程度就可以了，就是到運轉車間抄錄工友每天生產數作為計算工資的根據，或是去車間取各階段樣本測試產品的品質是否符合要求。我當時的工作就是試驗紗線是否符合標準如拉力、粗細、均勻等。我們約有十名左右書記工，各司其職。試驗間設在寫字樓（辦公室）入門處，每位高級職員都會經過我們的工作崗位，辦公室後面坐的是總工程師、工程師、幾位科長、幾位領班等。當時的紡織廠是上海人的天下，寫字樓內都通行上海話，我聽不懂他們的交談，當然領班吩咐我們工作時，都用帶有上海口音的廣東話。進入紗廠後聽前輩說，在紗廠工作要學會上海話，才有升職的機會。確實在車間有很多領班或副領班（僱員）都是從工人升職的，他們也會懂一點點上海話。

中央紡織老闆吳文政先生出生於江蘇省，十九歲到上海紗廠見習，一九三○年代開始創業，一九四九年移居香港，早期在土瓜灣開

設中央布廠，其後籌設紗廠部時便遷入荃灣新開發的工業區，改名為中央紗廠，輝煌時代曾被稱為香港三大紗廠之一。我進入中央紗廠正是香港紡織業向上發展的全盛時期，一九六〇年代荃灣是香港的紡織中心，享有「小曼徹斯特」稱號。大型紗廠有南豐紗廠、南海紗廠、東亞太平紡織廠等等，小型紗布廠更多。紗廠是二十四小時運作模式，早期兩班十二小時工作，後來改為三班制，每班八小時。有些紗廠設有工人宿舍，或是安排廠車到人口密集的社區接送工人上下班。紡織業的定義包括紡紗、織布、漂染和縫製等四步驟才算完成一件成品。香港戰前沒有現代化的紡織業，我在茶果嶺所見的木製紡紗機是傳統的手工作坊。

明清時代中國手工作坊（綿布、絲綢、陶瓷）是世界有名的，為當時中國賺取大量白銀，成為最大順差國家，也是傳統中國最富庶的年代。然而晚清以後，傳統手工業給西方洋紗洋布打敗了，中國人不得不開始現代化。一百五十年來在中國現代化過程中的血淚史，一直衝擊我的思緒。晚清的維新、新政，以至革命、抗日以及解放戰爭，中國陷入動盪不安的災難中，有時不禁潸然淚下。一八三九年英國發動對中國的鴉片戰爭是觸媒，從此中國內地經歷長達百多年戰爭的洗禮，而香港成為大英帝國的殖民地後卻成為中國人避難的樂土。特別是一九四九年因政權轉變，大量難民湧入香港，一時間資本、人才、勞動力大量湧入，為香港的轉口貿易開創工業發展的新時代，香港各行各業急速發展。蘇、浙、上海的資本家帶來資本、機器和技術，紡織業是其中之一；六十年代紡織業在九龍新市鎮或衛星城市蓬勃發展，到七十年代本港有四十家紡紗廠。由於香港是英國殖民地，享有英聯邦特惠稅，香港的工業產品（紡織、電子、玩具）行銷世界各地，香港大多數人都是工廠工人。

許冠傑有首歌《半斤八兩》有謂：「我哋呢班打工仔，一生一世為錢幣做奴隸」，就是當時打工仔的生活寫照。隨著香港都市的急速

發展，工資和地價上漲，商業金融一枝獨秀，而香港工業卻由盛轉衰，當時港人也許並沒有特別在意。例如七十年代已有紡織廠遷往東南亞和非洲，廠地改建商業大廈或住宅，八十年代開始因大陸改革開放，更多工廠遷往內地，大量工人失業或轉業。香港工業應該轉往高科技，無奈香港受回歸問題的困擾，執政者無規劃也無野心，當然這與政黨政治又有關聯，相較新加坡而言已經落後一大截，新加坡也是政黨政治，但一黨獨大，統治起來權威較強，較有效率，成就也大。

在中央紗廠當書記工時，上班是朝八晚五，晚上繼續在夜中就讀中三級。一、二個月後，我被調上六樓的試驗室，這是年輕徐科長的辦公室，他從日本留學回來三、四年，徐科長是拿獎學金去日本學紡織學的大學畢業生。我知道坐在寫字樓的職員中還有留學日本和在香港理工學院的畢業生，他們的專業都是學紡織的。其他的高級職員都是經驗豐富，對紡紗技術的認識和工場管理具有專業水平。我發現這是一間有規模、制度、先進的現代化工廠，而紗廠是一門有學問的工業。在閱讀報紙的過程中，我大概知道英國工業革命的時代意義，現在我走進車間，空氣十分混濁，紡織機聲響（噪音）對工人的聽覺是有影響的。從報紙讀到的工業革命時礦工和紡織女工的命運，以及默劇電影《摩登時代》的感染，資本家和工人階級兩組詞衝擊著我，我們不也是處在這個時代嗎？我必須了解紡織這個行業，我小心的觀察及閱讀，對從棉花到織布的過程確實是一項令我著迷的學問。

紗廠每道的工序，環環相扣，從棉花到紗線形成，要經過不同機器處理，過程十分複雜。我現將從棉花至紗線及織布的製作工序逐一順次列出：

一、清花機：綿花入廠後，放入清花機打碎，捲成棉卷。
二、梳棉機：將棉卷經過一個比人還高的大型鋼絲滾筒，滾筒將棉卷梳成網狀並清除棉籽屑和雜質，再回收成條狀棉稱為生條。

三、精梳機：將生條送精疏機，去除生條中的短纖維、棉結等雜
　　質，使棉條優化，纖維長度整齊，強化棉條強度。

四、併條機：將數根生條經過羅拉（roller）加壓牽伸，重複併合
　　成優質棉條或稱熟條。

五、粗紗機：將熟條送至粗紗機再次牽伸，並加入捻度（twist）成
　　粗紗狀。

六、細紗機：將粗紗送至細紛機精紡，加強牽伸和捻度至所需細度
　　（支數）和強度。

七、筒子機：將細紗送至筒子機，重新捲入適當的木管作緯紗用，
　　或捲入紙管或膠管上形成筒子作經紗用。

八、經紗機：將數十隻筒子，系統分布在經紗機上，將它們捲入大
　　型可滾動的經紗輪上，送交織布廠作經紗用。

九、織布機：將緯紗放入梭子，經紗輪再經過穿綜絲片的過程後，
　　才將經紗輪放入織布機後方。梭子趁綜片開合來回穿梭，便織
　　成布面。至於布的品質、花紋等就靠紡紗支數及綜片設計而形
　　成。

紡織這個從棉花至紗布的生產過程十分有複雜，深深吸引我的興趣。
清除棉子的雜質，在棉條上併合加捻度，細紗捻度的調整等等，涉及
綿花品質與紡織什麼樣式或什麼樣品質的布疋出來，調節各類棉紡機
的齒輪，綜片設計等，都有一套計算方法和公式，這比印刷廠有更大
的學問。

　　徐科長的試驗室，有一些紡織雜誌和書，日文居多，偶然會翻一
翻，但看不懂。試驗室有二位女生，中學畢業，從事測試及文書工
作，另一位男生是資深書記工，學了一門判斷綿花纖維長短的學問，
是徐科長的得力助手。我調上來是有新的任務，簡單說就是測試綿紡
加入化學纖維（Chemical Fiber）或是聚脂纖維（Polyester）的效果，

我分不清楚是哪一種。我只是協助監視每個工序進行抽樣試驗向徐科長報告，最重要的工作是從清花機開始，各階段的過程都要做拉力、品質均勻等試驗，填寫數據表交給兩位女生做報告。我負責從車間將需要的半成品挑選一小份量回來試驗，因此我有機會從各車間出入，對各車間的車種及功能的認識都可能在同儕之上。我對於紡織技術的奧妙，形成我追尋學問的入門方法學。

我家就在荃灣沙咀道上，西邊是工業區，每天走路十分鐘便到中央紗廠，東邊是荃灣的市中心眾安街，十分鐘路程，沙咀道近眾安街有一間荃灣書店，是我常去打釘（看書）的地方。荃灣書店是一間左派書局，陳列大陸出版的書籍、雜誌和文具，也出版香港左派的著作，可能近工業區，也有一些中文工業作品著作，每星期六或日總會去看看書。我開始閱讀一些紡織史的簡單著作，為了了解英國工業革命以來對工人的傷害，以及中國現代紡織誕生的故事等等，閱讀過程中對紡織業的發展以及工人階級的革命，以至中國共產黨立國經過有了初步了解。從棉紡書籍慢慢旁及其他的書籍，因受《香港時報》副刊上文化思想的影響，對百年來中國的發展越來越有興趣，荃灣書店提供了更多大陸學者對近世中國發展的觀點，我不時會翻閱一下，逐漸也受到影響，關心中國內地的發展。《人民畫報》是共產中國的宣傳品，也是我了解中國發展的讀物。我開始瀏覽一些內地文化人的著作和政治作品，而《明報》社論和新聞報導平衡了我的思緒，也慢慢有一種客觀的心態看待閱讀的作品。在荃灣書店最使我震撼的是在書櫃高處擺放了一本不起眼的著作，它是用硬皮紙包裝的，有一次大減價特賣，我終於把它打開，原來是馬克思和恩格斯合著的《共產黨宣言》，字體很大，我想是給老人家看的吧。我把它買了，戰戰兢兢的帶回家，讀了幾遍便收藏起來，其後又聽到《國際歌》唱出了：「從來就沒有什麼救世主，也不靠神仙皇帝，要創造人類的幸福，全靠我們自己……」，我更想了解現在的中國共產黨，我終於訂閱了《人民

畫報》，這是我離開永康中學後的一大變化。

我很努力學習紗廠的工作，徐科長對我很有信心，我對各車間的認識越來越覺得自己很有學問。因為大多數書記工的同事對紡織業並沒有多大興趣，只是工作而已。一年多後，資深的書記工同事升為職員，負責棉花纖維的質量，我當然很欣賞和羨慕，也覺得將來我也有機會。徐科長曾私底下跟我說：「用心工作學習，一有機會，便提您升管理員。」我滿懷希望，對混紡的試驗工作認真在學習，因為看書及在車間的工作，我對紡織廠的運作大致有所了解，這確是一門學問。又過了半年，忽然有一天，寫字樓傳出徐科長要離開香港移民加拿大，我心情大受打擊，覺得失去了靠山。我問他是去加拿大做紡織業嗎？他說不是，是去開貨櫃車。我感覺他跟我開玩笑，這麼好的職位，為什麼要離開？其實紡織界職員的年終獎金十分優厚，至少發多三、四個月薪資，當時我對紡織業仍然充滿希望，也沒有打算離開。在中央紗廠這一年多，我很幸運認識了二位知己朋友朱盛林和李溢澤，我們年齡相若，他們至今仍然是我的好友加兄弟。當時朱盛林程度跟我差不多，但是很努力在夜間進修，其後考入師範，畢業後當小學老師和校長；而李溢澤已高中畢業，成績優秀，差一點就上中文大學，他來中央紗廠是當暑期工才認識的，其後考入郵局當公務員。

一九七二年，徐科長離開不久，我等到一個機會，就是南海紗廠招募見習員（初級領班 semi-staff），條件是中五程度及以上，但我只有中三程度，猶豫一下便遞交申請表，那次招考十名見習生，我很幸運被選中了，我猜是因為我有中央紗廠的經驗。南海紗廠是香港最大的紡織廠，歷史最久，南海紗廠是紡織界的神話，開廠時應徵女工從廠內排隊至廠外的青山公路上。據說早期南海主管專挑年輕清秀的美女工友，懂得上海話優先，我想不是挑美女，而是專挑一些手指纖細而靈活的女工，當時沒有平權和歧視的觀念。據說南海紗廠早期也曾設立半工讀的適齡學生工人，除當紡織工人外，還安排正式中學課

程。學生工人有宿舍、食堂、教室和操場，中學有的設備這裡都有。可見南海紗廠的雄心壯志，當然也是時代使然，戰後香港難民大量湧入，當時年輕人讀中學的機會不多。讓年輕人有一技之長，以及完成基本的學歷，應該是創辦人的善良心意。

南海紗廠的創辦人唐炳源先生是江蘇無錫望族，畢業於國內著名大學，留學美國麻省理工。抗戰前家族在無錫開紡織廠，戰後因局勢動盪不安，唐先生遷居香港，一九四八年創立南海紗廠，是當時規模最大、資本最大的紗廠。開廠時有專家認為香港氣候不適合開紗廠，因為夏天天氣潮濕容易捲羅拉，冬天天氣乾燥紗線易斷，總之問題一大堆。唐先生認為都可以克服，在車間放水桶及撥水等調節車間的乾濕度，香港的現代化紡織業正式開始。我能夠考入南海紗廠是我的榮幸，它當時仍然是知名度最高的紗廠。我入南海紗廠之前一年，唐炳源先生已逝世，而香港的紡織業正面臨挑戰，我們幾乎完全覺察不出來。從前南海的實習生（領班 staff）都在理工學院受訓或由廠內高級職員訓練。而雇員大多是由資深紗廠工人升職上來，是廠內最低級的管理員。

我們這種僱員見習生應該是介乎於工人與職員之間層級的嘗試，以面對紡織工人日漸缺工的問題。我們這批見習生，大都是中學畢業，有一、二位是中六、中七畢業，它有一年的訓練課程。我們都住在宿舍，這裡有教室、籃球場和食堂，設備相當完善。第一年上半年在觀摩學習及堂課，下半年分派到保全（維修部）隨技師學習修理機器。我被派到布廠修理織布廠，每天隨技師和他的學徒一起拆卸織布廠機零件，並將零件洗滌、加油再裝勘回機體，試機後才交回生產線運轉。紡織機的維修學徒學三年才滿師，我們只有半年的訓練，對紡織機的機械略知一二，談不上懂得維修。第二年被分派到織布間見習，每天隨領班分配車間工友的工作，定時巡視織布間，協助工友解決紡織機的問題。

　　我追隨的領班陳先生是臺灣逢甲大學紡織系畢業，另一位科長郎先生來自臺灣，而廠長、工程師就很少見到。我們很快便調入中夜班工作，紗廠是三班制，紡織機一年四季開動，除了過農曆年停機幾天外，全年無休。因為停機再次發動，紗線易斷和捲羅拉的狀況會頻頻發生，品質大受影響，生產降低。所謂三班制就是八小時早午晚三班制，早班（7:00-15:00）、中班（15:00-23:00）、夜班（23:00-7:00），我們這批見習生全部安排在中夜班，我逐漸明白我們的招募是因應未來的工友短缺作準備，也就是工友不足時我們可以替代。由於新興行業興起，如金融銀行、酒店旅遊、電子業等等，紡織業開始走下坡，年輕人不再願意投入紡織行業。大家都知道紗廠工友必須輪班，工作很辛苦，幾乎不停走動八小時，況且車間的噪音、廢氣如棉絮四處飛揚，每天下班就好像從雪地歸來，全身鋪滿棉絮，白髮蒼蒼，要用強力風喉吹洗乾淨才出廠。

　　我以為完成五年的見習，工作便會穩定下來，雖然上夜班很辛苦，但是收入還算不錯。然而命運弄人，一九七四年我又面臨新的抉擇。那年是香港紡織業的黑色大風暴。其實早在一九七〇年香港社會已逐漸從工業走向金融業，即從實體工業資本走向虛體金融資本市場。到了一九七三年，金融市場進入瘋狂階段，有些人不務正業，全職炒股，坊間出現「魚翅撈飯」等股市病。加上中東發生石油危機，香港實施燈火管制，恆生指數大跌。由於燈光管制，一些工廠停工，南海紗廠實施一星期四天工作，且把交通車停開。我曾為此與領班爭論，停了元朗廠車即是叫元朗工友不用上班，他們生活怎麼辦？我忽然覺醒起來，資本家不會與您同甘共苦，這是一個資本主義社會。我們都知道香港的工廠工人大都是日薪制，甚至是時薪或是計件算，有工開就有錢。我感覺到香港紡織業開始走向黃昏，如果不是，怎會不痛惜工友呢？我再繼續呆下去又如何？我必須思考自己未來方向，但我中學還未畢業，不易有發展的空間，我必須補回起碼的學歷，因此再次燃起讀書的念頭。

九　大夜班的高中生活

　　南海紗廠的工作不能立即結束，薪水雖然不高總算是穩定，況且經濟衰退，也不易找到適合的工作，我也沒有其他的想法。原本對於紡織業的憧憬，就因這次打擊煙消雲散，但我仍然覺得見習生的資歷對我而言很重要，因為畢竟南海紗廠是一間有聲譽的紡織廠。我開始一項大膽的嘗試，就是在南海上中夜班，日間讀中學。也就是說，上大夜班／通宵班時，早上七點下班趕回家，換校服上學去。我當時已經二十二歲，一般適齡同學大概十八至十九歲左右，要找一間政府津貼的中學不容易，且成績也不符資格。我要找一間成績要求不高的中學，當然還要是離家較近的學校。終於找到了在深水埗南昌街附近的愛丁堡英文書院，它其實是親臺嶺東中學的附屬學校。前文提及一九六〇年代親國民黨的僑校林立，原因是政府的中學學位供應嚴重不足，到了一九七八年政府才提供九年免費教育，主要是香港面對「國際信用危機」，因為香港法定最低勞工年齡為十四歲，而國際慣例是十五歲，香港政府受到貿易國特別是美國很大的壓力，急於改善勞工條件。當時適齡就學的學生數量大增，而中學學位卻不足外，還有此時也是中文中學過渡至英文中學的階段，早期有新法英文書院，及至一九七〇年代一些學校因應市場或家長需要，很多私立英文中學如雨後春筍成立如萃華英文書院、愛丁堡英文書院等，殖民地政府對私立中學不會強烈監管，因為這樣可舒緩政府及津貼中學學位不足的壓力。

　　愛丁堡英文書院也是應市場需要而產生的英文中學，說得不好聽，即所謂「學店」。雖然已經開學二個多月，校務主任仍然讓我插班入讀 From 4（中四），那一班有六十人左右，男生占大多數，大都是無心向學或是成績不好的學生，奉父母之命讀書，他們還算是好孩子，很少打架什麼的。我這位個子不高的老學生，一進教室就坐在前排，每天都匆匆而來，下課便急急離開，除了與鄰座二、三位同學有

接觸外，甚少與其他同學交流。有時下午有課便走堂（翹課）算了，主任知道我在工作，也不為難我。上中班還算正常，早上起來從荃灣坐小巴出深水埗上課，下課回家吃飯換過校服後，三點前到樓下乘坐廠車回南海上班。大夜班就比較辛苦，七時下班趕回家洗澡換校服上課去，中午一時左右回到家裡，匆匆吃飯睡覺，晚上十時前起來上班。有時精神透支，上學時頭痛，便吃一兩顆克痛藥片頂住。好友李溢澤說：你最多捱二個月就倒下來，勸我保重健康。他的好意我心領，但我還是挺住了，足足二年的日以繼夜，完成中學課程。會考成績雖不太好，主任說我是全班成績最好的，但英文不合格。

中學畢業照，紅圈中間是本人

　　兩年來我最大的收穫當然是完成我的中學夢。我讀文組課程，除了中國語文、中國文學、中國歷史外，如世界歷史和經濟與公共事務，還有英文和數學都是用英文課本。老師們認為我們的程度不夠，故多用中文解讀課文。會考我放棄了數學，除了英文外，其他科目表現差強人意，其實我沒有很多時間複習考試的功課，通常是考試前請

假一星期應考，當然沒有好成績，說實在我的基礎也不好。回想起來，我的文科比較好與我自小學開始看報紙有關，如《香港時報》、《明報》、《華僑日報》等社論和副刊、專論等對我的影響很大。中學之後，《明報·社論》幾乎每天必讀，也經常閱讀徐復觀先生在《華僑日報》的專論，他的文章對我影響很大，後來他的研究專論我都用心拜讀了，一九八二年徐先生仙逝，我寫了一首詩〈逝者如斯乎？〉（參第三卷附錄一）追念他。其他學者如錢穆、牟宗三、唐君毅、梁漱溟等先生的著作都有所涉獵，特別是唐先生《說中華民族的之花果飄零》，讓我對中國傳統文化有更深刻的體會，而梁漱溟、牟宗三、唐君毅和徐復觀諸先生合著的《生命的奮進》，講述探索學習的過程，實在的生活體驗，親切而令人興奮，成為學習的座右銘和原動力。

荃灣書店仍然是我了解當代中國的平臺，《人民畫報》更是我了解當代中國形象的窗口。自五四以來的新詩和散文對我越來越有感覺，當我讀到留學法國詩人艾青〈雪落在中國的土地上〉那句「寒冷在封鎖著中國呀……」，真的感動不已。又如流亡香港的文化人司馬長風先生，他雖然是有名的政論家和歷史學者，但是他的散文用帶有濃烈鄉情的文筆，訴說著童年和少年時代對文學的興趣和人生態度，是我吸收文學養分的管道；司馬長風於一九八〇年在美國紐約逝世，我寫了一篇追悼文章。（參第三卷附錄一）講起史學對我的影響要算是錢穆先生了，他的《國史大綱》、《中國歷史精神》和《中國歷代政治得失》等成為進入中國史研究的鑰匙。回來說愛丁堡上課的二年中，最開心是上世界歷史，授課老師黎年先生很年輕，可能年齡跟我差不多，還在香港大學歷史系就讀，他的哥哥也在這裡兼課，是中文大學學生。我中學畢業後，與同學約黎年老師在尖沙咀碼頭會面，他說他也是從黃大仙徙置區出身，剛畢業正在找工作。他知道我已經工作了，還鼓勵我繼續努力，以後我們再沒有聯絡。後來得知黎年老師當上很高級的港府官員（廉政專員），我不確定是他，他應該已經忘記了我這位學生。

　　南海紗廠很快恢復正常工作時間，中夜班仍然是我們見習生的上班時間，為了舒緩壓力，在假日喜歡與同事遠足（行山），日後成為我的嗜好。中學畢業後我的信心大增，如何為自己加分，增加自己日後競爭籌碼。一九七五年剛好理工學院推出一項二年制部分時間證書課程 Works Management（工廠管理），每星期一天在學院上課，條件是中學畢業或以上，任職管理層級人員，要有工廠的推薦信。我們幾位室友向科長說明是利用每星期休假日去上課，不占用工作時間，他答應為我們寫推薦信。我幸運地考上了，一共考取了十二名，班中一名港大畢業生、一名理工畢業生、其他預科或中五畢業。第一年的課程還在太古上課，第二年才回到紅磡校本部，第二年只剩下六位同學修課。兩年課程包括如何管理工廠，課程有：商業管理學、勞工關係、會計學、心理學、社會學等等，當時的課程設計者，仍未能預料到十年後香港的工廠會陸續結束吧。

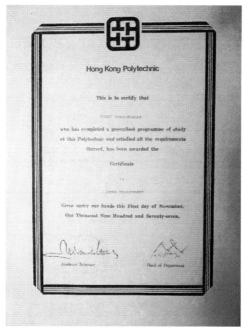

理工學院工廠管理證書

　　一九七七年我完成這個「工廠管理」課程後,理工學院還有一項高級文憑管理課程,我們可以直升,我報名並交了學費,最後還是放棄了,因為我發現我的個性不適合做工廠和商業機構。香港理工學院一九九四年升格為香港理工大學,其前身原是香港官立高級工業學院(1937),顧名思義,最初是培養本地的中層電機和建築人才,一九四七年改為香港工業專門學院,提供全日制及兼讀課程,至一九七二年改名為香港理工學院,主要開辦專業課程,至一九八三年更推出學位課程,陸續擴大至碩士及博士課程。一九七七年我曾以同等學歷報考中文大學入學試,但沒有成功,我溫習得不夠。這一年南海見習期滿,我決定離開,同事都覺得很意外,也很惋惜,認為五年都走過了,為什麼呢?我忘了如何回應他們,我只想到外面走一走,紗廠已不是我的目標。一九七八年置地公司收購南海紗廠廠房用地,幾年後改建為海景住宅的麗城花園。這意味著香港的現代化紡織工業走過三十五多年已到盡頭,中央紗廠勉強持至二○一○年,無奈也得移入內地,才能繼續生存,這也標誌著香港紡織工業正式結束。每一代有一代的工作和使命,如何掌握新的時代方向?如何發現新的未來?才可延續自己的生命,當然對自己的了解,以及給自己新的機會,才能改變現狀。如果什麼事情都畏首畏尾,不敢嘗試,只能坐待生命的結束。

南海工作的離職證明

十　崇佳（Sonca）的過渡階段

　　為了轉換工作環境，我沒有申請輪班制的工作。當時我已經二十五歲了，已經有一些想法，故決定放棄理工的文憑課程。可以說，我在尋找自己未來的方向。為了家計我要盡快找一份工作，看到報紙廣告，得知某廠招聘勞工關係部職員，我便申請了，後來才知是一間位於新蒲崗的大型工廠，樓高十層的廠崇佳實業（Sonca）有限公司。進入崇佳後才知道這工廠與鍾士元爵士有密切關係。對於鍾士元先生，香港人很早就認識他，他是香港殖民地政府的大紅人，曾任立法局非官守議員和行政局議員，一九七四年出任立法局首席非官守議員。記得在崇佳任職期間，我們每月的工作報告都要 cc to Dr. Chung，一九七八年鍾士元封爵，報告改為 cc to Sir Chung。鍾先生對崇佳的管理能力很強，算是當時十分先進的工廠。

　　鍾士元畢業於香港大學工程系，日本占領香港時回內地教書，一九四六年回港後獲得獎學金去英國留學取得博士學位。一九五一年回香港，創立顧問工程公司，協助投資者建立工廠。一九五三年協助宋文魁先生創立宋氏公司生產電筒。這是一間自動化及在英國註冊的公司，鍾先生有少量股份。由於宋氏電筒便宜又好用，甚受歡迎，其後美國客戶永備公司（Eveready）入股宋氏，宋文魁決定全盤賣給美國永備公司，而永備公司要求鍾士元繼續主持公司。一九六〇年代宋氏公司擴大廠房遷往新蒲崗，並改名「崇佳實業有限公司」。

　　這間工廠是當時世界最大的電筒廠，曾一度僱用員工五千多人。因為鍾士元在工程界有聲望，一些香港大學工程系畢業生會考慮入崇佳工作幾年，有實際工作經驗，再經二名註冊專業工程師推薦，就符合申請「香港註冊專業工程師」（Chartered Engineer）的資格。崇佳工場主要是生產是電筒、模具和電子等產品。各類產品一條龍式製

作，工場有機械、塑料、金屬拋光，噴漆、電鍍、燈泡、電子、組裝和包裝等部門。我是該廠勞工關係部工廠助理（Factory Assistant），負責招聘工友，當時是儲備幹部，半年後調去長沙灣新廠。這是一份工廠寫字樓的工作，朝八晚五，夜間時間可以利用。我的部門主要負責總務、計算薪水，而我負責招聘工友，因此接觸更多不同類別的朋友，婦女是主要招募的對象。崇佳雖然聲望很好，工廠設備也不錯，有冷氣和食堂，工作穩定，但是招聘工友卻不理想，經常缺工友，主要是薪水較低。相對於外面的建築業、製衣廠、假髮廠、電子廠、玩具廠等薪水都比較高，金融、銀行更不在話下。七十年代香港各行各業蓬勃發展，然而工廠工人卻供不應求，工廠區周圍的牆壁貼滿招聘工友的海報（poster），一張張貼成厚厚一疊，今天貼上去，明天便被另一張「招工海報」蓋過。地盤的鐵絲網，變為一幢厚厚的廣告牆，由此可見，當時招聘工友競爭十分激烈，工資一路攀升，危機已隱隱出現，而老百姓不易覺察到。

崇佳工作離職證明書

　　一九七八年鍾士元封爵後，他的政治生活比管理工廠來得重要，一九八八年鍾士元從崇佳退休（？），一九九〇年代鍾士元仍然是香港政壇的第一號人物，面對回歸的問題，兩面不討好，曾被中共批評為大英帝國的「孤臣孽子」。不過他是殖民地政府行政立法兩局首席非官守議員，直到末代港督彭定康上臺，他才淡出殖民地政壇。最輝煌的時代曾出任九巴、中電、新鴻基、會德豐等機構董事之職，也曾任香港科技大學副校監、香港工業總會及生產力促進局主席、香港工程師學會及工程科學院會長等，並負責籌辦香港理工大學、香港城市大學和香港科技大學等高等學府，他對香港高等教育的發展影響非常大。

　　一九八四年，中英開始談判香港回歸的問題，當年鍾士元、鄧蓮如和利國偉赴北京訪問，獲鄧小平接見。一九八八年鍾士元退休後，仍然出任醫院管理局主席及香港科技大學校董會主席，一年後獲頒授大英帝國大十字勳章。而中共亦要拉攏這位殖民地的「孤臣孽子」，一九九一年聘鍾士元為港事顧問，就香港回歸前從事諮詢的顧問工作。及至一九九七年香港回歸，鍾士元名列特區行政長官董建華政府的首席非官守成員，且任行政會議召集人，並獲頒香港特區的最高榮譽大紫荊勳章，至一九九九年正式退休。二〇一八年鍾士元在香港逝世，終年一百零一歲。

　　我感覺上鍾先生對殖民地政府一直是一位唯唯諾諾先生，但他是第一位在立法局用中文發言的議員，這樣一位先生，不適合以道德高度來品評其存在意義，在政權轉移階段他的作用和貢獻，仍然值得人們對他感念。鍾先生可以選擇一走了之回英國，也可以「孤臣孽子」之心態存活著，甚至以此為政治鬥爭的資本如陳方安生。然而新形勢終歸還是要有人出來不顧個人榮辱穩定新局面，這是最難的抉擇，也是最負責任的表現。人生在世，標榜清高，只是自欺欺人的沽名釣譽而已，事實上您對人民或自己的專業有何貢獻，這都是可以拿出來被檢驗的。

十一　邁向文史之路

　　在崇佳的二年中，我默默地走自己的路，我找到了我的方向，我在大同夜中學完成中六課程，入私立能仁書院文史系一年級就讀，我當時已經二十七歲（1979）。朋友說：能仁課程政府不承認，讀了也沒有什麼幫助。這個我都明白，我的目的是讀書而不是讀學位，我還要繼續工作。讀能仁書院只是完了自己的大學夢，政府承認不承認是政府的事，學問我自為之。能仁書院是一間佛教僧伽聯合會主辦的大專院校，最初的核心人物是妙法寺的洗塵法師。法師於一九四八年抵達香港弘法，一九六二年，洗塵法師獲得屯門藍地地方人士捐地興建妙法寺，又得離島東涌敏智法師允諾將內明書院遷入，其後又創辦《內明》佛學雜誌。洗塵法師重視基層教育，故在妙法寺創辦「妙法寺劉金龍中學」及建立「妙法寺中國禪學院」，妙法寺因此成為重要的佛學研究中心。

　　一九六六年，洗塵法師被推薦為香港佛教僧伽聯合會會長，僧伽會同仁鑒於高等教育學位奇缺，於一九六九年以「能仁書院」校名向港府申請註冊為非牟利大專及大學預科學校，並獲港府核准。大專設有佛學系、中國文史學系、英國語文學系、社會教育學系、工商管理學系、藝術學系等六系。在深水埗醫局街和荔枝角道籌建教學大樓，導師由國內外學者擔任，但港府不承認能仁書院的學位。為了解決學位問題，一九七一年香港能仁書院向中華民國（臺灣）教育部註冊核准，成為臺灣第一所成功註冊的佛教大學，曾一度開辦碩士及博士課程。隨著時間轉移，特別是洗塵法師捨報（往生）後，能仁書院逐漸走下坡，幾乎走向結束之路。幸好近年在校董會主席紹根長老及校長黃景波教授的努力下，重新振作起來，終於在二〇一四年獲特區政府承認為專上學院，可頒授香港認可的大學學位。能仁專上學院要邁向

一間私立的佛教大學，還有一段不短的路程要走，我深信它有機會完成這個使命。

　　談及香港專上教育的發展，真是篳路藍縷，一九一一年以西醫書院為基礎成立香港大學，至二戰前仍是香港唯一的政府承認的大學。一九四六年，左派人士曾在香港屯門創立一所達德學院，獲港英政府核准立案，設有政治系、經濟系、文哲系，並於同年招生。由於政府視學官發現這所大專的教授們都宣傳共產主義及從事共產主義活動，危及香港利益，二年後被港府下令取消註冊，關閉該學院。一九四九年後因中國大陸陷共，眾多知識分子從大陸南來，如錢穆、唐君毅等人以延續中國文化傳統為己任的強烈使命感，在香港陸續開辦大專院校供逃難的青年學生繼續學業，如創立亞洲文商學院，其後改名為新亞書院。當時還有香江書院和陸續在香港復校的如珠海書院、光夏書院、文化書院、廣僑書院、華僑書院、平正會計專科學校等，以及教會創辦的崇基學院等。一九五〇年代由於香港大學招收的對象以英文中學畢業生為主，當時更多的中文中學畢業生卻被中國與臺灣吸收了。這對港英政府來說除了是人才外流外，中臺兩方具有強烈國族意識形態的教育是一種對殖民政權的挑戰。當時又因冷戰關係，香港變成圍堵共產中國的橋頭堡，為了穩定統治及香港本身發展，港府開始思考如何收編這些獨立的辦學者。

　　一九五六年有八所私立專上學院倡議合併幾所大專院校，如廣僑書院、平正會計專科學校、華僑書院、文化書院、光夏書院、香江書院、珠海書院和廣大書院等。其後珠海、香江、廣大退出，而前五所最終達成合併共識，成立「聯大學院」，即後來中文大學的「聯合書院」，學界與政府經過多年努力，終於在一九五九年香港政府決定成立一所中文大學。一九六三年香港中文大學正式成立，便是由新亞、崇基和聯合三所書院組成，獲得到香港官方承認。但從一九六三至一九八〇年香港親臺私立大專院校仍然繼續招生，如珠海書院、香江書

院、廣大書院、能仁書院等十三間大專院校,都是在臺灣教育部立
案,其學位證書獲臺灣教育部頒授。此外香港政府承認為大專文憑課
程如浸會學院、嶺南學院、樹仁學院等,以及中小學師資訓練的師範
學院如羅富國師範學院(1939)、葛量洪師範學院(1951)、柏立基師
範學院(1960)、香港工商師範學院(1974)和語文教育學院(1982)
等相繼成立,及至一九九四年港府將三間師範學院(羅富國、柏立
基、葛量洪)合併為香港教育學院,並開設學位課程,至二〇一六
年,特區政府才批准授予改名為香港教育大學。

　　隨著時代的進步及發展,民眾對高等教育的要求大增,以及經濟
的發展和未來規劃的需要,特別是「九七回歸中國」等問題,迫使香
港政府急迫發展專上教育,殖民地政府已開始撤退,並培養親西方的
知識分子。如香港理工學院一九八三年開辦學位課程,往後十年創辦
香港城市大學及香港科技大學等,此外港府收編有規模的私立大專如
浸會學院、嶺南學院,改為三年制英式大學;樹仁學院因不願改制,
延遲至一九九六年才獲准開辦學位課程。這些本地大學的成立或升
格,除滿足社會升學的期望外,也為香港未來的發展趨勢儲備大量親
西方的人才,迎戰新時代的挑戰。這批殖民地時代培養的知青成為反
共先鋒,這些精英是在八九民運時代成長的新一代,而香港回歸後,
中央政府並沒有認真的處理殖民地留下的問題,以為「港人治港」一
切都解決了,這顯得輕率和無知,新一代成為香港的計時炸彈。相反
的,在臺灣立案的私立專上學院,所謂親臺十三院校幾乎已完成歷史
任務而結束,一是南來的知識分子大都年老退出歷史舞臺,一是臺灣
解嚴後日趨本土化,對海外僑校的經濟支持日漸式微。香港回歸後,
親國民黨的院校已沒有發展的空間,生存下來的唯有轉型立足本土,
如珠海學院獲特區政府核准為可頒發香港認可大學學位的大專院校。

　　現時特區政府資助的「八大」,包括香港大學、香港中文大學、
香港科技大學、香港理工大學、香港城市大學、香港浸會大學、嶺南

大學和香港教育大學，此外還有由政府創辦的香港公開大學，以及特區政府承認的專上學院十多間，使香港大學學位的供應，基本上可以滿足本港學生升學的需要。然而這些年輕學生對中國認同越來越遠，對中華文化的主體性也不在意，畢業後便成為香港的中堅分子，如公務員、律師、醫生、護士、社工、教師，以及工商界專業人員，還有教會神父或牧師等等；他們都是在八十至九十年代成長，受時代背景影響甚深。

　　一九七九年，我入能仁書院就讀主要是交通方便，學費便宜，校風淳樸，課程日夜都有，為在職人士提供專上課程。我在能仁讀書似乎是找到了自己的位置，我浸淫在文史哲的學術氛圍中。我在這裡認識了幾位好同學，同系的潘壽連和哲學系的黃坤榮和莊建輝，另一位是來能仁聽課的樹仁中文系同學陳俊仁，日後我與陳俊仁同是新亞研究所同學。我在能仁的課程大都是在夜間，夜間課人數最多，共同必修課教室坐得滿滿的，因為大多數同學日間都有工作。一個偶然的機會，我還在荃灣某夜中學代課，這竟然是我教學生涯的開始。這一年我決定離開了工作三年的崇佳實業有限公司，我要認真的看一看中國，這是多年來午夜夢迴都會想到它的苦難。我不知道離開一間有實力的工廠是否正確？當時我並沒有立即找新工作，便貿然離開，家人也不諒解，我不在意，這是我的決定。幾年後坐車經過長沙灣崇佳廠房時，發現廠名改了，好像賣給別家商號當貨倉，真有點可惜，不知我的同事和我招聘的工友哪裡去了？

　　不久新蒲崗崇佳總廠也結束了，工廠的生產設備已遷入中國內地。這也象徵著香港的工業生產基地於焉結束。一九七九年中國改革開放後，香港很多工廠結束，設備遷入內地，而廠房改為貨倉，香港正面對轉型時代而不自知。中英政府忙著政權轉移的交接談判，全港市民陷入不知所措的焦慮之中，沒有人為香港未來何去何從，有計畫有系統的規劃未來的藍圖，各政治利益集團都在愚弄人民又過了三十

多年，香港人還再有三十年的時間嗎？我們從戰後的世界華人的生活中心，走向邊緣化，往後的大灣區，香港是中心嗎？香港有能力和條件嗎？我非常擔心香港下一代的未來。

十二　追求夢中的自己

　　一九八○年六月我有強烈獨個兒浪遊中國的願望，六月二十二日我便辭去工作，二十七日便離開香港。母親不了解，我交給她該二月的家計，請她不要擔心，我會準時回到香港。這二個月母親每天都上香祈禱，弟妹說母親時不時會哭起來。其實我對中國並不陌生，從《人民畫報》的資訊，了解共產中國從文革到打倒四人幫的狀況，而艾青的詩、司馬長風的散文強烈的吸引著我，還有學者們對中國文化的描述究竟中國是什麼？當時我對民初以來西方學者指「中國民族西來說」衝擊很大，我強烈的質疑。匈奴、突厥、維吾爾族、契丹和蒙古不都是從東往西移徙的嗎？我當時讀了很多考古資料、民族學、人類學的書籍如林惠祥《文化人類學》，胡耐安《中國民族志》、劉義棠《中國邊疆民族史》和《維吾爾研究》，以及斯文赫定和斯坦因等人西域考察報告。當然沙漠也有感性上的吸引，如作家三毛以浪漫情懷抒寫撒哈拉沙漠深深吸引著我，她作詞的《橄欖樹》更是我在漫長的火車旅途中低徊地吟唱著。而那位二十二歲日本青年上溫湯隆絕筆之作《死於撒哈拉》同樣呼喚著我，他在旅途上的艱苦孤獨和寂寞，髣髴看到斯文赫定的影子，喚起我對高昌古城、樓蘭少女古屍和塔克拉瑪干沙漠的好奇，天池、天山，祁連山，還有西安、河西走廊究竟現在怎麼樣呢？我不知是關心還是好奇，也許只是南方人對北方的一種無以名之的情懷。文革十年中國究竟怎麼樣了？我不知道？我只是說我必須去浪遊一次，體會和感受這個古老的中國，究竟它怎麼啦？

　　朋友不明白，以為我太衝動了，沒有詳細考慮便起程了。當時

《明報》副刊張君默的小品文經常提及要去沙漠旅行，而山友們經常高談闊論橫越沙漠如何如何，他們把沙漠作為自我的挑戰。而我不是，我沒有冒險的精神，我也沒有勇氣向大自然挑戰，我只是要去感受中國，它的苦難、它的歷史、它的……，感受「西出陽關無故人」的沙漠，還有風吹草低見牛羊的草原。您的心情，別人怎麼會明白呢？從晚清以來的歷史發展，每一件事件都觸動我的心靈深處，這個國家和民族怎麼了呢？它好像是人類的實驗室，從那一個主義走向另一個主義，天翻地覆的為的又是什麼？其實我對中國不陌生，我已醞釀了一段時間。一九七一年我便開始回廣東中山石岐探親，我從澳門關閘進入拱北，坐公車還要過渡頭（轉船再坐回公車）才到石岐市下車。當時鄉下生活艱難，伯母在文革時仙逝，只留孖哥相依為命。我主要是攜帶些舊衣服、生油和米麵之類給孖哥補給。他們中學畢業後，大的下放至澳門附近耕田，一年才回家二、三次，小的在石岐市工作，還好下放離鄉不遠，容易回家。

我大概一、二年便回鄉探親，好友李溢澤也跟我回過中山玩。記得打倒四人幫那年我正在石岐，忽然間爆竹、鑼鼓喧天，大批人擁入石岐市。孖哥家就在石岐市孫文西路，這裡應該是伯母當年買下給父親做旅館用的舊樓房，如今都歸政府所有，只留下後座二樓的房間供家人用。鄉下的田地被沒收了，祖屋只留下空地一塊，還有幾塊磚頭。祖先的墓只剩下黃土一堆，墓碑不知跑何處去？記得在鄉下的山路上拾級而上時發現，地下的石級有文字，原來多是墓碑。據母親說，祖先的墓很大，座落在我家田地的中央，如今卻荒蕪一遍。我沒有真正在鄉下生活過，我不知鄉下文革時的狀況，孖哥在石岐市長大，對鄉下祖屋也無力處理，似乎也不太關心。當時大陸新一代人的想法，只是想如何改善物質生活，文化方面由它吧，也管不了。

一九七八年大陸宣布改革開放，隔年我便申請去長沙和北京旅行，經過二星期的審查，中旅社打電話來說申請批准了，我當時還在

長沙灣崇佳公司上班，便與廠裡的同事組成旅行團由我領隊，我的好友朱盛林也參加。我們趁春節年假一行十一人有男有女，第一次離開廣東特別興奮。從九龍站出發，在湖南長沙下車，那年冬天長沙下雪。第二天起來，窗外遍地白雪皚皚鋪滿地，我們朝著湘江方向，走到岳鹿山愛晚亭，幾乎再走不動了，雙腳的腳指頭冷得僵硬，幸好茶店店主把煤炭爐灶移過來，給我們烘烘腳踝。之後去岳陽樓、武漢、北京等名勝古蹟。站在長城高處，不知為何熱淚盈眶，我向西遠眺時已下決心往新疆一行。

一九七九年，崇佳同事北京行，在長城留影。第一排左一是本人。

回到香港，我便計畫我的旅行大計，我打算隻身起行，準備火車時間表、地圖等資料，規畫旅行路線等，每到一處必須看博物館。我背上一個大背囊，裡面還有幾包公仔麵，厚厚的冬衣，出發了。一九八○年六月二十二日離職，同事也不知我為了什麼？我沒有說這裡不

是我的終點站，我在等待下一班火車。出發那天早上看報才知道司馬長風先生在美國仙逝，我很難過，匆匆的寫了一篇《悼念敬愛的司馬長風》的短文，寄去《星島日報》投稿（參第三卷附錄一）。那天下午我便要出發，早上起來，吃點麵包，一切準備好，便向家人告別，母親十分不捨，再三叮嚀千萬小心。下午我從深水埗碼頭坐接駁船登上「上海號」貨客輪船，這是它的首航典禮，也象徵著滬港兩地的連結已經上路，中國的改革開放，看來是來真的。

十三　一九八〇年隻身浪遊中國

為了真實呈現我當時的心情，我把每天記錄下來的感觸或感想摘錄下來，除改正錯別字和文句外，完全依照當日記錄反映當時觀察中國的心態。我原來沒有寫日記的習慣，現在也沒有，但浪遊中國的五十多天（六月二十七日至八月十九日）我都留下日記。我的行程如下：香港（坐船）→上海→杭州（運河）→蘇州（火車）→北京→承德→北京→呼和浩特→大同→西安→華山→西安→哈密→吐魯番（巴士）→烏魯木齊（火車）→敦煌→酒泉→蘭州→寶雞→成都→重慶（坐船）→長江三峽→漢口（火車）→廣州→香港。這次是中共提出改革開放後第二年，我便隻身浪遊中國，感受中華大地在變遷前的面相，旅途所見所聞以及個人自小以來對國家的朝思暮想，讓我變得待人接物更為成熟。日後的我，無論在工作和學習上更加努力，意志更為堅定。如果說我現時有一點學術成就，都是拜這次隻身浪遊中國旅途中的感動，激起我堅強奮鬥心之結果。以下是逐日記錄我的浪遊感想：

一九八○年六月二十七日上海號首航：從香港至上海。這是一艘貨客郵輪，
船上有泳池、酒吧等設施。

（一）五十四天日記感想摘錄

六月二十七日（開船）：

　　船從西環開出，與我想像從鯉魚門出發有別……六時過擔干，很
大浪，很多遊客不舒服。過擔干後浪更大，只見天水一線，沒有山，
大自然的神力展示其無窮。

六月二十八日（過臺灣海峽）：

　　昨晚開始看《浮士德》……十時在船旁看書聽浪，水手說已到臺
灣海峽，內心起一陣無奈的感受，想寫詩，可是詩境盡是一片茫茫的
白色和藍色，提不起情緒。在想，有一天，我們的船不再直向，而是

橫向擺渡，那時國家便能上下一心，團結統一，這些日子又不知是哪年哪日。在大海連天的宇宙，兩船相遇而沒有相鳴以示友好，我覺得人類的心境已沒有感情了。我自己感到在這茫茫天際，遇有同類或特別的東西都會惹起我的關心。如今人性麻木，說什麼情與愛都是表面的虛偽。

六月二十九日（抵達杭州灣）：

閒談間，提起到中國旅行的服務，多令人不滿。有等人根本提出苛刻指責，以先進國標準審視，因此極為氣憤。我以為對於國內一切以體諒為上策，否則徒具虛言。

六月三十日（上海）：

早上五時起來，船已開進黃浦江，兩岸都是貨船，碼頭很多，算是繁忙之港口，可是其岸上起卸貨物設備，則知道上海碼頭要現代化還有一段很長的路要走⋯⋯說真的，上海的印象也不比廣州好，可能是我戴了有色眼鏡看事物。

七月一日（上海）：

很多歐洲式建築是解放前建成的，現在已成為普通住宅或是小工場。但它的外型設計還是值得讚嘆的，其三十年代的繁榮生活亦可見一斑呢⋯⋯路旁有標語提到「新道德、新風尚」，我有點兒覺得社會問題越來越嚴重似的，社會現代化隨著社會的問題很快的增加，教育當局應設法未雨綢繆，才能解決問題。

七月二日（杭州）：

靈隱寺⋯⋯洞中擺放一菩薩⋯⋯但見善男信女之虔誠，又是跪地參拜，又是口中念經，我不能說出其所以然來？信仰成為人的精神意念，亦可套用於各式各樣的形式，其所謂宗教者亦如是也，其為思想文化之正統者亦如是也。

七月三日（杭州）：

在西湖邊散步的人民都是面露悠閒，人生所謂幸福，他們也會自以為是呢！看見工作中人員懶洋洋不起勁，我又有一點惆悵，要「四化」還是需要大力的鼓足幹勁才能達成。香港人是以爭奪時間為能事，香港之所以成功，亦有其不可抹煞的辛苦……運河上手搖的運輸艇，都載滿磚塊或是貨物的，看在心眼有點鬱悶，但工作者的輕鬆態度，又使我對國家的信心增加，使我證明中國之為中國是有其特別的民族性。

七月四日（蘇州）：

對於蘇州最吸引我的地方，是蘇州保留它的原來特色。就是全蘇州城也是被護城河所包圍著的，雖然城樓已變成頹垣敗瓦，或有的變成新的建築物，但是它的形態設計亦不能不使我大開眼界。千多年歷史的蘇州，房屋保留矮房子的特色黑瓦白牆，房屋略見擁擠但很少見高樓夾雜其中，這是其他城市較少見的，蘇州就是保有其古老的風格……蘇州的古舊吸引我的聯想，就是日後蘇州怎樣繁榮或現代化，也應保存其獨特的屋舍形式，使中國的民居模型得以保留下來。

七月五日（蘇州）：

到滄浪亭看「慈禧太后的寵物：鐘」展出，大開眼界，展出的鐘錶都鑲嵌了金銀珠寶玉石之類，其設計之精美，以及機械運動至今仍然良好，可見當時外國科學技術的進步，而慈禧不能看這些外國製造的貢物而反省國家的落後，亦可見滿州人的劣拙心態，其只顧個人之享受而蔑視全國的利益，亦正說明滿州貴族行向末落的印證……再看孔廟的大成殿竟成為倉庫之地，其內的文物一掃而空，想著又不禁有點憤怒。

蘇州孔廟成為堆放雜物的貨倉

七月六日（南京）：

南京並不見人擠人的景象，但南京市的交通頗為特別，公共汽車路線多而站少，站與站之間的距離頗遠，感到不便……下午到太平天國歷史陳列館參觀，展出太平軍起義的歷史事蹟。共產黨時以太平軍起義為其鼓吹革命的根據，雖則我不認為太平軍為亂黨組織，但其領袖之平庸，不能以大體之尊改善國家地位，而是以平凡的宗教理想為其張目，這也許是其失敗的原因呢！

七月七日（南京）：

大陸人民喜歡隨地吐痰，拋垃圾在街上，看在眼裡，有無教育之感，雖則風俗之轉移亦非朝夕之事。看香港推行清潔運動，數年而見功效，其初政府之吃力亦可想而知。今大陸上街頭或公園等公共地方都以「以衛生為榮，以不衛生為恥」之標語告示牌，使我聯想其國民公眾道德之低落，作為一個對同胞有深感情的我，雖不便有所責備，但政府對於教育之失敗，我不能不有所怪責，因國民習性之形成，多

少是由於政府多年的政策使然。望今後各省政府能顧及其人民之公德教育，使我中國成一現代道德的現代化國家……上午遊中山陵……踏階而上至陵墓前，上書「天地正氣—民族—民生—民權」的橫額，大堂中央中山先生像俯視南京市，兩旁刻有建國大綱十多條款，不知內陸人民看後有何感想……我至靈前致最高的三鞠躬禮，對於中山先生我不能抑制對他的敬愛。他是我一生中最敬愛的中國人，他的人生觀也是我生活指導的方向，見到那已陷落憔悴面容的石像，他的一生含辛茹苦的挽救中國於亡國之中，我不禁落淚，我是不容易控制我的情緒，雖然周圍的同胞圍著在看我，而我又豈是他們的心態呢！我是中山人，對他是同鄉，我以有這鄉里為榮，更以中國有他的氣魄而驕傲。回想從歷史中認識他及他對中國人的願望，我只想默默的告訴他，雖然他在天之靈也許知道，國民黨在臺灣的統治是有其成績之處，而大陸的人民政府能在三十年中保有中國的獨立完整，使中國不再四分五裂，成為一獨立國家，他在天之靈應當有所安慰呢！不過內陸人民之民生、民權還有一段頗長的路要走呢！但我有信心是一定能達到的，只要這是人民的願望，什麼力量也不能阻擋。

七月八日（火車上）：

列車經山東濟南時，望泰山橫在田野中矗起，不知何時上山親嚐風味。在車上讀《浮士德》……寫不出讀書感想出來，時常感嘆我讀書的興趣濃而不精專，他日不知能否有治學問的功夫？有時不覺心灰意冷，這也許是人生的旅程中每個人都遇到的同樣問題吧！我又何須嘆息呢！

七月九日（北京—東陵）：

到東陵，行車四小時左右，沿途所見是天津市郊的農莊生活。農民的生活表面看來不能說好，只能說平淡安定吧！農村公路上盡見馬騾拖拉的木頭車，應該是農村的主要交運輸工具，看見這些落後的景

象，我只能一聲輕嘆，我雖不贊成過於現代化，但工作條件的改善，
自然與科技之利用是人類前進的路程，而我們中國人竟比外國落後半
世紀，這使我不寒而慄，想國家之能保持全賴我國悠久文化的歸心所
支撐吧了……到北京市區，想鑲眼鏡，因一塊玻璃片破了，可是店員
謂沒有這麼大的玻璃片……北京為我國最發達的城市，但一般之用品
之不方便，亦可想像較次等城市之物質生活之貧乏矣！

七月十日（北京）：

看見雍和宮正在重修，見出中共積極發展旅遊事業以增加外匯的
用心……天壇公園……如果建築師是存心構造此一回音壁及三音石之
效果的話，則明代的「音響學」已到了一個極高之境界，唯以後不能
繼續發展，這亦是中國傳統技術失落又一見證……雖然今年春節速速
造訪北京，今夏再來的時候又是不同的感覺，天壇、故宮竟能花我一
日之時間，可見前一次只是掠過的風，不留印象。

七月十一日（北京）：

到西單觀看，只見舊日有大字報的殘跡存於牆上，牆外已裝上廣
告架。政府今次對西單的做法也是符合眾人的願望，不安定就不能好
好的發展經濟呢！不過對於海外，人人則認為中共對西單手法是壓制
民主的手段。其實所謂民主的定義是什麼呢？我真的摸不著腦子，只
知道這個安定的政局是改進生活的必要條件……下午再到歷史博物
館……周恩來先生的偉大我是沒有資格衡量的，不過我對他的尊敬是
發自內心的真誠，記得他逝世的時候我的感覺是十分強烈的，我竟以
為失去了方向，我亦曾為他的離棄國家人民而流淚。今日看見覆蓋過
他的遺體的紅旗，我又不禁悲從中來呢！他的氣質是近百年政治家中
少有的，死了就將骨灰散於祖國的山河大地，無疑是一位令人深深敬
佩的領袖。這位樸實無華的領袖就像一個巨人的永遠占著我的心靈，
引領我的方向。我曾對自己說：繼孫中山先生以後，我最敬愛的是周

恩來一人吧了。一九六七年的周總理正是大風浪的時代，他的工作時間編得密不透風，竟是通宵達旦。對於我又是一種鼓舞，人生在世，名也利也，過眼浮雲的夢，只有精神才能永存於後世中。我又怎能不發奮讀書工作呢。

七月十二日（北京）：

下午到博物館參觀中國通史館……不單使我的歷史觀念和知識加強了，更重要的是，有力證明中國人古代歷史的進步及文明，這使我有足夠的信心相信國家將來的前途是無可限量的，但願現代化的時刻快些到來。

七月十三日（承德）：

對（承德）山莊興趣不大，不過想起清帝用承德作為聯絡西北各族人民，我亦感到其用心良苦呢……下山時見兩十歲小童，一手拿小鐮刀，一手拿彈叉等小型器具，問之何為？說不出也聽不清楚。看他們走向田間，想是找小動物或是番薯之類之玩藝兒吧。記得小時候我也是如此的度過。我不是農家孩子，但對於田野山間生活從小就培養出來，想是品性所使然也。

七月十四日（承德）：

早餐後坐車往須彌福壽之廟參觀……年久失修及經「十年浩劫」，因已呈破爛現象，政府現正加強修葺中。普陀宗乘廟俗稱小布達拉宮……立有兩碑石敘述我國邊區民族土爾扈特部因對沙俄統治的不滿，再度回歸祖國的碑文。碑文是以滿漢蒙藏四種文字刻寫，不到中國內地旅行，則不知中國的概念是那麼的廣大，在歷史博物館中看見那些直寫或橫寫的西夏文和各族文字，不能不使我這個漢族分子有所啟發呢……半個月來很少坐下來思想，覺得非常舒服。不過想起回港後生活的徬徨，不禁又惆悵起來。

七月十五日（回北京）：

今晨乘車回北京，又要兼程去呼和浩特。同行者（在上海號認識）四位女生要回香港，今後的個多月，都可能獨行俠式的，不知能否耐得住寂寞。不過，今次旅行亦原先有這些心裡準備了⋯⋯離開北京上呼和浩特，同行朋友回廣州，與她們分手，內心惆悵。

七月十六日（內蒙古）：

火車入內蒙古自治區以後，車站名稱及重要建築物名稱都有漢蒙文字，不過所見的村鎮走動民眾都沒有穿上蒙古民族特色的服裝，與內地沒有太大的分別。漢人勢力或同化力亦可見一斑了。在集寧市車站見一列滿載類似坦克的戰車候命出發，想是到中蒙邊區二連浩特吧！想起這些衛國守疆的戰士，我是非常感激的，而我又慚愧不能負擔這些對國家的義務呢⋯⋯公共汽車上有人讓位給我，我有點受驚⋯⋯車上與三名孩子交談⋯⋯問他們是否說蒙文，他們則謂只有蒙古孩子才要學蒙文。他們都是讀漢文書籍，這又使我覺得呼和浩特全是漢人天下，這現象是否符合民族政策，我就不得而知了。

內蒙古小學生在上課

七月十七日（草原）：

中午車已抵達草原區，一望無際的平原，草不高，但是青綠蔥蔥，給人一種舒服的感覺……到烏蘭圖格公社，這是蒙古人的公社是招待旅遊者的酒店……遊覽時見有一堆石頭，據導遊楊先生稱此乃二百年歷史的祭天求雨的祭壇叫「敖包」，從前是由喇嘛主持的，每年農曆五月十三日便是祭天的日子，牧民跪拜在地上。敖包亦是青年男女約會的地方。但解放後已沒有這迷信的活動，這堆石已成為一堆給人憑弔和記憶的標誌吧了。

草原上的民兵

七月十八日（草原）：

雖然蒙古離開我的家那麼的遙遠，但是我們是生活在一個國家內，這是多麼令人難以相信的呢……早餐後看牧區民兵射擊表演，大開眼界，看見公社的書記是蒙古人，我內心安慰，因為這是正確處理各族人民的政策。……我將從香港帶來的瑞士糖送給一年級的蒙古小孩子，很是開心看見他們在讀著蒙古文課本時，雖然不認識，但這是

中國語文之一種，大漢的民族主義在牧區並不顯明，這是符合歷史進化的……離開呼和浩特到大同，火車上無座位，挨在座椅旁邊到天光，雙眼發光，喉嚨痛，喉沙聲小，真不好受。大同車站滿是睡著一堆堆的人群，衣衫襤褸，見出貧窮的景象。

七月十九日（山西）：

雲崗石窟因千多年來的風吹雨打，呈剝落現象，一些顏色脫落，一些是侵蝕而磨損，但是最重要的破壞是一些藝術品被外國盜走，及一些佛像之頭被人別有用心的砍掉。覺得這些無法無天之暴徒，他們不單得不到好處，且使古文物受到極大之破壞，真是非懲罰不可呢……大同看上去不算太落後，可是街上乞丐之多是別的城市所沒有，且大同人都是眼光光的望著外人，給人一種恐怖的印象。

七月二十日（西安）：

八時二十分出西安車站……房間分配好後，即去沖涼，大事清潔一番，幾天來馬不停蹄的乘車趕路，精神疲倦不堪……碑林有六經刻本是唐代因印刷不方便，而讀書人多，故以石刻經文給士子抄錄校正，以免錯誤。

七月二十一日（西安）：

晨早，乘車去半坡博物館……半坡乃我國六千年前先民生活的村落遺址，掘出的物品有力證明我先民在建築及創造工具上的偉大成就，體驗了生活的改進是從實際的生活中演進而成的……回到市中心，登上鼓樓周行一圈，但見古老的房屋依舊座落在大街上，想數百年或千多年前的景象與今亦相差不遠，能不興嘆……對於古城的保留應從民族感情出發，才能保有自己的民族特色。

西安清真寺山門，中國式建築群，進入禮拜堂要脫鞋子。

七月二十二日（秦俑館）：

秦俑館只展出一號出土文物，還有二號、三號等非常豐富的地下文物，而未發掘的面積竟是那麼廣闊。秦始皇亦可謂費盡心思，為自己死後乃努力把持下去吧。站在館中看深埋在地下的俑人馬，就想起人們從生人殉葬而進為俑人型塑造的過程中，不知有多少奴隸因而無故斷送性命，這亦提證所謂進步也還是經過一段長時間的思想鬥爭才能完成呢。

七月二十三日（華山山腳）：

華山山腳的寺院是一道觀，已沒有宗教的陳設，文革時已破壞，還未修復。據說華山上現有道士十八人，其中三人是女道士（坤道），年已過百歲。其他道士最老的是八十六歲的老道，他們現在仍然是華山的服務員。山下有一老道亦已八十一歲，前年下山來安置在廟內工作。平時多穿道袍，因今天晚上太熱，只穿普通夏裝，長有銀白色的鬍鬚，說話有勁，頗有風度。據他說宗教應該是自由的，這是解放時的口號，十年文革的破壞力，就好像繼清朝以後最大一次的破壞，國民黨時代則三不管政策。現在政府稍為關心，但是道士年紀已

大，而年輕人對道亦沒有用心，故繼承方面已很成問題，但道乃二千年的歷史了，它是不容易在人們的生活習慣中消失的。

七月二十四日（華山）：

六時上山，沿一溪澗而上，水清山秀又是一樂山之地。華山是我國名山，是華族始祖的活動區，今有機會一遊，對我是那麼重要。除欣賞山勢之美外，更重視它在民族中所代表的浩然正氣……山中本是道觀林立，但經歷朝動盪及近二十年的破壞，山中廟宇之神位已破爛失蹤。原是道士修道的仙洞亦只留下為人遊覽。各洞都是從大石山中開鑿而成……有一小石級於半空直上，其玄妙令人難以置信，修道之人，怎樣在洞內生活……山中老道已有管理華山之旅遊事業……不過近年來，由於國內對宗教觀念放寬，所以華山有些山洞廟宇也有擺設神位神壇，也有信徒上香拜神之事，但已不是從前的狂熱。這也值得深思，我對宗教並沒有歧視，但不僅宗教乃精神空虛的一種反映，人們如果對宗教之說再不如神話的幻想，那麼人的精神已能從實際的生活中得到支持，宗教信仰亦會自然沖淡，成為一種生活上的團契形式，不是祈求無效的神賜福樂。

華山頂峰

七月二十五日（華山）：

今晨陰霾不散，再下小雨，路濕而滑。早餐後去南天門探險，實在險象橫生，上書「懸崖勒馬」。我走在崖邊的棧道，內心不寒而慄，下鐵梯更是驚險，因雨滑及同伴少，加上惜命和膽小，故取消下古戰道的念頭，半途而廢，但已驚心可畏了。

七月二十六日（火車上）：

（去烏魯木齊）火車上遇到兩個暨大學生和弟弟三人，都是澳門人。他們剛從黑龍江回來，曾到呼倫貝爾草原，十分有民族風味。決定與他們一齊同行。

七月二十七日（火車上）：

列車連夜轟隆奔馳，過了蘭州，進入河西走廊，這是中國通西域的主要通道，二千年來連繫著中原與邊疆民族的關係，雖然戰爭使民族間一度分裂，但今天我們的民族又連結起來⋯⋯沿途停靠的小車站，都有穿著破舊的小孩，身上滿是污穢的塵埃，向車上旅客討錢，或兜售雞蛋生果之類。看見這些年少的農村小孩子的可憐，我內心感到一陣悲痛，想起范長江西北角遊記的農村生活的困苦，雖然現在已有改善，但仍見有這種艱困。我的內心實在不好受，不知何年何月再到這裡時，是一遍康樂景象。小孩子們穿著鮮麗的服裝，唱著歌在田邊遊戲。

七月二十八日（哈密）：

列車早晨到新疆省界，眼前所見，都是一望無際的沙丘碎石，這就是從小已知的戈壁灘了。想像中的荒蕪印證在眼前⋯⋯戈壁的大就如它呈現在中國版圖上一樣的遼闊荒蕪。它是偉大的國土，它屏障保衛了祖國的安全。戈壁作為英雄的土地及生長在這土地的人民是偉大的，也是我們的保護者，真的要寫一首詩來歌頌它的偉大⋯⋯哈密是

沙漠的綠洲，居民多是維吾爾族。他們的衣服較為活潑鮮艷，頗有民族風格，建築物就是中東的阿拉伯形式……在戈壁上落日時間很有趣，晚上九時仍然天亮，太陽剛下山不久。這種生活，在南方的我又怎能想像呢！

七月二十九日（吐魯番）：

交河是古城，建於沙漠綠洲中，以河圍城，城建於河中。吐魯番是用地下水的，地下水很早已為先民所用……明初時曾大事建造地下水道，現時在吐魯番有坎夷井至今仍為農民所利用……民居都是以泥磚作牆，屋旁上架上葡萄樹架，屋前都種有樹遮蔭，路上所見是一個果園，但想起他們生活的周圍都是些寸草不生的戈壁灘，他們這種與大自然鬥爭的勇氣，使我十分的敬佩。途經各處，維族小孩拍掌歡迎，十分可愛……吐魯番人口十七萬，維族人口十一萬。到處都是維族人民，他們的生活表面看來寫意，不知是否屬實？

七月三十日（吐魯番）：

上午到高昌古城……千佛洞是隋代開始興建，歷代皆有修建，故規模頗大。五百年前因伊斯蘭維族移居入吐魯番，與當地漢人佛教徒發生戰爭，故佛像和壁畫均遭破壞，眼睛被挖，面部受損，有些頭被砍掉。一九〇一年以降，德蘇美日英等國進入該處，盜取洞內佛像及壁畫。現存洞內藝術已模糊破爛，佛像一尊也沒有，望而興嘆，真是文化之劫運。

高昌古城遺址，唐玄奘曾在此講論佛經

七月三十一日（烏魯木齊）：

　　乘公路車從吐魯番去烏魯木齊，這是一條經戈壁灘的公路，出吐區後便是一望無際的戈壁，寸草不生，二小時車程才見到有樹的村鎮，這才真正體會到沙漠綠洲的美和希望……烏市街道整齊潔淨，氣溫涼快，有點秋意，晚上更涼……烏市是以漢人為主的首府，但維族很多，漢維之間的聚落亦有分開。以南門為維族聚居，北門為漢族聚居地。南門所見都是維族人，年輕的喜歡坐在戲院的欄杆上談天說笑，給人一種無業流氓的感覺。據說南門維族區內的治安不好，特別是幾年前的治安更壞，時有打架搶劫的事情發生，現在治安較為好轉。但見有些維族青少年穿喇叭褲的一副西式打扮，看見他們的體型近似外國人，內心有一陣憂心。不過據稱新疆近年各方面亦有改善，生活水準提高。

八月一日（烏魯木齊）：

　　烏市一般收入比關內高，故此消費亦大。一般而言，烏市生活水

平不差，在巴士上有一位維族人說：現在烏市比文革時期好得多了……雖然烏市所見，並沒有過激的民族隔膜仇恨，但新疆以維吾爾自治區命名，亦應名副其實，否則失卻各民族自治的政策……下午到博物館參觀……館內展出新疆的各個千佛洞的壁畫複製品，印象深刻。壁畫的藝術成就之大及其手法之高是我這個門外漢所不懂的，但是壁畫中呈現的事物雖然與宗教有關，但亦可體驗到中原與邊區的關係，以及邊區與中東和南亞的關係。

八月二日（天池）：

天山腳下是一片肥沃的農田，這又是一世外桃源的地方。記得有些文革青年下放到天山的知青，相信他們就在這裡開墾的了。如今農舍田野豐茂，亦覺開心……到天池，遠見天山山頂積雪晶瑩，池水清藍，真是美景。而山中樹木都是杉木林、針葉樹，有北歐風味……徒步向天池深處是一塊近灘草地，有漢人村落和一個哈薩克族蒙古包，入包內與主人交談說：只有一家牧民在天池，放羊三百隻，家有一小孩十二歲。若是讀書年齡便送去公社上學，聽了內心開心。我最關心的是教育問題，沒有適當的教育政策，國家的前途就成問題了。

八月三日（南山）：

南山離烏市二小時車程，南山乃一山區牧場，是哈薩克族的地方。山上都是杉松樹林，車所經過之道路凹凸不平，好在司機乃是一名老經驗之好手，但行車時顛簸搖盪。到牧民家小坐，哈族亦是住蒙古包，冬天則住回磚屋。包內陳設簡單，只有一些床褥、地毡等，無什麼陳設，看他們的生活亦知艱苦矣。他們年老的都不講漢語，聽也不懂；年輕的聽和講也是一點點。不過維吾爾族大都會聽漢語講一點點，年輕一代的則講與寫亦會……同行有一回族人士，他們回族一般不會到哈薩克族作客的。哈族與維族則十分融洽，而且哈維通婚的例子頗多，但哈族與漢結婚則少之又少，主要是宗教信仰問題。而蒙族

漢族通婚則較為普遍，可能是因信佛的關係……在山上撞見幾個維族小孩（十六歲）講一口流利漢語，是初中生，讀漢文學校……因為上大學以漢文為主，而少數民族上大學一般而言比較有照顧。不過以維族人口之多而不設維語大學，不知是否恰當……四人幫時，新疆地區很亂，就是烏市亦時有維漢之間的打鬥，喀什則更是動亂的地方……我想喀什是要特別小心保護的，不能使維族對祖國發生懷疑，才能使國家內外團結一致。申請去喀什是批准了，表示喀什一切生活正常運轉，沒有動亂的跡象……伊寧市的申請不獲批准，原因是邊防重地。

在新疆烏魯木齊南山與維吾爾族小孩合照

八月四日（烏市）：

去喀什的機票，國內價一百元（人民幣），旅遊價二百二十元，太貴了取消。上午曾到新疆大學一行，見同學們利用暑假留在學校上英語，實在開心。但是見國內年輕人一窩蜂的學英語，好像學了一點點英文，就可以把國家現代化，這真是天真的夢話，是神話。學英文是好的，但若是只顧學英文不理會其他科目，則是又走彎路了。我想日本人懂英文的大概不多吧，而日本人民的知識水平這麼高是怎麼一回事呢？這是值得領導人注意的重要事情……國家應該立即設立大的翻譯部門，集中全國外語人才統一翻譯印刷出版外文書籍或論文，加

強出版事業的發展，使全國人民迅速用自己語文接受外國資料，這還來得收穫大，而人民亦不需花太多時間學習一知半解的語言。

八月五日（火車上）：

最後一個上午在烏市……離開時有點依依不捨的……戈壁躺開寬闊的胸膛，流著點滴的汗珠，一粒粒的散布在它那寬闊的胸襟，兩條堅強的臂膀向兩面伸展，我跑在它的胸膛上，聽見大地的呼吸。夜的戈壁更靜，比日間更涼。沒有聲音，沒有日光，沒有草，沒有水，一切寂寂的守衛著。

八月六日（敦煌）：

敦煌本是二千年的舊城，現今是元明時代留下的城市，距莫高窟二十五公里，是著名的敦煌壁畫所在地……雖然我對壁畫資料讀得少，且藝術繪畫修養不懂，亦缺乏欣賞能力，但壁畫中所呈現佛像的生動形態及所述之故事，十分吸引，而壁畫的布局時，使人驚嘆，顏色襯托和諧，以及線條勻稱和多樣化，使我的眼光大大的提高。特別是晚唐有一洞窟的經典書籍，在洞內收藏了一千多年後，在晚清被人發現，此人不知國寶為何物，將洞內豐富的資料饋贈親友，引來美法俄日的考古學家覬覦，大量盜取經典佛像。如今在英法美等國家亦可觀看敦煌文物，這亦是一種歷史證據。晚飯後去月牙泉，周圍是沙丘地，叫「鳴沙山」，據稱從沙丘頂滑下，會發出「嗚嗚聲」……一行四十人從沙丘向山下滑行，其樂融融，但不聞鳴沙聲，或許是被我們興奮的叫聲蓋過了。

八月七日（火車上）：

車過柳園（敦煌），不久脫離戈壁區，又是一片綠色田野，遠望祁連山頂的積雪，十分吸引，其實此山比媲美天山積雪，若有機會一攀祁連山峰，相信頗為好玩的。

八月八日（酒泉）：

嘉峪關是明朝洪武五年興建的，城樓保持完整，雄偉非常。站在城樓遠望祁連山，北向沙漠，無垠延伸。這地方漢代是勢力範圍而明代則以此為重要關卡，亦可想見，明代的勢力受西北的威脅……酒泉博物館……考古證明河西走廊一帶，早在十二萬年前已有人類居住，這是我最感興趣的問題……（夜光杯）據說持夜光杯盛酒，在明月之夜舉杯痛飲，杯子借月光而發亮，故名之。

河西走廊嘉峪關城樓上西望的土長城

八月九日（蘭州）：

昨晚上車補臥舖，使列車長手足無措，原因是所有空床都在下幾站已訂票，但是為著要照顧我們，列車長毅然讓給我們一行九人，所以在半夜上車之國內乘客找不到床舖，或是調去其他車廂，內心十分歉意。因為吃哈密瓜過多，整日肚痛拉肚子。回國以來，今次是較為不舒服的了。今天晚上在蘭州看「絲露花雨」……所表達的都是人與人之真摯感情，我看著演員賣力演出，十分感動，起了移情作用。藝術之所以感人是由於它是美的昇華。我感受到故事中人物的遭遇，但最要緊的是，我看見歌劇所表演的人性的真摯的愛，反映出無論哪個

時代，美與愛是人類的自然追求力，也只有通過藝術的高度渲染才能
表達最澈底的真愛。

八月十日（蘭州）：

在蘭州逗留的一天，只是路過性質……在博物館發現一枚元朝的
八思巴文令牌，正面是用八思巴文，底面則不得而知……我關心的是
背面是否印有漢字？若有，則使我對元朝的統治有更真實的認識；若
無，則我的想法又是另一回事了。回國個多月，對北方歷史變化特別
留心，因為南方人很少受到北方少數民族的影響，又不是京城要地，故
乃以漢族習性為主導。但北方則較為不同，歷史上時有少數民族政權
建立，他們使用新創的文字或民族習性，使北方更像多元民族國家。
對於中國，這是一個擴散的大現象，使中華文化更為擴大充實。

八月十一日（火車上）：

到寶雞換上電器火車頭進入秦嶺。寶成鐵路是一九七五年正式以
電行車。不知什麼時候全國能用電化鐵路，則國家就取得一定的成就
了……沿路是青綠的山嶺，在這大山之中就是聞名的嘉陵江流經山峽
中，使人清新煥發，精神為之一振。山洞頗多，火車轟隆的穿過，
二、三分鐘後又是轟隆一聲。使我想起五十年代建造這鐵路時工作人
員的艱苦，以及工程的浩大。這些成就使我們現在有所享用，而我們
又有什麼能留給後世享用呢！想著又要對自己諸多要求了。入四川
境……無論是山是地皆綠油油，皆是田畝，其富庶的景象，想起戈壁
的荒涼，又不禁低頭嘆息。人之資質平庸有別，而地的富沃貧瘠有
異，這又豈非不是天意呢！若果沒有所謂天才之人，也就沒有愚蠢之
事了。但是天才也者，愚蠢也者，都是天意也，人之能事除以勤於勞
動沒有他法。戈壁將來也許變為良田呢！我是如是的幻想，想戈壁灘
下的地下海，亦足以令我有所寄望了。

八月十二日（成都）：

　　成都是一個綠化的城市，道路寬闊，夏日蟬鳴不絕，而市內數條河水縱流，霧氣重，使人覺得成都得天獨厚，散步於清晨或傍晚，使人身心舒暢……杜甫草堂建於浣水流經之地，想唐代時一定是一幽清秀麗的鄉村農舍吧！現在已是一處擁擠的村鎮了。草堂遊人多，而詩人不知在天的感想如何？相距千多年而仍為人所憶念，想杜子美當年亦神仙難預測……武侯祠……內有蜀漢時代文武泥塑坐像共有二十八尊，另有蜀漢二大巨頭及其子孫，表現高度的塑像藝術……看了這麼多皇帝陵墓，想蜀漢皇帝之墓是最樸素的了……自回程後，時常想著家，有寂寞的感覺了。有時亦覺得太疲倦，二個月的旅遊，增進了很多知識，亦嘗還我的大江南北浩遊的夢想，更重要的是，我對家的需要和重視。

八月十三日（成都）：

文殊院本是唐代之前的佛寺，藏經頗多，現寺是清代修建的，建築宏偉。三十年代以來，文殊院破壞多於建築。我到的時候，剛遇上大修進行，部分開放參觀……全國各地名勝古蹟佛寺亦適應潮流重修改進，以便利旅遊，其目的是增進外匯及國內人民的娛樂節目，其二是顯示國家的昇平歡樂，及兼容並蓄的政治方向。這亦是人民之福，想共產黨若要繼續執政，亦不得不貫徹其口號所提示的理想吧。

文殊院師傅在維修古物

八月十四日（重慶）：

雨中重慶給人迷茫感覺，嘉陵江與天連一起，迷濛濛的看不清山城的真實……下午冒雨獨上琵琶山，煙雨濛濛，古樹蒼蒼，穹天鬱鬱，遠望長江黃帶連山，嘉陵波浪冥暗的烏天，構成一幅愁思不暢的夏日。在夏秋交替的季節，涼風撲面，倍感孤單寂寞。人生多情輕如霧，一旦天晴望對空。一陣思潮起伏，回港又不知怎樣打算……明天乘船沿長江東去，歸程似箭又流連，回望山城依水建，他日有緣重相見。

重慶嘉陵江上渡輪碼頭

八月十五日（長江）：

重慶在夢一樣的迷濛中消失了。沿著黃水的長江南下，兩岸都是青綠的山丘，江上有舢舨型浮標指示船的航向。遠望可有趣，長江的兩岸都秀麗可愛而濛濛的天氣下更顯得其脫俗誘惑呢……船停之處都是繁忙的碼頭，上下船的搭客擁擠，碼頭的秩序頗亂，看見這情形又覺得交通的重要。在中國無論是陸上的火車或公共汽車，以及水上的渡輪都是擁擠不堪，增加生活上的緊張，想亦應該增加交通工具吧！

八月十六日（長江）：

　　長江水不時撞向礁石而圈旋，時而發出滾滾浪聲。長江春夏之間是洪水高漲季節，由於江水翻騰而使河水黃色，而在初春時候則河水清明，月圓之夜月影倒映又是一番景色。據船員說，冬天的長江，沿岸山頂積雪皚皚，大雪紛飛而下，山腰以下則沒有霜雪，這種景色又是令我嚮往呢！終於見到瞿塘峽了。一線天門橫於前面，大山巨石被天墊的長江切得畢直削平，船像走於兩扇巨大的石門之中，令人不敢呼吸，恐防巨石下墜。過瞿塘峽後便是巫山之峰了，巫山清秀脫俗，在群霧朦朧中若隱若現，有如仙女下凡，其浪漫之情，閒逸之思悠然而生。自然之美態如癡如夢，我亦不敢多言了。最後是西陵峽了，所謂「輕舟已過萬重山」。到西陵峽，兩岸開闊，群山綿延起舞，其峽長而多淺灘，河水圈旋頓起，鼓雷聲動湧向船頭，使人不覺心寒膽碎。想起古代的船伕逆江而上與大自然戰鬥的生活，又使我發思古之幽情！西陵峽之出口南津關是一窄門，河水頓漲，出窄門又是豁然開朗，向宜昌平原一瀉千里，一望無際的長江……現在政府計畫在峽出口建發電站，正在施工中，不出數年，長江又是一番不同的景象了。

在長江渡輪上，我要求船員允許我站出船頭拍照，
船頭上只有我和一位日本攝影師。

八月十七日（長江）：

過宜昌以後，便是平原，河面開闊，由於洪水高漲，所以下游一帶經常發出防洪警報。長江下游的景色已沒有什麼好看了，兩岸都是充積的沙洲，洲岸種滿密密麻麻的樹木，遠望像小森林，目的是防止被水沖鬆沙洲。這種與大自然爭一日之長短的精神，能不令人敬畏呢！

八月十八日（漢口）：

漢口只停留半天吧了。晚上住在招待內地人的旅店，有蝨子咬。早上出街的時候，店伙計叮嚀小心錢包等物，因為武漢扒手很多。在街上問路時亦被人再一次警告小心金錢，聽了以後只是覺得武漢的治安令人擔心，幸運的是，沒有不愉快的事件發生。不過給我的印象又實在有點不安呢！現時國內普通存在所謂「個體營業」問題，亦即小本生意，經營手法類似小販街檔的方式，一般都是分配給回流的知青及未有適當分派的中學畢業生。其影響有二：一是解決臨時就業問題，二是提高競爭使國營事業的從業員能提高服務水平，使其能改進。

八月十九日（火車）：

晚上上車，沒有座位只是站著，車廂內滿是乘客，每停一站便有一堆搭客上車，使車廂內煙霧迷漫。我想著又覺得國內的交通實在要盡速改善。我從上海沿途至烏魯木齊經成都下武漢至廣州，到處都是人擠人的現象。這除了表示交通工具不足外，還是人的調動太多而造成秩序混亂因素，再者是管理及策劃方面的不善，使交通運輸安排，得不到適當的人手處理。

（二）後記

經過差不多二個月的旅行，八月二十日回抵香港。這次隻身浪遊中國並非以風景為主，而是了解中國歷史之旅，每到一處必參觀博物館或古蹟遺址，也會抄寫筆記。當時的中國確是很艱苦，買麵包或吃

飯都必須糧票，傍晚六點後基本上餐館食肆都關門了，偶然有些城市有夜市或路邊烤餅之類都要糧票。幸好百姓都很善良，每處都有人贈我糧票，我現時還存有十多張不同地方的糧票作為紀念。有些店有糧票也不賣給我，他們認為我是外國人，要到友誼商店裡用餐。我的天，我怎會是外國人呢？我有時費盡唇舌來解釋香港或香港人。總的說來，內地人對外面世界不甚了解，但對外來事物充滿好奇，特別是年輕人喜歡跟你討論，這是我浪遊中國的經驗。其實，這次旅行的另一目的是感受中國。究竟中國是一個怎樣的國家？我們讀的歷史教科書都是以漢人為主的書寫論述，而中國其實是多元文化的國家，離開南方，感受更為強烈。這讓我深深感受到中華文化深厚的力量，歷史上戰亂的摧毀，甚至是文革十年浩劫，各族的傳統文化幾乎徹底的被打垮了，它卻仍然活在生活之中，有一股自我修復的能力。這對我而言是很大的鼓舞，我也不宜妄自菲薄，努力追求自己的理念。

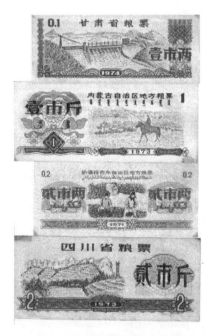

各省市都有好心人給我糧票，讓我感覺內地人的溫暖。

　　值得一提的是，途中遇到我未來的太太鄭惠芬女士，她是在香港出生的江蘇鎮江人，是我在上海號上認識的四位女生中的一位。我們一九八三年結婚，她比我小四歲，小學畢業便在製衣廠當縫紉工，技術精湛，當時還要借別人的身分證打工，即非法童工，她的幾位朋友亦如是，這是香港一九六〇年代的現象。我太太曾在夜中學進修，因經常加班，恆心不夠，沒有完成中學就放棄了。我們這一代香港人，除了少數精英分子外，大都是如此的走過來。她很能了解及體會我的心情和上進心，日後因為有她的支持和體諒，我才能繼續追求我的學術之旅。浪遊中國途中寫作了五篇小品文和一首似詩非詩的作品，載錄如下以反映當時的心情。當時沒有題目，整理時才加入：

1　內地生活的改變（七月十四日承德）

　　經過了上海、南京、北京等大城市，發覺政治宣傳性的標語牌很少，代之而起的是廣告招牌。這些生動活潑而有吸引力的商業活動，使市面平添不少熱鬧氣氛，也因此而不致落入政治宣傳的呆板生活下。中國的轉變，從一些生活瑣事可以看到的，女孩子們喜歡穿裙子，很多時裝及裁剪的小冊子賣。裙的款式及花樣雖然變化不太大，但是已經打破從前穿同一色同一款的革命裝來得活潑可愛。男孩子則喜歡戴太陽眼鏡，及穿貼身的西褲。

　　一般而言，國內的生活是有所改善的了，物品及糧食供應充裕，質量也提高很多。從前在街邊買麵包真的吃不下肚，現在勉強也可作充飢之用。市民的購買力也增強多了，百貨公司買東西的人很多，貴重的物品也有銷路。從前很多物品只作陳列之用，現在則較少見，陳列的貨物皆可以出售，甚至有電冰箱的廣告便條張貼出來。不過，電冰箱的價格頗為昂貴，一般民眾也只能望梅止渴吧。因為一部電冰箱的價值大概從人民幣九百元至一千二百元不等，若一位工人的每月收入為四十元，那麼他要將他的收入儲蓄二、三年才有資格購買。

　　生活的改善，是需要一段時間推行，最要緊的是改善中維持一定

的穩定力,不使發展過程過激或是呆滯,才可以帶動民眾的新生活方
式,否則會惹來更大的社會問題。

2　工作人員的服務態度(七月十四日承德)

回國旅行已經半個多月了,所到之處,上海、杭州、蘇州、南
京、北京等地都是中國重心地方的代表。有種印象是除了公共汽車售
票員完全地認真的投入工作外,其他所見的,大都不太起勁。這無論
如何是值得深思的,特別是一些文物展覽場所的職員及商店的售貨
員,他們總是喜歡手拿書本埋首看書。本來學習是需要的,而且是極
好的行為,但是在工作時間看書,就不是認真工作的態度,這是一種
有失職守的行為。無論他看的書籍是否對工作有益,但是這種失職的
行為是不值得鼓勵的,單位當局也應該加強職責上的考核,才能夠培
養職工們的責任感,良好的社會風氣才可以形成。看見很多工作人員
不主動的服務態度,或是板起不耐煩的面孔,業務的不能進展,這也
是一個主要的原因。

3　想起巴金(七月十五日北京)

靜靜的路過上海。先生,原先我希望見您的,但是您工作的忙碌
又使我不好再掠奪您的時間。您知道嗎?先生,您已經喪失了十多年
的寫作時間了,您還有的生命也最多剩下十年吧。這十年中您要做的
事,除了一些是在年輕時代計畫的,還要爭取失去十年的光陰呢!想
起您的日子還只剩下那麼短短十年八載,但您要的工作是那麼繁重和
重要,也只有您們這一代人才能真正的了解十年之中,國家民族所遭
受的苦難。

先生,您知道我不曾閱讀您年輕時代寫的小說,但是讀您的回想
錄的時候,內心的感受和您是一致的,雖然我生長在英人統治下的香
港,雖然我只是一名二十多歲的青年,雖然我對祖國的認識還不足

夠，但我真誠的了解您們這一代所受的苦難待遇，也認清這一代的災難。對於這些，我只能默默地知道了，而更加迫切的要回國內看看。

是的，真的要走一走大江南北，了解一下才能找到自己的根，才能找到方向。我願意自己能走進您們的呼吸裡，叫喊一聲時代的良知。

4　想見艾青（七月十六日內蒙古）

路過北京時，我真的想找您。詩人，您知道嗎？近幾年來一直影響我的是您的三十年代的詩篇，是那麼深深的震撼我的心靈。新詩究竟是時代的產物，您能將它的真意來說明時代的際遇。當我讀著您的雪落在中國的土地上的時候，您知道嗎，我流著那藏在內心的熱淚，三十年來國家是怎樣走過的，想您是真正的知道了。十年浩劫中您去了北大荒，雖然人生無定，但以我想，以一個詩人的纖弱，竟能捱過那絕望的歲月，那說明您對中國的信心。這也許是您的一生的人生觀吧！

本來想向您問候，向您致敬，因為我實在難以想像，如果我遭遇這樣的境況的時候，我能否與您一樣堅持原則，堅持方向？這種氣節風骨豈是一般人所具有的呢！

詩人，我真的願意您再重振嘹亮的詩歌，舉起挺高的筆桿，再一次雄壯地唱那年代的新事物，再一次寫出那希望的詩篇。我時常都是看著您們一代的影子，雖然您不曾知道有一個這樣的年輕人，但是我肯定的相信，您知道千千萬萬的人希望再聽見您的歌唱。

5　談文物（八月五日烏魯木齊）

一位文物部同志說：現在國家對新發現的古文物，將不輕易公開展出，原因是對於該古文物的鑑定及評論還沒有得到確實的認識，但是外國人特別是日本人則已全面的展開研究活動。有些竟是我政府未有發表，而他們已經出版論文和書，這種行為構成對我國的學術研究

的威脅。這種情況從前已有發生，以敦煌壁畫為例，是日本人在敦煌未開放以前，已對壁畫的歷史詳加研究及出書論說。等敦煌一開放，他們便蜂擁而來，掌握真實的資料來印證。他們的研究成果，及反映出我國研究的落後。

日本人這種精神是值得稱讚的，但是身為中國人，對於這種情況則有些唏噓不已。我國的古文物竟不能好好的研究出來，而被外人搶先研究，則是我學術研究低落的一個表現，亦證明我國的學術機構的研究水平之差矣！政府有鑑及此，故對新發現的古物禁止公開展出以保障國家的利益。這無疑是「斬腳趾避沙蟲」的做法，亦是無辦法中之辦法。不過最要緊的是加強學術研究水平，以及幫助尊重研究工作。新疆博物館中竟有十位館員，只有一位專家，這亦是學術的不幸呢！

6 告別長江──想家（八月十四日重慶）

黃黃渝水匯長江，滔滔黃浪向東放。

我夢浸泳嘉陵上，騎浪飄搖三迴嘆。

一瞬陰晴他鄉客！

回首輕問：

何日再重來？

十四　教書生活的開始

經過兩個月的旅行，我絲毫無傷回到香港，母親看見我平安歸來，少不免教訓幾句。為了不讓家人擔心，立即找工作，因為之前有了夜間教師的經驗，且在能仁讀書，如果能在日間教書又有寒暑假，我讀書的時間就更多。一頭鑽進招聘老師的廣告，因為一般中學大概九月初開學，急於聘任老師，我成功申請進入了在家附近的私立靜宜女子中學任教。當時的私立學校並非貴族學校，而是讓考不上政府津

貼的學生就讀，簡單的說成績不太理想，但因政府一九七八年實施將義務教育擴展到初中階段而津貼中學學位不足，唯有向私立學校「買學位」，滿足適齡學生完成初中義務教育。隨著津貼中校增加，買學位逐漸下降，至二〇〇〇年政府便不用再向私立中學買學位，其實很多私校更早時便陷入財政困難而結束，特別是政府不買學位的私立中學基本上經營不下去，如親國民黨的僑校。

靜宜女子中學是由何冬青先生開辦，一九七二年共有七間分校，學生人數達七千多人。私立學校收費比津貼學校高得多，當時每年報考靜宜女中的人數很多，可能家長對女子中學較有信心。在靜宜任教的時候，算是十分開心的，在這裡認識了幾位談得來的同事，港事國事天下事，事事關心。其中陳志清老師成為我的好友，我們都是利用晚上進修，他在珠海中文系就讀，我們的話題很多，他偏好聲韻學，熱愛創作古詩詞歌賦。離開靜宜時，他贈我一首律詩〈六月贈海漠並以自勵〉：「飄絮飛蓬思所上，心期遷董試錐毛。容夷四海一天下，振我中華展略韜。俊馬越都千里至，大鵬御氣九霄高。他年相遇中原地，憶記靜宜述志豪。」（按：海漠是我當時的筆名）在靜宜三年，由於國文課都是由留臺回來的老師任教。我和志清從大專畢業，打算離開，另謀出路。陳志清回廣州暨南大學攻讀碩博士學位，其後回到理工大學任教至退休，現時任教於珠海大學。他是一名聲韻學家，也是一名粵曲唱作人，正在推廣廣東的傳統曲藝。而我則輾轉來到臺灣，人生的際遇又豈是可以預料的呢？

一九八〇至一九八三年，我仍然繼續能仁的學業，回來後對於讀書更有方向，從五四新文學以來的散文和詩的愛好，包括臺灣的鄉土文學和大陸的傷痕文學轉向新疆維吾爾族的研究，曾利用暑假整理新舊唐書中的回紇資料，寫成二篇文章如〈漠北時代的維吾爾族〉、〈維吾爾族的西遷〉在《香港時報》副刊（1983）發表。在能仁書院的老師中，影響我最深的是鍾應梅老師和蕭輝楷老師。鍾老師是客家人，

畢業於廈門大學，專精於《易經》、《老子》之學，也是香港舊體文學的重要作家。鍾老師自中大文大學退休後，便來能仁書院任教及出任院長一職。蕭老師是四川人，北京大學哲學系學生與勞思光是同班同學，解放時與徐東濱南來香港，後轉往臺大哲學系完成學士課程，得獎學金去日本留學五年攻讀「唯識宗」，一九五五年辭謝東京大學留校研究機會，應友人徐東濱之邀，回港參與友聯出版社研究、撰述和編輯等工作。友聯出版社是四、五十年代美國援助及支持香港第三勢力的延續。第三勢力的「自由陣線」大都是流亡香港的內地知識分子及政治人物為主，他們以「民主政治」、「公平經濟」、「自由文化」為綱領，打倒專制，反對獨裁，建立獨立民主的新中國為目標。不過發展到友聯出版社時代，已是強弩之末，偏向以文化教育為主的出版機構。由於蕭老師博學且文筆敏銳，曾任各大報刊主筆或副刊主編。我對新文學產生興趣，與蕭老師的教學很有關，當時我對五四以來的新詩、散文，以及臺灣鄉土文學很有興趣等。大一時我開始寫新詩和散文，好像是一位文青，其實我沒有那麼文藝，我的心思放在中國歷史與文化上。

大二後開始閱讀民族學、人類學和考古學等文章和書籍，我讀到了摩爾根的《古代社會》，雖然讀得很辛苦，但是我恍然大悟，茅塞頓開，對於《禮運・大同與小康篇》中的「大道之行也，天下為公」和「今大道既隱，天下為家」的歷史意義和進程，這與古代堯舜「禪讓」的大同社會與「夏禹傳子」家天下社會的意涵是相同的，也揭開了馬克思和恩格思吸收了摩爾根《古代社會》所建構和倡議的國家建構五階段論的來源，即所謂「原始社會、奴隸社會、封建社會、資本主義社會、共產主義社會」，這也是中國歷史走過的其中前三個階段，可是中國似乎走到「封建社會」便進入大一統的家天下制度，且一路延續二千多年，卻沒有走上資本主義階段。為什麼，當時很多疑惑？

民國初年共產主義來到中國，吸引一批年輕知識分子，拋頭顱灑熱血地追求他們的理想，終於建立共產黨執政的中國。中國從皇權時

代進入共和國時代，並沒有很多資產階級可以打倒，結果是打倒地主階級、士大夫階級，這也是三反五反、文化大革命的來源，當然脫不掉執政者的權力鬥爭。其後的改革開放，讓少數人先富起來的經濟發展，經過四十年的努力，無論在經濟上、科技上中國已稱得上富強國家，但是貧富差距也越來越大。共產黨必須以國父孫中山所說的「節制資本」來讓全國老百姓同享經濟成果，現在的扶貧、法治、醫療和教育普及化、減少城鄉差距等等都要真正落實，才符合人民的期待。

唯一擔心的是「唯我獨尊」壓縮了知識分子良知，使社會正義得不到呈現。共產主義最後的歷史階段是「共產主義社會」，不也是回到儒家所說的「大同」社會嗎？這本來就是古代讀書人的理想或烏托邦。今天中國大陸如何將共產主義融入中華文化的大同思想中，去蕪存菁，如佛教融入中華文化而沒有違和感，也應該重視世界各國人民的普世價值，包括公平公正之法律、保障人民言論自由、保障人民的基本權和生存權，讓人民有監督政府的權力。官僚主義、有法不依、潛規則等陋習是腐蝕人民對政府的信賴，這應該是中國共產黨現時最重要的工作。我在滿腹疑惑之中完成大學課程，我希望繼續維吾爾族研究，毅然在能仁畢業那年向靜宜中學請假二星期，飛去臺北投考政治大學邊政研究所，這是我第一次到臺灣，也沒有到處遊覽，只是在邊政所拜會劉義棠老師。我之前曾寫信請教劉老師，且寄去發表在報紙上有關維吾爾族文章。這次去臺北，真的是匆匆去匆匆回，放榜後朋友通知我落在備取名單內，考不過人家也沒法。鍾應梅院長叮囑我留在能仁研究所繼續學業。

十五　尋找穩定的生活

一九八三年夏天，我又作出一次令人意外的決定，我離開靜宜女子中學結婚去了。當時還未找到另一份工作，太太亦認為回來再找也

不遲,她與我的性格很接近,工人階級出身。我就是一名不守本份的男生,記得浪遊中國時,每處相遇的大都是女生,都是幾人一組,有大學畢業的或在學中,有護士、老師、工廠從業員等等,就是很少遇到男生。七十至八十年代的香港年輕人,流行一句話叫「四仔主義」,大都指男生的生活態度。無論是否大學畢業,最重要的是努力工作賺錢,將來要過的生活要擁有:屋仔、老婆仔、車仔和 BB 仔,因此當時的男生甚少出外旅行。一九八三年決定結婚後,我和太太策劃一次不一樣的旅行,從香港坐內河船至梧州,入桂林、陽朔、貴陽、昆明回來再找工作。旅行前先投求職履歷表給幾間私立學校,剛回來母親告知,大角咀德善中學負責人胡太太曾來電邀我面試,幸運地轉到德善任教中國語文和中國文學,這是我喜歡的學科。德善英文書院是一間私立中學,位於大角咀碼頭附近,從中一級至中五級,每級二到三班,規模不大,學生成績也不理想,但同學大都是乖孩子,只是讀書成績比較差而已。不過,胡太太很用心管理學校,對老師也很尊重,同事相處和諧,各司其職,同學還是可教的。我在這裡教書感到得心應手,十分愉快。

一九八三年結婚旅行途經桂林留影

一九八三年入能仁研究所就讀，當時鍾應梅老師任所長，一年多後鍾師身體違和，其後病況加劇，辭退院長等工作，由佛學專家羅時憲教授接任所長。研究所一年級修了陳直夫教授的「中國文化與東南亞」一門課，我便由西北研究轉向東南亞研究。陳老師上課時把《大越史記前編》影本給我參考，這是一本北城學堂版本，也是我對越南研究的入門書。陳老師是廣東人，留學日本慶應大學好像是經濟系，回國後從事僑務教育研究工作。一九四九年南來香港，曾在中文大學和珠海書院任教，能仁研究所成立便在研究所開課。當時陳老師已八十多歲，精神仍然很好。我大概二年（1984-1985）便完成碩士論文《漢文文學在安南的興替》，通過論文口試時，兩位校外委員一致認為這篇論文有出版價值，鼓勵我修改後找出版社出版。這件事對我鼓舞很大，我真的修改後寄去臺灣商務印書館，經審查通過後，於一九八七年出版，這是一本通史性質的越南漢文文學發展史，對了解越南二千年來的歷史有初步的認識。

在碩士班時，認識了二位好同學張若香和麥紹彬，當時張若香在圖書館當管理員，能仁圖書館購置了臺灣商務印書館出版的《文淵閣四庫全書》，也是當時全港只有二套的其中一套，另一套在中山圖書館。因為借書很方便，隨手在書櫃拿下來看。圖書館周邊近窗處設計成分格座位，平時研究所人不多，我下班便去研究所讀書。我曾把館內有關中國與越南的資料翻查一遍，也打下我對越南研究的興趣。當時能仁研究所在洗塵法師的領導下，買下深水埗元洲街某大廈一層樓，作為研究所的教學大樓，在繁榮的街道中有一寧靜的研究機構，令人很嚮往，這成為我讀書研究的基地。其後能仁研究所也開辦博士班，但我碩士畢業後，沒有繼續在能仁讀博士。一九八○年代後能仁書院包括研究所，開始走下坡。這除了外部因素，如香港回歸，殖民地擴大大學教育，以及臺灣也進行本土化運動，逐步削減對所謂僑校經費資助，親臺私立院校更是一落千丈。內部因素是洗塵法師因病辭

退所有職務，能仁大專與研究所進入失能狀態，已不能正常運作，令我唏噓不已。

我結婚三年後太太懷孕了，我開始擔心私立中學明顯在萎縮中，如果不受師範訓練是沒有機會進入津貼中學任教，生活也不會安定。因此我決定投考教育學院夜間師資訓練課程（三年制 ICTT），我很幸運考上羅富國教育學院接受師資培訓，以取得津貼中學的教師資格。那年多位德善老師都考上羅師受訓，下課後，一起從深水埗坐渡輪至中環，再轉巴士到薄扶林道沙宣道的羅師上課，近瑪麗醫院下車。同事戲稱我為「班長」，其實我們受訓的學科都不同，只因我年紀大一點而已。下課後，我還要坐船坐車回屯門家，舟車勞頓不在話下，一星期有三晚，如是者三年才完成課程。我習慣了一邊工作一邊進修，也不以為苦，只是有點對不起太太。她除了在製衣廠工作外，家中之事完全由她一手打理，我回到家裡差不多晚上十一點了，而一早又要出門上課。小女芷倩出世後，日間由我妹妹照顧，晚上由太太帶回家，我回到家時小朋友已呼呼入睡，只能在星期六、日抽時間陪她玩。

羅師的課程並不複雜，共有三科：中文教學法、中國歷史教學法、教育學等。為什麼要三年這麼久？我不知道，也許有它的道理。同學大部分都是從臺灣的大學畢業回港在私校任教的老師，有些還是臺師大、臺大、政大等畢業同學。開學時他們都顯得憤憤不平的態度，為了進入津貼中學無可奈何來進修，因此心態大都得過且過。我因為了解殖民地的政策，反而甘之如飴，心裡沒有不平的感覺。每當分組做報告，同學最喜歡指定我當組長，我也不推辭，功課量是有增加的，相對的學習上收穫多了。導師們都是教學經驗豐富之士，學問則不見得很高，同學們又有多年的教學經驗，因此導師講的，同學們都了解，似乎學不到新東西。除了寫「教案」外，大家都比較不太用心，以為是浪費時間，這是當時在夜師進修的教師們普遍心態，不過導師每學期都來任教學校視學，同學就顯得十分緊張，準備教案和張

羅教具，盡可能在導師視學時表現符合導師的要求。當然我也不會例外，認真做好每一份的功課和教具。畢業時三科中，我有二科（中文和中史）獲得學科獎，教育學由另一位同學奪得。其實教育學對我最有幫助，導師講授西方教育理論，雖然導師提綱挈領式的講解，比較簡單，但是同學們都覺得用不著，根本與實際的教學經驗脫節。不過我卻有所吸收，且日後對我的教學或如何看待青少年成長有明顯影響。

教育家皮亞傑（Jean Piaget）的《認知發展論》是教育學的典範之作。皮亞傑觀察自己的小孩成長過程，而把兒童認知發展分為四個階段：一、零至二歲靠感覺獲取經驗；二、二至七歲能使用語言及以自我為中心；三、七至十一歲操作具體物來協助思考；四、十一至十六歲有邏輯思維和抽象思維的能力。皮亞傑的理論我並沒有掌握得很好，但這成為我觀察學生以及我家小孩成長過程的重要依據，特別我家的小孩的獨立性格從小便養成，現時她在巴黎生活，也結婚生子，我們認為她有足夠的能力照顧自己。讀夜師雖然沒有想像中辛苦，但思想空虛和貧乏時有出現。到了第三年開學前，在能仁認識的陳俊仁打電話來，說他考上新亞研究所碩士班，鼓勵我報考博士班，且幫我拿了報名表。我對新亞研究所的學風以及老師們的風範一直很嚮往，他們的著作一直是我的啟蒙作品，特別是徐復觀先生的著作，以及《生命的奮進》提及的哲學家，都是我學習的對象，雖然有些老師已作古了，但學風猶在，可是我從來沒有踏入新亞研究所半步。因陳俊仁的好意和鼓勵，我心動了，便上新亞研究所交報名表及參加考試。筆試考英文翻譯而已，最後面試也過了，我開始在新亞研究所博士班的學習生活。

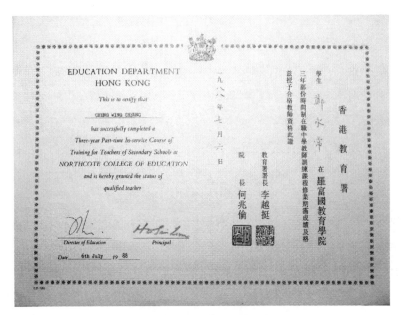

羅富國教育學院畢業證書

十六　生命的轉進

　　一九八七年，羅富國的課程進入最後一年，同年考入新亞研究所就讀博士班。一年後我非常幸運申請進入屯門譚伯羽中學任教，譚中在我家附近，十五分鐘輕軌鐵路就到了，是一間有名的津貼中學。譚伯羽中學是由香港順德聯誼總會主辦的其中一間中學，它還有開辦其他津貼中學和小學。殖民地政府推動中學義務教育已差不多有十年，殖民地政府除了在每一行政區，象徵性的建立一所官立中小學外，而大多數的津貼中小學都是由法人團體建立，包括教會、公益團體、同鄉會、宗親會、校友會等等籌建，因此香港中小學多以人名命名，這也是一項特色。而這些命名的校名不見得是國家社會上的著名人物，多是出錢家族紀念先輩或有名望賢者，無論如何，他們對香港基礎教育有重大貢獻，這是不可否認的事實。

　　譚中校長徐憲清先生是一位有心辦學的教育家。我非常幸運在羅師畢業後，第一封投遞的求職信便寄到譚伯羽中學，因為在我家附近交通比較方便，也可節省些時間做我的博士論文。很快就收到譚中來電話說校長要見我，就這樣我便進入譚中任教，薪資當然比從前好，工作穩定，且日後每年都會提升一級薪給點。一般家庭的基本的生活可以維持下去，我也感到滿足，終於經過努力獲得了相應的回饋，人生不過如是而已。

靜宜女子中學、德善英文書院、譚伯羽中學離職證明書

　　由於在譚中二、三年來工作順利，同事相處很和諧，我有想過譚中可能是我最後一份工作。徐校長是有心之人，在那個年代，每間中學都爭排名，標榜英文中學，務求提升考入大學的名額。當然譚中也不例外，老師們都很用心教學，務求好學生有好的成績。徐校長除了

這願望外,他更重視母語(廣東話)教學,即中學一至三年級盡量用母語上課,打好基礎,且讓英文較差的學生能力爭上游,不放棄自己。最令我敬佩的是他的一顆教育心,每學年結束時校務會議決定對初中級幾位成績較差或行為有偏差的同學開除學籍。然而徐校長會在八月中新學期開學前,便吩咐校務處職員逐一打電話詢問被開除同學是否已找到學校繼續讀書?如果還沒有,吩咐明天回譚中辦理入學。徐校長就是不願放棄每一位學生的教育工作者。據說徐校長退休後,經常入內地偏遠山區助學,他不但義務教學,也籌募經費重建或興建新校舍,讓貧困地區的孩子有正常的受教育場所。人之偉大在於默默地耕耘,而不求聞達於諸侯,他是我們的典範。

我一方面在譚中教書,一方面在新亞研究所博士班進修。新亞的課大都在夜間或星期六,同學多是教書或當公務員,也有文化工作者,以及有一、二位全職讀書的同學。一九七四年香港中文大學改制,將各獨立學院收編入校中央管轄,不再資助新亞研究所。新亞書院仍然留在大學,而新亞研究所則獨立出來,維持運作,新亞研究所重新向臺灣教育部註冊,頒授臺灣教育部承認的研究所學歷。

新亞研究所是錢穆先生創辦,被學界視為港臺新儒家的學術基地,一向極受重視。及至一九七八年唐君毅教授仙逝,以及一九八二年徐復觀教授逝世後,新亞研究所也因經費和老師凋零而開始走下坡。一九八七年考入研究所時,仍然健在的老先生有牟宗三老師、時任所長的全漢昇院士、嚴耕望院士、羅夢冊教授和王韶生教授等。當年史組博士班只錄取了二名同學,其實修課時碩博班一齊上課,我修了全老師、嚴老師和羅老師的課。我的博士論文研究計畫是明代中越關係研究,入學口試時,面試諸位老師以陳荊和教授退休後已經回日本了,現在只有邀請我原來的碩士指導老師陳直夫教授來指導。其實陳老師當時已八十九歲,不久陳老師因病入院就沒有出來了。全漢昇是所長勉為其難當了我的指導教授,我在新亞研究所四年,影響我最

大的就是全先生和嚴先生。二〇一七年應《國文天地》（三十三卷第一期）邀稿，我寫了一篇〈我的兩位老師全漢昇教授和嚴耕望教授〉來追思二位老師對我的影響。

　　牟先生是我十分敬仰的學者，入新亞研究所後，我沒有修牟先生的課，是因為我很多年沒有讀先生的書，不敢貿然去聽課。這二年，我修了羅夢冊老師的「中國社會思想史研究」，羅老師講論中國古代社會思想產生的過程，第一篇「人間世的初覺」論及人類從「不知不識」、「無思無議」的存在，發展至蒙昧初破到「萬有有靈」的思議顯形，反映出中華先民已闖進社會思想的領域。當天地陳設之後，再繼之與天地互通，出現「民神雜糅」與「萬有交往」，反映中華先民於「宇宙」之「宇」或「世界」之「界」中，已推出了「宇宙」之「宙」或「世界」之「世」來，所謂歷史者已告開始。羅老師雖是當代法學學者和政治思想家，但對中華古代社會人文化成有一套說法，這開啟我對古代人類社會的形成有更多的想像空間。我也修了嚴耕望老師兩門課，「三代兩漢人文地理研究」和「魏晉南北朝隋唐人文地理研究」，嚴老師的國語鄉音很重，最初三個月仍是半懂不懂，還好老師以他的研究成果作講義，我們先看資料，上課時不致摸不著頭腦。全漢昇老師只開一門課「中國近代經濟史研究」，課程涵蓋了明清至民國以後各類經濟史專題，全老師先列出史料或數據，然後論述其意義及影響。當時全老師在經濟史研究上側重在大航海時代中西白銀貿易問題上，發表了多篇相關研究論文，這涉及大航海時代白銀貿易以及中國帆船和海外華人扮演的角色，對我特別有吸引力，日後我走上東南亞華人研究和東亞海洋史研究與這門課有密切關係。

　　我大概在一九九一年五月完成出博士論文初稿《明洪武宣德年間中越關係研究》二十萬字左右。我很高興的交給全老師批閱，一星期後全老師不客氣的說：「字數這麼多，誰有時間看？」我當時愣住了，有點不知所措。全老師語氣稍為緩和地說：「論文要 standard，可

讀性」，便將論文掉在桌上。我默默地撿起論文，到圖書館借了十多本書回家修改。回家途中，在巴士上一股氣壓在胸口上，幾乎喘不過氣來，半小時候才逐漸消散。回家後，大刀闊斧將論文中的引文刪減及轉化為論述和分析性文字，最後定稿約十四萬字左右。我將修改了的論文再交給全老師批閱，這一次他沒有退回來，我以為就過關了。然而後面還有一段難受的經歷；我每星期六上午便到研究所，也會入所長室見全老師，每次見全老師，他便示意我坐下，一聲不響地翻閱我的論文稿，閱到有問題處便要我即時解釋，或突然提出相關問題。有時，全老師一個小時不說一句話，我僵直坐在椅上動也不敢動，如是者，直至口試通過後，才告一段落。我的天，壓力太大了，何漢威學長說：全老師年紀大了，現在脾氣比以前好得多。經過這個階段的訓練，我似乎掌握住寫學術文章的竅門，日後寫學術論文比較得心應手，似乎跟這個過程有密切關係。

　　一九九一年我提交博士論文後，我又面臨一個重要的抉擇，我終於離開任教三年的譚伯羽中學。人生有時過於理智，便不可能有意外的收穫，生命的轉進也考驗個人是否具有決斷的能力。我當時選擇離開譚伯羽中學，也許有點不理智，像走鋼線一樣，然而幸運之神降臨在我的身上，往後的日子算是很順利地走上學術之路。

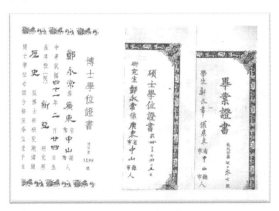

能仁書院文史系、能仁研究所碩士、新亞研究所博士（歷史組）畢業證書

十七　學術生涯的開始

　　我原以為博士畢業後我的讀書計畫便結束了，當時有一份津貼中學的工作，房屋（居屋）貸款還有二年便結清，生活不成問題，從此可輕鬆過活。家中的親朋好友都為我高興，似乎辛苦半工半讀是有成果的，我也以為如此。可是新的問題來了，原來香港面對一九九七回歸，臺灣教育部為了加強香港僑教工作，提供四個博士後（每位港幣一萬元）給新亞研究所培育學術研究人才，二位哲學、二位史學。全漢昇所長分配名額時以論資排輩為先後，史組有二位，其中一位學長因工作關係不願從事博士後的工作，其實同學都知道所謂博士後是一份不穩定的工作，大家也知道以我們的學歷在香港根本找不到大專院校的教席，生活當然不穩定的，況且學長們都在津貼學校任教十年以上，薪資比我高得多，我當年在譚中的薪資是港幣一萬一千五百元，每年自動跳升一級。那位學長不願當博士後，最重要的是因為沒有前景，全老師知道了有點不高興的對我說：「鄭永常您來當博士後，中學留給大學生教。不要為了少幾千元（港幣）而不做學問。」我的天，全老師在香港生活了一段不短的時間，他好像不吃人間煙火似的，當時以我的資歷在香港要找一份穩定收入的津校教師工作，其實也不容易。當然全老師對我們是有期待的，我不忍拒絕，回家跟太太商議，請她給我二年時間當博士後，二年後再回來找津貼中學教書，我認為我還是有機會回到中學當教師的。我太太是一位善解人意的女人，我半工半讀時也不抱怨，除了星期日外，每天晚上我都埋首書桌讀書寫論文，她只默默地支持我，沒有她的支持，我也許完成不了碩博士論文。現在我要辭退難得的津貼中學教師工作，轉到一份不穩定的博士後，她也不跟我爭論便點頭了，這是我的生命最重要的轉折。

　　我在新亞研究所有兩個職位，一是博士後研究，一是副研究員。

博士後研究每年交出一篇學術論文;副研究員(副教授)在研究所開
二門課,我的課都與東南亞史研究有關,我開始踏入學術機構從事教
學與研究工作。這兩年是我與全先生接觸最多的時間,每星期有三天
在研究所,全老師也回來三天。一星期總有二、三天見全老師,談研
究進度及讀書狀況。全老師總會問幾本學術雜誌近一期有何文章,我
不得不經常去翻閱一下,免得啞口無言。在當時,何炳棣教授與香港
學人論戰,全老師經常問起他們討論什麼課題,這也迫使我關心這方
面的資訊。這兩年我追隨全老師左右,全老師說話多了,很多時候會
交來一篇文章或一本書要我做報告,感覺上全老師有意無意間在培養
我的學術基礎。

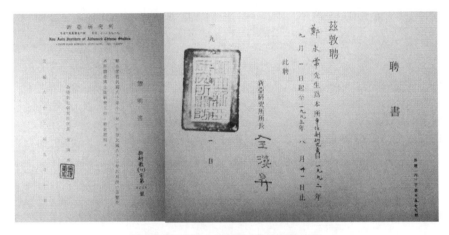

新亞研究所博士後及副研究員證明書

　　博士後二年追隨在全老師身邊,由於全老師是學術泰斗,德高望
重,無論大陸或臺灣學者路過香港都會拜訪全老師,很多時候我會敬
陪末座。這也讓我認識多些學界先進。有一次,臺大的施建生教授過
港,他是全老師老同事和好朋友。全老師設宴款待,我敬陪在側,閒
談間施教授問我的博士論文及指導教授,我說:「是全老師」,施教授
大笑起來,朝著全老師開玩笑說:「越南您也懂。」全先生當時的窘

態，令我忍俊不住，實在委屈了他老人家。全老師對明代中越關係的了解並不深刻，有點難為老師。這次之後，我開始思考有機會應研究與全老師學門接近的題目，因為聽了全老師有關明清白銀貿易的課，我對東亞海洋史的興趣已在醞釀中。不過，在新亞研究所博士後的工作，仍然從事中越關係方面的研究，寫了二篇相關的論文。

博士後第二年，全老師開始詢問來自臺灣的學者，查詢我是否有機會到臺灣發展，那一年中研院劉石吉教授來訪，全老師隨口問中研院有沒有機會。劉教授說中研院夜長夢多，機會不大，其他大學或可以一試。不久便收到劉教授告知臺南成功大學歷史系招聘教授一職，劉教授認為我的博士論文研究符合該系的要求，就是可以教「明代史」和「東南亞史」。我便將履歷表、博士論文和推薦信三封（全漢昇教授、嚴耕望教授和港大趙令揚教授），就這樣寄到成功大學歷史系。當時系主任是涂永清教授，而申請這職位有好幾人，臺灣學者不說，據說香港人除我之外還有二位，一位來自香港中文大學，一位畢業自美國，他們的成績應在我之上，因為我研究的學門比較接近聘請的職位，我被列入考慮。這樣涂主任和劉石吉教授受到很大的壓力，來自院士級和學術大佬級的學者打電話或來信對他們說：鄭某出身不明，可能是「紅衛兵」之類。涂主任約我來臺南見一面，由於聽到太多的風風雨雨，我打電話跟涂主任說，我還是不過來了。涂主任只回了我一句話：「您找工作就過來一下，其他事不必理。」涂主任是一位正人君子，我來臺南與他見了面，拜候了幾位教授，住一晚便回香港。六月中我的申請經過系院校教評會審查通過，七月中我在新亞研究接到成功大學用傳真機傳來聘書影本給我時，我真不敢相信，我竟然成為大學的副教授。一九九三年八月一日，我正式來到臺南成功大學歷史系報到。

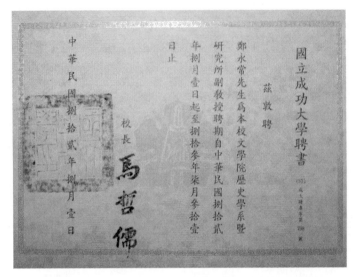

進入國立成功大學第一年（民82-83年）副教授聘書

十八　香港精神

　　戰後是香港人艱苦奮鬥的年代，大多數人以難民身分為了尋找一處安居樂業之所而來到香港，一些人自幼奮鬥成為知名人士如藝人成龍、梅艷芳、羅文等等，更多不知名的中小企業老闆，都是從身無分文而成功創業。在殖民地的自由政策下，貧困磨練出一股向上奮進的精神，只要努力奮鬥便有成功的希望，這就是「獅子山下」的精神，當時各行各業為了生活而努力以赴，成就了戰後香港的繁榮富庶。如著名設計師靳埭強先生，如果我沒有弄錯，他就是我小學老師靳思微的哥哥。靳埭強先生一九五七年定居於香港，從事裁縫工作，在夜校學習平面設計，其後投身平面設計及創辦設計公司，入選香港十大傑出青年的設計師，被雜誌選為百傑之一的世界平面設計師。又如粵劇界的林家聲先生，他的戲劇生涯也是一步一腳印，從低層做起，如拉扯（扮演男性閒角）、二小（男配角）之類，磨練很長的日子後才升

為文武生，擔大旗演出。又如國際級商人李嘉誠，人所共知他十四歲
走難來港，因父親去世，決定輟學當推銷員之類，由於勤奮上進，業
績非常好被老闆賞識，十八歲升為總經理。一九五〇年李嘉誠開始創
辦「長江塑膠廠」，幾年後更名為「長江實業有限公司」。一年後公司
營業額達到一千萬港元，有「塑膠花大王」之稱。之後轉向地產業經
營，資本扶搖直上。我不知道的更多的成功人士，都是從艱苦生活中
成長過來。

　　現在很多年輕人說我們沒有出路，都被資本家壟斷了，要上進也
力不從心。這也是當今的事實，貧富差距越來越大，老百姓的生活越
來越困難，這是不正常的現象。其實每一代人有一代人的機會，也都
面對轉型階段，我們是否已準備好面對新的挑戰？重要的是不怨天不
尤人，每一天都是新機會，不必憧憬過往的歷史，要為自己創造未來
前進的道路。自怨自艾救不了自己，也不必太天真可以利用政治理念
改變未來，不要把幻想當作理想，誤己誤人。一些年輕人走上「港
獨」的道路，令人唏噓不已。國父孫中山先生辛亥革命成功結束清朝
建立中華民國，中國卻掉進軍閥混亂時代，其後所謂第二次革命，如
果沒「聯俄容共」成立黃埔軍校，就沒有正規軍訓練的戰鬥部隊，之
後還要經歷北伐戰爭，國家才能統一。

　　從國父搞革命至北伐統一全中國，幾十年內亂與戰爭，生靈塗
炭，隨之而來的是面對日本入侵，經歷八年抗戰，勝利後又逢國共內
戰，國民政府播遷臺灣，這都是歷歷在目的歷史。中華民族的多災多
難，令人唏噓不已。從晚清以來至現在，每隔一段時間中國就要面對
新的困難，這也是生活必然的現象，世界沒有永恆不變之理，如果國
家穩定，法治彰顯，官員用心為民，任何困難都能迎刃而解。

　　香港「九七問題」以英國這麼強大，欲與中共談判爭取香港治
權，結果卻踢到鐵板，英首相柴契爾夫人就在人民大會堂的樓梯跌倒
了。中英談判香港回歸，港人被擺在一邊無法參與。究竟英國人為港

人爭取利益？還是中國大陸為港人爭取利益？當然都不是，港人不能參與談判，他們又怎知港人要什麼？也許不同的香港人要求的都不一樣，港人只好聽天由命。回歸後在既定的框架內，港人如何發揮智慧才值得深思。又如臺灣擁有軍隊，相隔海峽，幾十年來也不敢宣布獨立，非不為也是不敢為也，除非面對戰爭的殘酷摧毀，縱使美國以軍事協助也不見得成功。如果美國有能力早就把北韓打下來，又如越南戰爭，美國不也是一敗塗地嗎？不必說在伊拉克和阿富汗都弄得灰頭土臉了。「中華民國」現在是臺灣最靈驗的護身符，丟掉了便可能身陷戰火之中。

在大學教「明史」時，對晚明黨爭心有戚戚然。我們讀書人對東林黨人的骨氣都十分感動，那副對聯「風聲雨聲讀書聲，聲聲入耳；家事國事天下事，事事關心」，說出讀書人的心底話，運用在政治鬥爭上可能是災難。左光斗等人發動鬥爭太監魏忠賢時，根本沒有認清政治現實，當時偏向東林黨的內閣首輔大學士葉向高勸他們說：「天下之患，非獨小人為之也，君子亦有過焉。君子之過何也？好騖于標直而不察于事端；太露于町畦，而不詳于制度；激于意氣之奮，而不及長途之慮；凡此皆君子之迷也。」晚明魏忠賢的災難就如此產生了。我期盼兩岸三地仁人君子，以天下蒼生為重，三思而後行，不要輕舉妄動，否則戰爭不經意就發生了。

共產黨立國後以為中國人民站起來了，曾幾何時卻面對三反五反、大躍進、文化大革命等運動，千萬人民在歷次運動中被犧牲，人民生活掉入谷底，文化斫斷，幾乎亡國。這些事件在在提醒我們，沒有什麼比人民生活富足安全更為重要，普世價值就是人民安居樂業。不要講大話「不自由，毋寧死」，這是知識分子對自己的要求，不要不擇手段或大鳴大放灌輸於人民和學生頭上，這會變成災難，這是不道德的，特別是領袖人物、老師和媒體。文化大革命、茉莉花革命都是災難的樣板。二十世紀初，學貫中西的晚清怪傑辜鴻銘曾對西方民

主及媒體大肆批評，他說民主就是把國家的「權力交給一幫烏合之眾」，又批評當時的媒體說：「現在新聞界中除了片面、狹隘和卑鄙的因素以外，還有一個在歌德和卡萊爾時代還沒有的重要因素，那就是交易。起初新聞業是一種職業，但現在它成了一種不折不扣的交易。」生活在二十一世紀的我們，現在的新聞媒體包括網絡媒體，難道會更好嗎？特別是新媒體或網絡社群，我們生活在一個造謠的世界裡，一不小心便會中毒。我們要培養出批判能力、分析力，不要隨便一窩蜂起鬨，把真相變為假象或把假象以為是真相。

香港人一直關心中國大陸的發展，由於兩邊生活息息相關，從前香港人接濟內地親友是普遍之事。七十年代香港大學生出現「認中關社」情懷，無論是國粹派還是社會派，都相信馬列社會主義的理想，認為香港殖民地存在諸多不合理制度，對祖國的嚮往普遍存在大學生社群中。如今大學生普遍反中國反共產黨，其實對於中國當代問題，千萬不要以西方媒體之說為準，要多用心思考中西兩方說詞。我至今仍然認同錢穆先生說：「所謂對其本國已往歷史有一種溫情與敬意者，至少不會對其本國已往歷史抱一種偏激的虛無主義。」了解當代中國，也應該具有此種溫情與敬意，一個十四億人口，幅員遼闊，民族眾多，文化差異亦大的國家，不以一種溫情與敬意，會出現很大的落差。當然大陸的執政者必須正視人民的基本權益和自由，如何制衡執政者的機制，即強化國家法治，保障老百姓的權益，減少人民的剝奪感，是必要的設計。否則國家永遠處於不穩定的局面。如果我們不從中國歷史和中華文化吸取養分，我們會變成無根和無文化的民族，智慧也不知從何產生。西方人有他們的文化底蘊，除非我們出生及生活成長在西方社會裡，否則我們很難擁有他們的文化底蘊，這是文化生活的差異性。

在我成長的生活中，一直追求五四以來倡導民主與科學的理念，這些理念都成為我努力學習的原動力，但我沒有參與政治活動，如果

有大概有二次吧。一次是一九八九年天安門事件，我向新亞研究所總幹事趙潛先生說：我們讀書所為何事？他就讓我們以新亞研究所之名，參與全城示威抗議遊行。縱使我不贊成那一場的學生運動，感覺上有外力介入，國家已陷入癱瘓狀態，其後「蘇東坡事件」，以及日後「阿拉伯之春」一連串事件，如伊拉克、阿富汗、敘利亞等戰爭，造成生靈塗炭，這都是野心家的做孽。人類歷史的發展並不如美國日裔史學家福山所說「歷史的終結」一樣的簡單，這只是西方社會一廂情願的想法。歷史的發展並不以人的意志來轉移，但是，我們不能容忍政府以軍隊對付老百姓和學生，「八九民運」無論是哪一位中國執政者，必須要面對它，處理它，解決它，老百姓才能放下它。另一次是在臺灣，因為反對陳水扁的貪污，我們一家三口連夜乘巴士上臺北參加倒扁紅衫軍活動，舟車勞頓，所為何事？可惜的是，人民純粹表達心聲的訴求，卻被有心政客利用和把持。

二十多年來在臺灣生活，發現「民主」都是被政黨利用為奪權的工具，理想性淪喪殆盡，所有口號都是工具或手段，我已經不相信政黨政治。包括近年歐美國家的表現，令人驚恐萬狀，美國總統川普竟然可以如此上臺執政成為世界領袖，資本主義民主的理想，也許差不多要終結罷！印度是世界上最大的民主國家，然而人民仍受種姓觀念綁架，很多族群的地位仍得不到改善，很多人仍然生活在貧窮線下，為什麼呢？政客以美麗的憧憬或誘人的口號綁架人民，這也是民主的悲哀。民主俱往矣！資本主義世界也許已走到盡頭了，百分之一富人擁有全球財富的一半以上；富者越富，貧者越貧，這是一個合理的人類社會嗎？無怪近日法國各地「黃背心」群眾群起反抗政府的示威，人民的生活已喘不過氣來，這是我們追求的理想世界嗎？如何尋求新的出路是當代人必須解決的難題，年輕人最能感受出來。

現在香港年輕人很多都大學畢業，也算是一名知識分子吧。歷史的事實足以供我們參考，的確現時的生活雖沒有上一代辛苦，但壓力

卻比上一代更大。社會變遷速度之快，幾乎使人透不過氣來，沒法呼吸，因為永遠有做不完的工作，永遠看不見自己的出路，永遠沒有機會讓自己繼續奮鬥下去。是的，現在的我們面對的不是努力就能有所作為的時代。但每天都有機會等著我們，莫忘初衷，也不要老是瞻前顧後，更不宜妄自菲薄，勇敢邁向目標，做自己想做的事情，堅持樂觀、虛心、勤奮、持之以恆，要有進取心、有理想性、有使命感、有家國情懷、有全球視野，縱然不一定抵達彼岸，也在路途中找一個支點支撐自己繼續走下去。當代成功人物大有人在，所謂江山代有人才出，如商界的比爾·蓋茲、貝佐斯、祖克柏、馬雲、馬化騰、任正非等等，每個人都可以找到支撐自己繼續努力的人物，如政治家、科學家、文化人、運動家、藝術家、歌手、舞者等等來安頓自己的心靈，繼續努力下去。當時支撐我自己繼續努力的是讀書人如錢穆、梁漱溟、唐君毅、牟宗三、徐復觀等先生。總之不忘初心，要準備好自己，武裝自己尋找向上發展的機會，所謂：「不患莫己知，求為可知也」，有了目標，不怕吃苦，奮勇向前，這就是獅子山下的精神。

　　香港精神已成為香港人的 DNA，存在於我們的體內，去不掉也抹不了，但它會躲起來，如何把它抓出來與我們的生活結合，這是我們成長的轉捩點。現在中國的發展，已達到全球第二大經濟體規模，大多數人民已脫離貧窮線。科技發展也一日千里，完全擺脫晚清以來的弱國地位，但要改善的空間仍然很大，特別是法治觀念，必須獲得全世界的華人的認同和接受。它能不能典範轉移，就要看世界各民族能否接受中國模式，認同中國的治理文化。中國今天的成就，當然是中國傳統文化底蘊噴發的結果，令世人不敢忽視未來中國的發展。中國近四十年的發展，除了內地人民的奮鬥心外，港澳臺同胞，以及海外華人社會，特別是東南亞華人的參與是脫不了關係的。其實從晚清以來，海內外的中國人便自力更新，努力向上，為實現中國的現代化貢獻一分力。

　　香港回歸後，港人情緒低落，有時憤憤不平，也許我們需要一段時間調適自己的心態，臺灣人也患同一情緒，這都可以理解的。當我們從晚清以來思想起苦難的中國，當我們認同中國的發展是不完美的，有很多問題有待解決，我們就找到位置，貢獻一分力量。現在粵港澳大灣區的發展，也許是香港人最後的機會，忽視了它，香港就被邊緣化，我們的一下代的生活過得更卑微。不要因為這次「反送中事件」失敗而氣餒，這是一次經驗的累積以及對香港真實的認識，香港是香港人的家，終歸還是由香港人自己來管治。如何與中央政府協議出可行方案，是港人對自己負責的態度，不是一走了之，在西方社會叫囂一番便可以成功的，大家都忘記了八九之後流亡海外的所謂「民主人士」對國家又有何貢獻呢？加油吧！香港年輕人！中國也是我們的，也是全世界華人的，我們都擁有屬於我們自己的文化祖國。

十九　在臺南生活的日子

　　我非正途出身，有機會進入著名的國立成功大學任教是我畢生最大的榮耀，我十分感恩臺灣給我這樣一個機會。成功大學創立於一九三一年，前身為日治時期臺南高等工業學校，一九四六年改制為臺灣省立工學院，一九五六年增設文理學院及商學院，改制為臺灣省立成功大學，一九六九年將文理學院分為文學院及理學院，一九七一年改制為國立成功大學。歷史學系創立於一九六九年也是文學院成立的同一年，至今（2019）已五十年了。我一九九三年八月一日抵臺南成大報到，大半年後家人（太太和女兒）也遷來臺南。母親一直不想我去臺灣，也不諒解，認為我在香港已經有穩定的生活，為什麼要離開香港，飄洋過海。母親只希望我們兄弟姊妹常在她身邊，這是任何母親的最低的要求，我從小到大都在找尋自我的存在，母親又怎能理解我呢！我一直感到對不起她，我時常很內疚，特別她過世之後，每次想

起她就會潸然淚下。母親是很倔強的人，老了依舊如此，每年回港探親時都拜請她來臺南住一會，她就是不過來。這是我的母親，一位倔強的南洋姑娘，如今她已回到老家的土地上。

從一九九三年移居臺南至今（2019）也二十六年了，我十分感謝成功大學歷史系提供我很好的教學和研究環境，讓我在這裡安身立命做自己喜歡的學術研究和教學工作。同事和學生都很和諧友善，我沒有被排斥的感覺。當然沒有太太和女兒的支持和諒解，我也許撐不到今天，有些前輩從香港來臺灣教書，他們的太太和小孩都留在香港，認為不習慣臺灣的生活。確實對一般香港人來說，除非住在臺北都會區，交通比較方便，否則便要開車或騎摩托車，對大多數香港人而言，臺灣的交通頗為不方便，摩托車不守規矩也多，一不小心便出車禍。我和太太曾因一次交通事故發生爭執，一度想辭職回港，其後太太釋懷了，我才留下來。家裡有一部汽車、一部摩托車，這是我們出入的主要交通工具，其實大多數臺灣人大都如此，否則出門就不太方便了。在香港，我們的生活都是以巴士、小巴、地下鐵為交通工具。

最初來成大報到，填寫一大堆表格，感到很有親切感，因為都是中文填寫，不必用英文，這就好像回到自己國家的感覺。起初同事或新認識的朋友都問，是九七問題來臺灣吧，我都支吾以對，有時說是是是，應付了事。其實，不是如此的。自一九四九年以來，臺灣是中華文化的復興基地，文化和學術機構如故宮博物院、中央研究院都在臺北，當時海外華人都視臺灣為中華文化京畿之地，臺灣成為海外華人嚮往回國留學的地方，也培養了一批又一批擁有中華情懷的知識分子。一位很有學術地位的教授說，如果因九七問題移民臺灣，也許將來可能要再移民一次，當然這只是一個笑話。近年來確實有些年輕人喜歡來臺灣生活，香港一些退休人士也喜歡來臺灣生活，因為香港太擁擠了，房子又貴，加上政治氣壓很低，有些人透不過氣來。臺灣特別是南部或東部，離開繁華之地，便豁然開朗，悠然自在，是很寫意的生活環境。

　　我除了教書和做學術研究外，在臺南的生活比較單純。臺南市是一個小城市，但歷史文化深厚，從原住民、荷鄭到清代和日本都留下很多歷史遺蹟和故事，您不在臺灣生活過，沒有辦法理解臺灣人心底裡的感受。我對臺灣的了解是過來生活後才一點點累積起來，比較遺憾的是，我聽不懂閩南話（臺語）。其實我的老家中山隆都鄉就是講閩南話的孤島語地區，隆都周邊的都講廣府話，也許我的老祖宗是明清時代從福建閩南過來廣東討生活而留下來的族群。因為父母親都以廣府話溝通，我的母語就是廣府話（香港話）。不過生活在臺南這裡，我可以找到傳統中國人的生活模式，宮廟的祭祀活動、大家族的祭祖等等。

　　我家在成大附近，十分鐘車程便回到研究室，我每天都回研究室從事我的研究和教學工作。逢星期日便與家人開車到南臺灣的農村、小鎮、海邊或山區走一走，也曾多次開車環島旅遊，我特別喜歡碧海藍天的東海岸，這就是我在臺南的簡單生活。在臺南的教學與學術研究在本書的第三卷附錄三「成大生活點滴錄」可看到我不忘初心，努力教學和研究，來成功大學教書後，我陸續出版了幾本學術專書和多篇學術論文，我還當過歷史系系主任，榮獲學校傑出教師獎，這是我的榮幸。

民國九十六年度（2007-2008）榮獲國立成功大學傑出教師獎

　　成大是一個風景優雅的校園，在臺南火車站後面，面積廣闊，分成幾個校區，有九大學院，並附設醫學院和醫院。校園內古樹蒼翠，兩棵最大的榕樹聳立在光復校園草地上，襯托著的小西城門以及日治時代歐式兵營，新舊之間，您可以想著很多往事，在這與世無爭境內，也可以思考著未來。歷史系館就是那座巴洛克風格的歐式建築物，是一座古蹟，系館內是一個思想活躍的世界，每一位老師都有自己的教學與研究領域，每一個人包括老師和學生都擁有自己的宇宙空間，這是一個十分友善的環境，讓我二十多年來沉思在我的教學與研究中，年輕時代的夢想完全在這座古蹟中展現。

　　然而研究室外的臺灣，二十多年來經歷了翻天覆地的變化，隨著對東亞海洋史的研究，臺灣海洋史也納入我關心的部分，政治激烈變遷衝擊我的心路歷程。從解嚴到本土化，從威權走向民主，這不是我們從五四以來追求的目標嗎？不過，其後面對國家認同、文化認同、去中國化等等系列事件，政黨無論是在野或執政，每天都為了日後的選票鋪路架橋，人民期盼的大政卻放在一邊，沒有未來規劃，只有眼前利益，人民的希望一天天流失。面對臺灣的歷史變遷，有一年寫賀年卡給嚴耕望老師時稍提及回港的念頭，嚴老師回賀卡提醒我：「年輕人以事業前途為重，任何地方，皆當適應，不能拘于故里也。」嚴老師還說：「若能埋頭苦學十年，當能有望真實成就，是所至盼也。」嚴老師對我是有期許的，二十多年前老師的訓誨，已成我的座右銘。雖不能說「苦學」，但在學術研究上仍知所努力，嚴老師的提點，讓我不作他想，繼續留在臺灣努力工作。

　　中國大陸自從改革開放以來，政策跌跌撞撞，終於走上富強的道路，科技日益進步，人民生活大幅改善。這不是晚清以來我們的追求嗎？作為一位知識分子，我該當如何面對國家不斷的變遷？我們要考慮意識形態的價值，還是看見老百姓生活的富足？我又可以做什麼呢？除了在專業領域做多一點貢獻之外，我又能貢獻什麼呢？現今退

休了，也垂垂老去！如果我的教學和研究有一點成績的話，我已盡了一點在臺灣生活的責任。然而，我又能留下什麼給香港呢？這本書如果能夠出版，就算是我對香港一點回饋吧。這二十多年來每年我都回港探親，原本答應太太退休後多回香港住久一點，多陪伴在港親人，因為我們的兄弟姊妹都在香港。我們唯一的小孩芷倩，大學畢業後便去法國留學，之後留在巴黎結婚生子，現在我們每年都過去探望他們，他們也會回來臺灣探親，臺南已成為我們的第二故鄉。

芷倩2002年（16歲）繪送給我的畫像

在這裡必須向臺灣說聲感恩，感謝成功大學給我一個機會，讓我安心從事教學與研究的工作。在臺灣十分友善的學術環境下，我的學術性專書都是學術機構、文教基金會和出版社經過審查通過後補助出版，且有給版稅，雖然不賣錢，但深感欣慰，現時學術專書基本上是蝕本生意，全靠有心人大力支持。在臺灣，除了學界朋友、同事、學生外，沒有親人在這裡，也許未來我弟弟會移民過來。現在我因有病在身，每星期有三天去醫院治療，就當修行吧，自少時忙忙碌碌過了大半生，也應該好好靜下來思考一下剩下來的日子。

　　我從來不怨天尤人，我真誠的感謝上蒼，憐憫於我，讓我仍然有些時間活著，當然由於身體狀況，回港次數只會越來越少，這是我比較難過的。我感到對不起太太，虧欠她太多了，她比我聰明靈活，懂得尋找新資訊，豐富自己的生活知識和面對生活難題，太太是一位善於和鄰居相處的人，她學會聽懂閩南話，有時也成為我和學生的橋樑。我的生活都由她照顧，她一直為我而活著，是我的生活支柱，也許這是前生修來的福氣吧！最後感謝所有在我學習、成長，生活和工作過程中給我支持和鼓勵的朋友，這本書如果能出版，也許可道盡我對香港的情懷！

第三巻
詩文附錄

附錄一
偽文青

收錄在這裡的所謂創作，無論是詩或散文（筆名：海漠、亦兒堅）都是當時對文學有一股熱情而寫出來，來臺後偶然也寫了一、二首都收入這裡，我稱之為「偽文青」，是因為我不是文青，更不是文學家，只是玩票性質，而且自上研究所後再沒有時間讀文學作品，根本跟不上文學的發展。寫詩仍然停留在古早時代，學如逆水行舟，不進則退，但因為詩能抒發個人的感受，忽然間想起了又寫一首不成詩的所謂詩，姑且留下來檢驗我的學習心態。現在已經老了，感受更多，但是文筆更為笨拙，應該沒有什麼手法和敏銳能力將這些感受性的東西寫下來吧！

一　逝者如斯乎？

冰河解凍之後
恐龍死了
大西洋城堡也沉下。
　　×　　　×
流水淙淙
大海蕩蕩的戈壁湖上
曾幾何時
已是黃沙遍野。
　　×　　　×
斯人去後
那條路上更是蒼涼
苦寒——
　　×　　　×
你背負憂患而來
騎著悲憤而去
只留下
你那汩汩瀝血
的心房
見證
國族
之
無
窮
願
……

* 原刊於1982年4月18日《新晚報
　副》刊，為追思徐復觀先生仙逝
　而作。

二　紀念全漢昇教授

老師走了靜靜的
也許太累了
從唐宋帝國運河一路走來
畫一幅中國的物價曲線圖
引領航海的人從西方到東方
吊掛起輕柔的絲飄散在海面上
銀白色的光
璀璨起黑色的煤從太行山到衡山
滾動的鐵軌嗚嗚地
穿過五千年的脈絡
安祥地
走了

* 原刊於鄭永常著《來自海洋的挑
　戰：明代海貿政策演變研究》扉
　頁。
　全老師於2001年11月29日在臺北
　辭世，寫下此詩悼念。

三　晚

是草原夜歌嗎
還是心兒卜卜
是高山流水嗎
還是簷邊雨滴
朦朧中
又覺是山鬼的神曲
那麼空靈
從晦冥的宇宙射出
一串音符
在空中閃爍
排成一個等邊的三角
青鳥帶來一個喜訊
說：
鵲橋架好了。
可是百萬光年的星際
太渺遠了
我等不到晴朗的夜
便流星似的
滑落

* 原刊於1983年2月25日《香港時
　報》。

四　語絮

輕輕的我
走來
屏住呼吸
也不敢抖動
你是一支茸茸的蒲公英
　輕柔柔的
風一吹
　　　散開
點點的
纖絲
　　千萬絮
在空間
　　散　落
我的頭頂
　　　鼻尖
　　手上
那麼細纖纖的
一點點
　　　弱質質的
呢喃。

* 原刊於1982年4月18日《新晚報》。

五 出走

一直在想　　已經有好一段時間
想離開　遠遠的離開
到彼岸去自由之國
海洋之土　湛藍的
是
穹蒼
媽，就讓她走吧　爸，讓她走
這已經不是父母在不遠遊的時
代了
讓她走吧她
累了倦了長了老了
就會思想起
生之鄉
根之土　還有
那條大河

* 原刊於2003年3月《導師通訊》
（班刊）第2期。案：《導師通
訊》是我在成功大學歷史系當大
學部導師時與導生聯絡之刊物，
只在組內流通。

六 追思母親

母親來自遙遠的
蔚藍之海　椰林之鄉
不知是緣　還是上帝的指引
帶來了一船新生命
橫過滔天巨浪的南海
滿載一船苦與樂
在陌生的維多利亞

母親古銅色的高傲
來自上帝的自然
挺起胸膛　背一拖二
牽三帶四的把我們養活過來
是何等的力量
至今我仍然不明白
在生命微弱的一刻
不變是母親高傲的眼神
閉上了只留下回憶

隨著火海中一葉紙船
回到祖母的懷抱
熟悉的
蔚藍之海椰林之鄉

* 2006年8月12日，收入2018出版之
《明清舟師秘本：耶魯航海圖研
究》扉頁。

七　無題

不知從何時開始　你跟以前不一
樣了
已經甩掉很久的東西
現在又搬了回來
還說什麼　祖先的

你不是說已經不一樣了嗎
為什麼仍然提心吊膽的呢
你是否有　不良的習慣
到如今你仍然　不接受我
就因為我遲你一步到家
關起來　門又有什麼用呢
再多的關懷　衰老了
越來越自戀再不願接受別人的
擁抱。

我真的有點擔心妳開始衰老了
越來越裝扮怪裡怪氣
我真的有點擔心妳開始衰老了
越來越保守

* 2002年5月，未發表。

八　沒變

您不是信誓旦旦的說
一切都會變好嗎
如今卻都是依然
看看您的臉布爾喬亞的嚴肅丟
掉了
卻沾上了銅泥　的笑
錯置了佛陀的鬍子與基督的臉
您信誓旦旦的說　再多些時間
一切都會變好
可是　您依然坐在默鏡裡
不在乎的疾駛而過
驚嚇了　人們的心和那正在斑馬
線上車叢中穿過
的小朋友

* 原刊於2002年4月《導師通訊》（班
  刊）第3期。

九 鳳凰再起

曾幾何時
妳是千萬萬人的光
照醒漆黑中沉睡的靈魂
鮮血的紅，染滿每個人的希望
那一年千萬人棄妳而去，
在淮河邊下
絕望西沉，在海之東浮沉
只剩下一塊屍布
包裹著國之魂

如今妳忽然甦醒
握住千萬人的手揮舞、吶喊著
從五四到六四到野百合
在凱達格蘭大道上
捍衛著在地人民的靈魂

螢幕上數不清的妳在躍動、吶喊
淚水不住的流，重生的喜悅
鳳凰再起，從南到北
塔塔加山坳的旭日

湛藍的海
與西門町的嫣紅，舞動、吶喊
福爾摩沙的綠

為往後的今生今世
尋求安身立命
在東方海濱的西方空間

* 2006年9月，未發表。

十 急遞鋪

為的是系慶您的一篇文稿
走了四十年
終於送到您的手上
也許您可利用現代的驛傳系統
email, fax, 7-eleven, post, express,
etc.
急遞您的文稿您那年代的記憶
我們已站在第二聯隊兵舍的梯
階上
等著

* 2009，系主任任內，因編輯系慶文
　集，向系友催稿而作。

註：第二聯隊兵舍是日本時代的軍
　　營，即現在成大歷史系館。

十一　慘痛的戰爭：悲慘的淚[*]

膠片搭搭滾動，鏡頭閃閃搖晃。一面升起的太陽旗在中國北方發動猙獰狂叫。我墜入時光隧道，走向八年抗戰的中國，慘痛的戰爭，悲憤的淚。

人民滿面愁緒，從北往南走，東向西奔的同胞，在自己的國土內找不到家！我們的家呢？炮火煙沒了。親人呢？失散了。

戰爭是慘痛的，可憐千萬萬人慘痛的呼喊，也不能阻止戰爭的進行。上帝也沒有施捨半點憐憫。

當侵略者趾高氣揚操進北京，當敵人放肆在故宮的臺階上走動，當太陽旗在北京城樓張牙舞爪，我再不能阻擋高漲的淚潮，淚像海嘯奔湧的浪，淹沒我雙眼，潰散在我的臉上，古城的陷落，我們失了祖國。

鏡頭搖落南京，敵人開始一場慘絕人寰的大屠殺。鏡頭停頓？在控訴：一個凌空的小孩被刺刀穿過，屍體堆積如山。

無辜的人民，無理性的殺戮，為什麼呢？難道是求生的理由？抑或是人類神秘的一面？一連串的疑惑，烙痛我的腦。

野心的統治者，以他們的私心私智，一次又一次的製造罪惡，罔顧人民的生命，人民就生活在災禍中，對於那些被野心家用作殺人工具的人，我們祇能嘆息！嘆息他們失去做人的良知，人性完全泯滅。我們又能責難什麼呢？世界上那個民族不愛和平？不愛安樂？戰爭祇是野心家將善良的百姓投向死亡的遊戲吧了。

當原子彈投下廣島，濃密的煙圈擁著數十萬悲哀的靈魂向天：鏡頭停頓，默默無聲，是控訴？無聲不能停止思想……憤怒不再。

---

[*]　1980年3月4日，刊於《星島日報》。

　　戰爭中苦難的受害者,用他們鮮紅的血,烙印在人類的進化史上。如果說進步的意義是指逐漸脫離過去的錯誤的話,那末這場慘無人道的大災難,應該成為人類向前發展的警告碑。

　　戰後出生的我們,對上一代所經歷的苦難歲月,又怎能不欷歔呢?過去的都過去了,上一代以千萬萬生命保留下來的祖國,正欣欣地苗莊成長,我們這些生長在海外的青年,僅能以最真純的心向祖國祝福,願年輕一代對祖國多點知識,多些愛和熱。

十二　悼念敬愛的司馬長風[*]

但願我聽見有關你的消息是假的！

但願我今天不曾看報？

我願意告訴你：今天下午我便會乘坐「上海號」輪船回國旅行，如果與你年輕時代比較，你會笑我幼稚無知，沒有大志吧！不過，我還是相信你會鼓勵我，叫我深入地觀察北方人民生活上的小事。

你知道嗎？十年了，每天我都留意你的文章，留心聽聽你的心事。有一個秘密，一直放在我的心底，我實在很希望有一天，能跟你回到你童年的故鄉玩玩，就是那遙遠的松花江畔的土地上。

十年來，我一直借著你的文章，嗅著北方的泥土香；黑龍江、松花、黃河——遙遠的北國——串連著生長在珠江南岸更南的我的心情。也記不起什麼時候，我覺得與你是童年故鄉的伴友。你好像我的哥哥，教我玩各式各樣北方的玩藝兒，而我又是那麼笨的學不會，你就一次又一次的告訴我，有關北方的故事。但願我昨天已經離開香港！

但願我不曾知道有關你的消息。

雖然我們不曾見過面，但是我時常在想：等我的文章寫得差不多的時候，才找你指教，我以為還有一段很長的時間等著我呢！……又怎知時間溜得那麼的快，溜走了你的生命。

你真的離開了嗎？我真的不敢相信！你忍心離開流離三十年的小島？你忍心拋棄松花江上的呼喚？你忍心離開你的祖國，你的親人？是真的，離開了。離開這個繁雜的人生。你又往何處去呢？

茫茫天際際，漫漫長路，人去以後是否有一段更長的旅途呢？老

---

[*]　1980年6月27日，刊於《星島日報》。

兄，再沒有機會看見你的文章，再沒有人告訴我北方的花開花落。以後的日子，我失了你；一位我敬愛的北方人，我會感到寂寞孤獨。

　　人生是無常的，你就輕輕地放下那些還沒有解決的事情吧，安祥安息吧！

十三　乘船經過臺灣海峽[*]

　　回中國大陸旅行，已經有好幾次了。每次都是結伴從陸路回去，而今次是獨個兒從海路北上。雖然有點豪情壯志，但畢竟還是有些寂寞的感覺。

　　離開香港正是盛夏六月，船在滂沱大雨下徐徐的從西環啟航。記得小時候，家居茶果嶺，終日看見大洋船從鯉魚門海口進進出出，小心靈就有了一個願望，有一天希望能夠坐船到別的地方玩，今天終於實現了。

　　船搖搖晃晃地前進，三小時後經過担干群島。之後是天海茫茫，混然一色，很快便看不見周圍的陸地了。這時，天邊烏雲開始聚攏，氣勢迫人，大有吞食這條船似的。風浪越來越大，船也不再像搖籃似的輕輕地搖，而是劇烈地左右擺盪。深夜了，人睡在床上不由自主的左滾右滾。旅客們都感到不舒服，有些更是嘔吐大作……我醒過來，還是一樣的船倉，但已是凌晨四時半。船行得十分平穩，沒有昨夜的駭浪驚濤。旅客們都熟睡著，正在尋找溫暖的夢。

　　我披上風褸，走上甲板，海風颯颯吹來，海浪靜靜地在船邊擦過，四面漆黑一片，分不開是海還是天。黎明前的黑暗，使人慄然，饑渴地期待光明的再來。一位水手走過來打招呼說：「我們已到了臺灣海峽，太陽也快出來啦。」我的心中頓時湧起了陣陣熱切的期待；臺灣海峽，三百公里的海面，在地圖上看見的是一條水道。太陽出來時，我要看看是什麼力量把她分開了三十年，我要仔細的看看兩岸的風光。

　　船向著前方奔駛，東邊極遠處，在黑夜裡發射出一線一線的光

---

[*]　1980年，刊於《明報校園》。

芒，天邊開始發白。忽然金光四射，嫣紅的太陽慢慢地從水中浮起，四面被晨光照得通明，我才醒覺兩岸竟是茫茫大海。寧靜的早晨，金波粼粼，一望無際的水連天，只有我們的船孤零零地向前趕路。為什麼呢？

　　我期望著：那一天，當太陽從夢中醒來，我們的打漁人在臺海上穿梭往返，共同唱著東海漁歌。

十四　上海褪色的繁華[*]

　　上海很有大城市的氣質，街道繁忙，高樓大厦大都是三十年代西方建築形式。新式的現代化的建築物很少。與香港比較，它顯然是過於保守和落後。雖然如此，它不失是國內人民所嚮往的大城市。由於享有國際地位，因此外來事物也較多，物品供應多，市民穿的頗為光鮮。青年趨向打扮，男的喜歡架黑色太陽鏡；女的愛穿裙子，衫裙式樣多，顏色也很鮮麗，可能是不太習慣穿裙子或是天氣太熱關係吧，她們總是喜歡將裙子拉得高高的蹲在路邊休息。

　　上海是一個人煙稠密的城市，民居單位都是細細小小的，盛夏之夜，熱氣迫人，居民不約而同到屋子外乘涼，男的赤裸上身，女的穿上寬寬的短衫褲，坐在路旁或是臥在椅上，手不停地搧風，有些人談天，有些人看書或者是三五成群的玩撲克，小孩們你追我逐的在附近亂轉，道兩旁成了熱鬧的露營地方，真是一幅奇景。

　　我從他們旁邊走過，惹起了他們更多的話題和談笑聲，有些青年走過搭訕；問些我們覺得煩悶瑣碎的老問題，甚麼電視機、四個喇叭錄音機，工資甚麼甚麼的。他們對物質生活的嚮往和追求，成了一種流行病態，就像流行性感冒一樣，要全國徹底杜絕，似乎不是一年間的事。

　　雖然在上海祇逗留了短短的一天，談不上深刻印象，但是這個曾經一度是洋場十里的大城市，勾起我對它過去的懷念。

---

[*]　1980年，刊於《明報‧校園》。

十五　過大運河[*]

　　由杭州乘船去蘇州，就要經過一條臭氣薰人的黑水渠，這就是著名的大運河了。河的兩旁都是兩三層高的樓房，居民便在這中人欲嘔的河邊洗澡或洗衣。人民生活的無奈，又豈是我這個局外人所能了解的呢！

　　渡船沿著運河北航，河水漸較清潔。沿岸的古舊小鎮，使我幻想起昔日皇帝遊江南時，一定熱鬧得令人興奮。看見一些建築物竟與沙田「曾大屋」的建築形式相似，頓時使我感到我們之間的淵源深厚。

　　運河上，很多運輸船隻都是靠搖櫓而行，那些滿載磚石灰炭的木船，重甸甸的像快要下沉的樣子，使我內心有說不出的鬱悶。但是，看見船伕們那麼輕鬆地搖著櫓，又使我產生不同的想法，艱苦的生活並不可怕，最可怕的是生活中沒有了自我。

　　傍晚時分，船已進入較寬的河面。兩旁房屋隱退，河邊的水草蔓生，沿兩岸鋪成一片蔥翠的地毯，隨著水波漂浮波動，使人覺得悠然舒泰。入夜後，夏蟲嘎嘎地叫，更使人曉得大自然的美態和奧妙，間或有一兩點漁火在水中掩映，運河之夜更顯得可愛呢。

　　那麼美的水鄉，舒泰的自然；那麼美的大地，優閒的原野；那麼美的夜，溫柔的國土；原是我所嚮往的。今夜，我躺在渡船上匆匆地流過，我不是歸人，是過客。

---

[*]　1980年，刊於《明報‧校園》。

十六　神遊長江[*]

當太陽閃爍在山後，還不願探出頭來的時候，山城正睡得朦朦朧朧的。早晨的街道靜靜地躺著，濕潤潤的掛上一層薄薄的白紗，活像一位輕盈多姿的少女，在街角處翩翩起舞，輕快旋轉，在山腰間飛翔。

街上寂寥沒有一個行人。隱隱地聽到對岸遠處農村傳出一串晨雞的號角。乘著清風在山城的角落轉向另一條長街。像一聲開航的汽笛，引領我獨個兒跨進了嘉陵江上一艘木筏。兩岸搖搖晃晃，水也灌進船了，雙腳浸在黃水中。執一支竹竿，向岸邊一撐，開航了。披上輕輕的江風，順著緩流的嘉陵江水進入滾滾長江，向東進發，沿著滔滔江水的滾旋，圈浪前進，揮手向霧海蒼茫的重慶告別。

木筏隨滾滾的江水，一忽兒西向南奔，一忽兒北走，順江水顛簸東流。遇有大的漩渦。木筏便在水中打轉，經過一場與大自然吃力的搏鬥，才能用竹竿撐離河底的礁石，順流而下。兩岸是青蔥開明綿延的山脈，江水靜靜流動，木筏在和煦的陽光照躍下，順著平靜的河水向前飄游。郊野靜靜的，間有一陣風聲，浪響。躺臥舟中，望長空蔚藍的蒼穹。黃黃流水，綠綠山樹，構成一幅秀麗動人的山河景色。岸上掠過的小山城和後退的農村，使我聯想起他們艱苦的生活，這些遠離城市的山民，世代的生長在山區，幾塊稻田，過的是簡樸的生活，幾千年來好像沒有什麼改變。我真的為他們寂寞的生活而嘆息，忽然耳邊傳來一陣悠揚的歌聲；在遠處──一條大河波浪寬，風吹稻花香西岸，我家就在岸上住，這是美麗的祖國，是我生長的地方──我入神的聽著，才發現自己的失落，寂寞。

---

[*]　1980年8月23日，刊於《星島日報》。

在這平和的國度裡，時間觀念變得不再重要了，原來木筏已越過了豐都、忠州、萬縣等地。入夜了，兩岸更加寧靜，間有一兩點燈光，在山間掠過，恰像一點燐光，更顯得黑夜的神秘。天空，掛起一輪月，數顆星星，隱隱約約的看見山影，河面泛起清冷的江風。木筏放在這條淺淡的河光中，輕輕地擺動，像在母體內的溫柔，我在這混沌的景色中尋夢去了。

天空發白的時候，木筏奔得急喘喘的，左搶右奪，搖盪得十分厲害。我抓緊船邊，恐防掉進河裡。周圍是白茫茫的，看不見山，看不見樹。怎麼呢？船到那裡去呢？是在長江嗎？木筏已失去控制，像草原上奔馳的野馬，越弄越快，越快越顛簸，越顛簸就打團轉。我不敢想像後果，將手釘死在木筏邊緣，兩腳撐得硬直，屁股翹得高高的，我意識到快要撞向一座龐然大物。白濛濛的雲霧裡，眼前忽然現出一座陡峭的大石山，木筏的速度加快，眼見快要撞山的時候，我瞪突雙眼，好像聽見轟隆一聲；我幻想著，木筏撞的粉碎，我被捲入滾滾的長河底……一把利斧從山中劈開一度扇門，船便衝進去了，石壁在耳邊擦過，兩旁的峭壁有意的壓向我，呼吸也困難起來。進入崖壁水道後，航速減慢，原來已經過了危險的山峽。我閉上眼睛，躺在船中，長長的呼吸一下，才細心的看一看那斧劈的懸崖絕壁，山勢真是岌岌欲墜的，捏一把冷汗，才曉得大自然的奇偉。這時才清醒的知道，已過了波瀾壯闊的灔澦堆和險唆磅礴的瞿塘峽。

過峽之後，天氣轉好，視野廣闊，群山清麗，木筏便悠悠的向巫山進發了。沿途綠樹蔥蘢，莊田幽秀，古道懸空過，真想棄舟登高攬勝呢！拐彎白帝城後，雲霧頓起，前面便是巫山了，神女峯披一身白紗，若遠若近若隱若現，含情默默，遠處一條雲帶從山腰飛過，所謂誘惑是有一種神秘的動力，真是欲看而不清，欲摸而忽遠，令人嘆之為時已晚，船已奔向西陵了。

一刻間，又是另一天地呢。峽門開闢，水淺而流急，水道迂迴，

要用長竹助航，兩岸群山遠去，村舍沿灘建。西陵峽是長江最長的一峽，繞行半日後，西岸群山開始聚攏，扼住滔滔江水，木筏浮上半空，這就是巍鎮荊門的南津關了。河水越來越高，河面越窄，木筏被抬上峽頂的門楣似的。我抓緊船邊，咬著牙關，被江水一放，南北西東的滾向開闊萬里的江漢平原。江面豁然開朗，才真正領略到「輕舟已過萬重山」的滋味呢。

　　這時已華燈初上，江水悠悠，兩旁綠野無垠。睡在木筏中，靜靜的，沒有顛簸，沒有圈旋，沒有滾浪，只有夢，夢帶我神遊長江。

十七　新生之旅[*]

朋友，感覺孤獨寂寞嗎？

你不要害怕。在這個偌大的宇宙，人類就是那麼渺小，那麼無奈。但是人有一顆熾熱的、光烈烈的向上心，不停地嘗試去征服，勇敢地抵抗。無論那茫茫空際所醞釀的風雲幻變，也擋不住我們的成長。

是的，我們終於生存過來。從脫離母體開始，便獨立地站在地球上，背負宇宙給予我們的壓力。但是我們並不害怕，為了顯示我們的智慧、力量，我們與它搏鬥地生活著。當我們周遭是那麼冷酷的時候，我們清楚極了，這不是我們所期望的，它只是一種分化，來自外在的分化。那麼，我們應該勇敢地挺起來，堅決正視那異化了的人類。然而這時的你，會流淚、悲憤、痛苦，因為你已經走上那條崎嶇、孤獨、寂寞的道路。

路引向荒涼苦寒，寸草不生的沙漠，縱然是歇斯底里的吶喊，也贏不到一個迴響。朋友，孤獨嗎？孤獨極了！寂寞嗎？寂寞極了！你會恐懼、彷徨、不安，退到綠洲的草叢休息，會後悔走進這條孤寂的道路。那時你會想到：在三百六十度的每一點上，都是一處新的起步點，而只有這是向上延伸，展向新生的途徑。

當太陽從東方升起，經過一夜苦寒煎熬的你，又重新燃燒起生命之火，那麼你又會再次的爬起來，不再戀棧綠洲的叢蔭，拖著疲憊的腳，一步一個願望地向上爬行。你會發現，在這個無垠的沙漠，隱若可見那條路向前向後延伸，而你的背後又留下你那深深的行印。

---

[*]　1982年3月26日，刊於《文匯報》。

十八　復友人贈詩書*

　　常白：學長△△足下：感荷寄贈七律一首，欣喜甚。睹詩觸文豈但如「夢裡逢」，真親如面也。兄詩謂「懶向辰星思往日，且將文字表情衷」，兄之情懷如我所欲說而苦難成詩者。現意藉兄之詩而表愚之情，實既狂且愧也。兄既有「閉心閉戶潛經傳」之志，又懷「我甘布被小窮通」之骨氣，此等胸襟當非俚俗者所可理解也。吾雖愚不肖，然亦有見賢思齊之心，故亦不甘苟安也。陶淵明雖有「審容膝之易安」一語，然亦要「樂琴書以消憂」。觀淵明先生於急流引退後，仍有消憂之慮，況吾等處此國族風雲變幻之際，又豈敢但求容膝之安耶？

　　近遷新居，親友餽贈金魚九尾錦鯉一雙，皆逗人喜愛之寵物。愚本非賞魚閒人，然對此等同享生命之物，亦寄有「民胞物與」之情，於是日夕飼養，以為足以令其享盡生命之樂也。豈料今晨出觀魚戲，但見一尾錦鯉「反肚浮沉」，數秒鐘後繼之是一雙小金魚。生命之短暫，能不令人悲天耶？

　　嗚呼！既有如此安居之所，又無尋食之勞苦，而竟不能盡其天年！愚又豈知此等小生物之悲，悲其不能遨游於江河大川而憂鬱以終耶？小生命尚且如此，況吾等為學之徒又豈敢藉此繁榮小島以求終老哉！愚雖不才效史公之志，然亦有兄「閉戶潛經傳」之心也。種種心跡，惟兄知之矣。常白。△△年△△月△△日草於屯門舍薇軒。

---

* 　1984年，未發表，回覆好友陳志清贈詩而作。

十九　功利之外[*]

　　修讀在職師訓課程，為的是一紙合格教師文憑。存有如此功利思想，是不用諱言，也是無可厚非的。特別是在屯門居住的我，每星期有三天跑到港島的般含道、沙宣道校舍上課，其中的苦況也無須多說，但辛苦之餘還是有值得回味和深思的地方。

　　記得收到取錄通知書時，心情挺不是味兒。老是想：當了這麼多年老師，幹嗎還要受訓？心，總是有點無奈。然而我仍是欣然的，因為只申請一次便成功了，有一位好朋友，竟申請了五、六次都未能成功，在心灰意冷下，他便轉到其他行業去。我既有如此機會，還是好好的完成這課程罷。

　　開學之後，來自「五湖四海」的同學逐一的認識了。有些是臺灣回來的大學生；有些是本港的大專生；也有……總之同學們的教育背景極之紛雜。同學所任教的學校也很有代表性：有津貼的、有補助的、有宗教團體開辦的、有政治背景的、有規模小的私校，也有集團式管理的私校、同學們任教的級別從中一至中七都有。我們的年齡相差亦很大，我算是一位「老學生」了。這便是三年制在職師訓班學生與別的不同的地方。正因為同學們都是教學經驗豐富的老師，所以在課室上的討論是很有意思的。有時我會感到是在出席一次公開性的教學研討會似的。年來所吸收到的教學意見和觀點，對於我的教學工作有積極的參考價值，這是我始料不及的收穫。

　　三年來我們所修讀的課程主要有中文、中史和教育理論等以及一些短期的興趣導修課和教育科技課等。最吸引我的要算是教育理論課

---

* 本文刊於羅富國教育學院五十週年校慶特刊（1989）。記得有一次在書局踫到當時教育學院的導師，他跟我說，我的這篇文章被討論很久才收入校慶特刊。

了。未入學院之前，從來沒有拿起半本「教育心理學」、「兒童行為與心理」或是「教育理論」一類的書來揭揭，便自以為對教學很有心得。其實都是很表面的，根本談不上認識。缺乏理論來深思熟慮的教學，其效果顯然是有限的。隨著教育理論課程的開展，使我對兒童心理與行為及其成長過程有了新的認識，對自己所扮演的角色也作了深入的思索，這時候，我對「教師」一詞有了新的體會。如果說「教師」是一門專業的話，它應該是有一套理論和方法作為施教時的憑藉，一些同學說：「理論與實踐是兩回事，教育理論不切實際，學了也沒法運用。」這顯然不是偏激之論，而是一種親身的感受與體驗。事實上，理論與實踐能相結合，只能出現於科學技術的範疇內，一涉及人文社會，便往往出現矛盾現象。這是因為社會結構、文化傳統，以及人的行為不同而引致的矛盾。這是大家都理解的。教師面對的是每一個獨立個性的人格，矛盾與衝突更為明顯，所以我感覺教育學的理論必須隨著機緣，靈活運用，才能見出它的實際意義。雖然三年的教育理論課程（每星期二小時）並不能深入去研究「教育」是甚麼？但它使我對自己所從事的教育工作有進一步的了解；它使我更客觀而融和地面對我的學生，這是不自覺地從教育理論課中感悟出來的。

　　關於中文和中史科的學習，相信不少同學會感到失望，我也不例外。我覺得是受益不多，未能提高學術水平。這我必須指出，三年來在學院所遇到的導師，除教學經驗豐富外大都具有一定的學問，其中不乏飽學之士。可惜課程設計未能照顧在職教師所需，有些功課不做也不見得是損失。我感到上了三年的中文、中史課，只是為了學習教學法。談起教學法又使人感到有點遺憾呢！本來學院教授的那套模式的教學法，是經過教育學家長期觀察研究而設計出來的，這當然是一套較有效果的教學法。不過任何理論都不能放諸四海皆準的，教學不例外。因為隨著教學內容的不同，教授對象的不同，教學設計亦應隨之改變。很可惜三年的受訓過程中，同學都被「教學法」僵化了。為

了「平平安安」的應付導師視學，竟然墨守成規，不敢變通，這不是失去了學習的意義嗎？無論如何，教學法確保教學過程中得到一定的教學回應是肯定的。我以為教學法是一套基本功夫、一種技巧，初學者受掣肘而顯得笨拙，是無可避免的。習慣後再加以變通和創新，相信教學效益會更大，教學風格亦會步向藝術化，這不是做老師所期望達到的理想嗎？而教學法便是這理想的起步點。

上文提及的「視學」是師訓課程中最重要的環節，本來是最有意思的，因為導師可以直接的觀察同學的教學過程，對準問題加以討論及輔導。可惜現時的「視學」制度，意外地成為加在同學身上的嚴重的心理壓力和負擔。同學們聞「視學」而膽戰心驚，我離開學院快一年了，至今想起仍心有餘悸呢！為甚麼會如此的呢！不是很值得我們深入檢討嗎？

對我來說，三年的學院生活並沒有白費，一紙文憑之外，我自覺地感到自己是一位受過職業練的老師。雖然我並不比從前表現得更為出色，但所學的教育理論與方法使我時刻地反省我的教學工作。

二十　井底蛙[*]

　　四面繞著高牆的木屋區，平日像井底一樣的幽清，今天不知是地熱還是什麼的，忽然沸騰起來。

　　「我就是賴著不走，看他們怎樣。」身材矮小，長得瘦黑黑的建築工人陳亞永，面對一大群居民憤憤地接著說：「他們只知搵錢回祖家，當我們是泥土，今天堆在這裡，明天堆在那裡，後天又不知堆在什麼地方？根本不當我們是人。」「他們就是這樣的。」居民齊聲說。

　　李有用他那睡眠不足的聲音，曼條斯里地說：「假如他們再這樣玩下去，生馬騮都給他們玩死。」他拿著煙放進嘴裡，挨在布告板旁不停噴出煙霧。

　　「道友李……你真會講笑。」一個居民語帶譏諷說：「現在不是玩死馬騮而是玩死我們。搬進大埔的什麼什麼填海區，什麼也沒有，沒有學校，沒有工廠，沒有巴士，如何上班上學？這不是粥水也賺不到嗎？」

　　居民七嘴八舌地訴苦。阿嬌忽然大聲叫起來：「我死也不搬，他們來拆屋，就跟他們拚，一屍兩命看他們怎去見閻王。」她一邊說一邊撫著那漲卜卜的大肚子。亞水指著阿嬌的肚腩陰陰地說：「這東西就好像政府所搜刮我們的民脂民膏一樣，裝得圓磲磲的。」說話一出惹得居民哈哈大笑。

　　「𠺫過你既死野咩，我的肚關你屁事。」阿嬌邊說邊拿著剛剝下來的橙皮擲向亞水。她身旁站著一個斯文的年輕人勞如弟，他正撫著亞嬌的頭髮，微笑著說：「陳主席，少廢話，快想辦法，兩天後他們就來拆屋，我們應該怎辦？可否通過居民互助會向民政署求助？」

---

[*]　1981年8月17日，刊於《新晚報》。

「沒有什麼好商量的，一心反抗到底跟他們拚死。」一個居民憤怒的說，頓時爆開一連串附和而熱烈的掌聲。這時候，一陣軟弱而低沉的聲音隨風飄過來：「我想，千萬不要惹是生非。試試向港督求情如何？若是沒有辦法還是搬進大埔算了。」老人好像是在乞求似的，愣愣地望著廣場上的人群，好像渴望著一點什麼似的？可是一瞬的沉寂之後又是陣陣的喧嘩，「港督什麼？還不是蛇鼠一窩嗎？」一個居民手握拳頭大叫：「還不是一樣拚命的搶錢？這個山，本來只有我們數十家木屋，現在周圍都是高尚住宅區，政府將山當油田，一塊一塊的高價出售，兩、三年來，我們村口改了三、四次，現在路也給閉了，要走出村就得在有錢人的腳下走過，真是氣人。」

陳亞水截斷他們的說話：「好了，不要談別的。還有兩天時間，我們要商量一個應付的辦法來。」居民又再七嘴八舌的討論解決的方法，小孩子們在大人中間你追我逐的「玩兵捉賊」。已經是傍晚時候，居民們還是聚在一起地洽商中，低窪的木屋區，被高矗的洋樓圍繞得一點風也透不進來。往日的夕陽斜照，西風臨窗已逃得一絲蹤影也沒有，有的是大樓黑沉沉的影子正好壓向他們，像要把屋子壓得扁扁似的。居民這時正商量得興高采烈，又說要遊行又說要掛橫額貼大字報之類，像是要辦喜事似的。

方才說話的老人靜靜地望著黑壓壓的天空，再沒有意見，只是長嘆一聲想起年輕時代的往事。正在討論得不知如何是好的時候，一個架眼鏡的青年人說：「各位朋友，我們是反迫害行動聯盟的服務工作員。有關政府今次拆屋計畫，是不合理的，是壓迫居民的。他們不理居民們的就業就學情況，胡亂的將居民迫遷到遠遠的開發區，不顧居民的死活，他們只知搵錢不負責任。我們全力支持居民合理的要求，爭取入住市區的公共屋邨。」居民說：「那麼，我們該怎辦？」居民們好像有了解決方法一樣的興奮。年輕人繼續說：「我們要立刻行動起來，爭取各方面的支持。先開記者招待會，明天上午到房屋署交

涉，下午去督轅府靜坐抗議。」說話還沒完，居民便響起了陣陣熱烈支持的呼喊聲和掌聲。

第二天，各大報紙大字標題「拆屋事件」，青年人帶著居民傾巢而出的四處奔走呼號，可是整天都是在乞求、等待，以及無可奈何的答覆聲中度過。所得的結果是「照原定計畫進行」。居民在督轅府前靜坐抗議，已經夜深了，他們仍然不願離去，孩子們餓得整夜哭哭叫叫，平日寧靜的督轅府門前，今夜人影晃動，愁思處處。

當太陽還沒有伸出頭來的時候，居民已匆匆返回木屋區。當晨光曦微的時候，大隊「藍帽子」已占領了有利的攻擊線。居民與警察對峙著。「各位居民，我們已經準備了多輛大卡車，免費協助你們搬屋。請你合作，把東西搬上車。」他們排成一字形的陣勢，與「藍帽子」對峙著。

……

居民如同歷史上所有的失敗者一樣，血和汗沾污了衣衫，默默地坐在路旁飲泣。陳亞水看見十多年的老窩，一塊一塊的給人拆落，想起了小時候爬上樹頂搗毀雀巢的樂趣，心中忽然一陣內疚。道友李含著菸看看自己的窗門，給鐵棒一棍的打下來時，嘴角一抽縮，菸掉在地上，發出一點星火，掙扎著熄滅。阿嬌這時混在人群中，淚眼滂沱的躲在丈夫後面，雙手拚命的抱著那快要墜下的大肚子。在這群愁思滿面的人堆後面，那位老人家還是那麼安詳地坐在地上，沒有絲毫的憂傷，但是那乾巴的眼角隱隱地掛上一滴淚，透視以往的歷史……

「各位居民，我們已經準備十多輛大卡車，免費協助居民搬屋，請快將傢俬雜物搬上車。」阿嬌搶先的走上車，她的丈夫勞如弟挽著幾件簡單的行李跟在後面，接著是其他居民，不用太久，這個低窪地又回復往日的寧靜，好像比從前更加寧靜。

只有老人的嘆息深深地埋在亂七八槽的廢鐵片下。

附錄二
文史習作

這是我在能仁書院就讀文史系和研究所碩士班時發表的小論文。大專時對少數民族研究有濃厚興趣，上研究所後才轉向越南文學和史學研究，當時寫了幾篇文章，投稿報紙或雜誌而留存下來。摘錄幾篇，收錄在這裡，並不表示有任何學術價值，而是作為一點學習心得，留下走過的痕跡。現在對這些課題的內容，特別是少數民族史，基本上忘記得差不多了。

一 吐蕃音義之種種說法[*]

「吐蕃」一詞始現於唐史。《舊唐書‧吐蕃傳》曰:「以禿髮為國號,語訛謂之吐蕃。」而《新唐書‧吐蕃傳》云:「吐蕃本西羌屬,百有五十種,散處河湟、江岷間。有發羌、唐旄等,然未始與中國通,居析支水西。祖曰鶻提勃悉野,健武多智,稍並諸羌據其地。蕃發聲近,故其子孫曰吐蕃而姓勃窣野,或曰南涼禿髮利鹿孤之後……。」此處「禿髮」訛為「吐蕃」,或是「蕃聲發近」皆涉及音轉問題。惟我人咸知「蕃」字泛指中原以外的外族。

自唐以後,史書沿用「吐蕃」一詞迄五代至宋。有元一代則省「吐蕃」為「土番」,或以其地處中國之西故稱之為西番,而蒙古語呼「吐蕃」為「圖伯特」、「土伯特」、或「唐古特」等稱。及至明代則據元朝在西番地方所設立之行政機構名稱而稱之為「烏斯藏」或音轉為「衛藏」。「烏斯」之意為中心,「藏」的意思是清淨,烏斯藏即清淨中心,是佛國淨土的意義。烏斯藏或衛藏延用至清代,因其地偏處西陲,又更名為西藏,其意為西方淨土。自是「西藏」一詞沿用至今。以上為西藏名稱之變化。外國人稱西藏為 Tibet 或 Thibet 皆據土伯特音轉過來。

由是而知,唐時之吐蕃時為今日之藏族,這是無可置疑的。而藏人則自稱其人其地為「博」(Bod)。據王忠著《新唐書‧吐蕃傳》箋證謂:「據吐蕃古史記載,河源一帶亙古以來即為蘇毗居地……蘇毗中心區在今拉薩一帶,古稱『博』,今仍為藏族和西藏地方的通稱。」《中國少數民族》一書謂:「藏族是漢語的稱謂,藏族自稱為『博』,都是以藏族主要聚居地區,漢語稱為西藏和藏語稱為『博』而得名。

---

* 1984年本文刊於《香港時報》副刊。

藏語對居住在不同地區的人又有不同的稱謂：居住在西藏阿里地區的人自稱為『兌巴』，後藏地區的人自稱為『藏巴』，前藏地區的人自稱為『衛巴』；居住在西藏東境和四川西部的人自稱為『康巴』；居住在西藏北境和四川西北部、甘肅南部青海地區的人自稱『安多娃』，統稱為『博巴』。」

可見藏族自古迄今都自稱為「博」，然而關於唐代出現的「吐蕃」一詞，其音與義是否與「博」有關呢？中外學者就有著不同之見解，現述其要如下：

丁謙著《新唐書・吐蕃傳》地理考證謂：「吐蕃為唐代最強之國，本名土伯特，一作圖伯特，又名唐古忒。按華人於外夷每稱曰蕃。吐蕃者，土伯特蕃之省文也。」

法國學者伯希和氏極力反對將「吐蕃」讀若「吐波」。他認為「吐蕃」是「禿髮」的音轉。所以他說：「原則上應保留吐番（讀如Thu-Pwan），僅僅承認自唐代始，因音聲的變化，或者用PW轉為F而已。」

印度的西藏專家S. C. Das謂：「紀元四一四年（東晉安帝義熙一〇年間），互中亞以及蒙古一帶，征服廣大地域的大酋長，有蕃尼（Fanni）者，他所領有的一個地方，是游牧人民的高原地帶，稱為禿髮（Tufa），以後訛傳為吐蕃（Tufan）。Tufa是Tupo或Tubo的同音語，這個名稱變為蒙古語的時候，就成為Tubot，再一轉變，最後就成為英語的Tibet。」

日本學人青木文教則認為Tufa的F音，在藏語內是沒有的，必須以P代替，因而Tufa換掉為Tupa。而Tupa的發音與Stodpa差

不多相同。而Stod意為高原，Pa意為人。Stod意指位於西藏西北部的高原地帶，那個地方的居民就被叫做「禿巴」。

美國西藏學權威W. W. Rockhill認為「吐蕃的原語是Tu-Bad，那就是和現在中部西藏人所居住的Stod-Bod地方同一名稱。它的意義：Stod意為高原，相當於原語的Tu，也就是漢字的吐；Bod是西藏的本名，它的表音就是『蕃』。結果，吐蕃一詞，可以做為對於『高原西藏』原語的一個譯音名稱了。」

學者Ritter認為：「吐蕃是藏語Thopho的釋詞，它是戰勝國的王者與勇敢人民的一個稱呼，而且此一稱呼，是以Thu-Bo或Thuh-Pa為語源的。Thuh-Pa的意思是強者。」

我國學者歐陽無畏認為「蕃」字是Bod的音譯，讀作「鉢」。「吐」則為Bof的義譯。換言之，「鉢」Bod在音譯上為「蕃」，在意義上則譯作「發聲」或「吐」，故意「吐蕃」一字為音、義兩譯之名。

以上學者除丁氏和伯希和氏之外，皆認為「蕃」是「Bod」的對音，讀如「波」或「鉢」，各學者又能樹立一種可能的說法去解釋之。但是，究竟唐代時「吐蕃」的「蕃」字讀如「波」或讀如「翻」或讀如「煩」呢？實在是一尚未定論的歷史問題。今試訓釋「蕃」字的音與義如下：

《說文》謂：「蕃，艸茂也，從艸發聲。甫煩切。」《周禮・大行人》謂：「九州之外謂之蕃國。」〈微子之命〉謂：「以蕃王室。」釋文謂：「蕃本作藩。」由是而知「蕃」的意思不外指「繁茂滋長」、「防衛」及「中原以外之外國」而言已。但是

「蕃」之音又如何呢？據《說文》謂：「蕃，番聲。甫煩切。」段氏《說文解字》注謂：「𥸨古文番，按九哥𥸨芳椒分成堂王。注布香椒於堂上也。𥸨一作播。……按播以番為聲，此屈賦假番為播也。」《禮記・明堂》位謂：「黃馬蕃鬣。」釋文謂：「蕃本作番。」《周禮・大司樂》謂：「藩當為播，讀如后稷播百穀之播。」而據《廣韻校本》謂：「蕃又音藩。」《史記・秦本記》謂：「番番當作皤皤。」由是而知「蕃」除讀如「甫煩切」和「附袁切」外，又可讀如「番」、「播」、「藩」及「皤」等。查《說文》謂：「播，補過切。」《廣韻》校本謂：「番，《說文》曰獸足謂之番。經典作番又翻、盤、藩三音，書亦音波。」又《廣韻》通檢謂：「皤，薄波切。」而《辭海》謂：「番番同皤皤，勇武貌，讀如波。《書・秦誓》：番番良土。」換言之「蕃」字亦可讀如「波」。

但是唐代之「蕃國」、「和蕃」、「外蕃」的「蕃」字與「吐蕃」的「蕃」字之讀音又是否相同呢？若據丁謙及伯希和氏之意，則「外蕃」之「蕃」與「吐蕃」之「蕃」讀音應是相同的，但不讀如「波」（Bod）。大多數學者則認為「外蕃」之「蕃」字與「吐蕃」之「蕃」字的讀音應是有所區別；換言之，「外蕃」讀如「外 Fan」而「吐蕃」則讀如「吐 Bod」。若是如此，吾人甚感狐疑的是「吐蕃」一詞出現於唐史時，著史者何以不加標明其音與義呢？而竟以「禿髮」訛為「吐蕃」或「蕃發聲近」作算。顯然著史者並不認為「外蕃」之「蕃」字與「吐蕃」之「蕃」字的音義有何區別，祇認為「禿髮」訛為「吐蕃」而已。查《說文》謂：「發，從弓弩聲，方伐切。」又「髮，方伐切。」因此筆者認為「吐蕃」或為「禿髮」的音轉，並不涉及「蕃」字的字義，也不涉及藏人自稱「博」（Bod）的音與義。故吾人以為「吐蕃」一詞或應保留如伯希和氏所說的，讀如 Thupwan 較為適宜。

二 錫伯族西戍記[*]

一 前言

現今生活於新疆伊犁境的錫伯族，是古代鮮卑族的支裔。本來游獵於中國東北之大興安嶺。明末清初為滿州所役屬，於乾隆年間，部分錫伯族人被遣派駐防新疆，漸而發展為今天新疆的錫伯族。

二 錫伯的族屬

錫伯的名稱在不同的漢文史籍中，有不同的譯音或寫法。有稱之為：「西伯」、「席百」、「席北」、「悉比」或「史伯」等稱謂。然而似乎都是「鮮卑」的音轉。錫伯族人皆自認為是古鮮卑的後裔。

鮮卑是中國古代北方東胡族的一支，游牧於大興安嶺東麓的西拉木倫河附近。東漢時代，由於雄霸漠北的匈奴族為漢軍所敗，因而大舉西遷域外，鮮卑族便乘此機會進入漠北，占領匈奴故地。六朝時代，鮮卑族的慕容、拓拔、宇文等部落曾在黃河流域建立政權，並漸而融合於漢族中。不過當時尚有少部分的鮮卑族人，並沒有離開大興安嶺的故鄉，仍然在那裡過著原始的游獵生活，這些鮮卑人可能就是今日錫伯族的先民。

三 西戍的原因

明末清初，錫伯族原聚居於嫩江與遼河之間，隸屬於科爾沁蒙古。康熙三十一年（1692），科爾沁蒙古貴族將錫伯族獻給清政府。

---

[*] 1984年本文刊於《香港時報》副刊。

自是以後，錫伯被編入滿州上三旗中，分別駐守齊齊哈爾、伯都納（今哈爾濱）和烏拉吉林三城，隸屬於黑龍江將軍和吉林將軍。這時錫伯因與先進的滿漢民族習處，已放棄了游獵方式，過著農耕生活。後清室恐錫伯人眾生事，因此採取分而治之的政策，將三城的錫伯兵丁及其家眷全部遷來北京、盛京及其所屬的城鎮駐防當差，這可以說是錫伯族的第一次遷徙。

自遷入盛京以後，錫伯族對於清室的一切差使，都極勤奮，由是取得了清室的重視與信任。因此錫伯族人有升官至二品大臣者，而官員的議敘、補授均與滿州相同，這些事實顯示了錫伯族政治地位的提高。錫伯族之所以取得清室的重視，除上述之原因外，最重要的似乎是錫伯族是一支保留著游獵習慣，勇敢善戰的兵種。當時的錫伯兵在滿洲軍中，已享有相當的聲望，清室對他們的戰鬥力十分重視。這也就是為什麼錫伯族要駐防新疆的原因。

先是乾隆廿二、廿四年（1757-1759），清政府先後平定新疆的阿睦爾撒納和大小和卓叛亂之後，有鑑於伊犁地方人煙稀少，土地荒蕪，國防不足。當時沙皇俄國又不斷向東方擴張勢力，所以清室一面由內地派遣官兵築城駐防，一面從南疆移民到北疆屯田，並且在乾隆廿七年（1762），任命明瑞為首任伊犁將軍，駐守伊犁惠遠城，總理南北兩路的軍政事務。由於沙俄的威脅日益增加，清政府有感伊犁東北的喀爾巴哈臺（今新疆塔城一帶）地區的防衛不足，而此地毗連伊犁，且是通往阿爾泰、科布多（外蒙）等地的重要戰畧要塞，因此決定在塔爾巴哈臺築城駐防，此事交由伊犁將軍明瑞辦理。明瑞深感伊犁現有官兵不足調遣，而新調入新疆之兵丁大都訓練不足，又聞悉錫伯官兵乃一支驍勇強悍，善於騎射的軍隊，因而奏請調撥盛京的錫伯官兵駐防伊犁。清室有感西北邊塞之緊張，因而決定從盛京抽調錫伯精銳官兵一千名連同他們的家眷兵四千多人，調防伊犁，這便決定了錫伯族西遷的命運。

四　西行經過

　　錫伯官兵及其家眷在盛京起程前，除由盛京戶部支付官兵之俸銀、津貼、馬匹外，各官兵家屬，每戶給整裝銀等三十多兩、馬六匹，牛三頭、車一輛。家屬們自備兩月口糧分成兩隊，於乾隆廿九年（1764）四月十日與四月十九四先後啟程。

　　錫伯官兵扶老攜幼，趕著牛車，離開盛京向西進發。他們先出彰武台邊門（遼寧境）經克魯倫路（即沿克魯倫河之驛道北上），至蒙古路再向西北行至烏里雅蘇臺，是時已經是八月中，蒙古草原已是寒氣凌人的季節，錫伯族無法前進，於是決定在烏里雅蘇臺紮營，等來年春天再前往伊犁。由於長途跋涉，畜口疲弱，加上嚴寒之冬季，所以開春之時，瘟疫流行，牲口死的死病的病，再不能擔當運載的任務。錫伯族惟有向烏里雅蘇臺將軍借用馬五百匹、駝五百峰，答應抵伊犁後照數交還，若有傷亡則照價賠償。因此錫伯族於乾隆三十年（1765）三月再分成兩隊由烏里雅蘇臺起程，行至科布多時又遇上阿爾泰山融雪，河水溢流而湧急，所借之馬駝死傷甚多，惟有咨請伊犁派人接濟，幾經波折錫伯族人終於在乾隆三十年七月先後抵達伊犁，完成這次艱苦的西遷旅程。

五　伊犁屯田

　　原先伊犁將軍明瑞打算將錫伯官兵安置於博羅塔拉（今新疆博樂），使其游牧駐防。但是在乾隆二十九年（1764），這時錫伯還未抵步，而塔爾巴哈臺已開始築城，故博羅塔拉地區急需派兵屯守，明瑞惟有暫時遣派察哈爾官兵駐守該地。當錫伯抵達伊犁時，明瑞才曉得錫伯族已不是游獵民族而是以務農維生的民族。另一方面察哈爾官兵十分適宜駐守博羅塔拉地區，所以明瑞決定該地由察哈爾官兵駐守，

再行另覓一能耕能牧之地區給錫伯族屯駐。

　　當時，伊犁將軍及參贊大臣等皆駐在伊犁河北邊的惠遠城。城內由滿洲兵駐防，城之西北由索倫兵駐防屯田，城東則駐有滿洲兵，城南則是伊犁河，河之南乃一荒蕪之地，防務空虛，故急需派兵屯守。因此在乾隆三十一年（1766），伊犁將軍明瑞命錫伯官兵及家眷等屯田於伊犁河南之地，於是錫伯按照清朝八旗兵制在伊犁河南的巴圖蒙柯軍台和固爾班托海等地駐防屯田，並自行修築房舍，拓殖農田。自此之後，錫伯除了屯守伊犁河南外，還要派遣官兵到塔爾巴哈臺、喀什噶爾和英吉沙爾等地換防當差。

　　錫伯族之所以駐防新疆，目的是捍衛西北邊防要地。在這方面，錫伯官兵曾作出了不可磨滅的功績。十九世紀二十年代，英帝在南亞的勢力已擴張至中國新疆南部地區，並且支持了張格爾等親英勢力在南疆煽動分裂。錫伯官兵八百多人隨同清軍出師討伐，且生擒張格爾等頭目。這時候的清政府已開始腐敗，沙俄對我國西陲要塞更是虎視眈眈，終於在同治十年（1871）強行出兵占據伊犁。錫伯族曾力拒沙俄的統治，採取拒租及不合作之態度，且暗中貯糧，聯絡清軍收復伊犁，阻擋了沙俄東進的企圖。

　　錫伯族自聚居伊犁後，除負擔防衛任務外，便開始水利建設和發展農業，並取得了巨大的功績。嘉慶七年（1802），錫伯族在察布查爾山口，自崖上開鑿大渠，經過六年時間，終於引來伊犁河水，使該處荒蕪之地變為良田。因此錫伯族人便成了當地的水利工程師，接二連三地開鑿了幾條大渠，使伊犁河兩岸得到充沛的水源，並且大事墾殖，使當地居民之哈薩克族、蒙古族也因此而學會了農耕技術，促進伊犁地區之農業發展，這便是錫伯西遷後所作的貢獻。

六 結語

西戍新疆的錫伯族，顯然與留在東北故鄉的錫伯族人有著不同的
發展。一般而言，留在東北的錫伯族人，無論是語言、生活及風俗習
慣大都融合於當地的漢族中。而新疆的錫伯族人因居地較為集中，因
此保持了自己的民族語言及風俗習慣的特色，據中共公報的資料透
露：現今的錫伯族人口約有四萬四千人（1978），百分之五十以上聚
居於新疆伊犁河流域，其餘的則分散在中國東北各地城鄉。

三　《竹取物語》與《斑竹姑娘》之比較研究[*]

一　前言

　　《竹取物語》是日本平安朝（西元794-1185）前期傳承下來的一部最古老的物語文學作品。野口元大考證說《竹取物語》的成立是在「貞觀末年就是在元慶年間。」即寫成於九世紀末葉。紫式部在《源氏物語》中把《竹取物語》評價為「物語誕生的始祖」。日本學人譽之為古典文學的母親。可見《竹取物語》在日本文學史上的崇高定位。

　　《斑竹姑娘》的故事流傳於我國四川省金沙江畔之間，是我國藏族古代民間故事集《金玉鳳凰》中的一個故事。這本故事集在一九五七年由上海少年兒童出版社出版。出版後，故事集中《斑竹姑娘》的故事竟引起日本學者的莫大興趣。原因是一位名叫百田彌榮子的女大學生以畢業論文的方式比較了《竹取物語》與《斑竹姑娘》兩篇文章，發現了「兩篇故事」（求婚）難題的內容以及求婚人各自的作法和破綻，都驚人地吻合。「而更有決定意義的一點，即那個提出難題的少女都生自竹中，而且在轉瞬間長大成熟，兩個故事的這一開端如出一轍。」她的比較被譽為「有衝擊性的發現」，亦因此在日本引起了「《竹取物話》是中國種嗎？」的疑問。

　　《竹取物語》與《斑竹姑娘》如此神韻契合，顯示了他們的淵源關係，正如野口元大說：「若將這一現象僅僅看作是神話領域司空見慣的巧合，那麼站在故事中的每一處細節都不可思議地相契合的事實面前，也仍然不得不躊躇深思。」要探求兩者的淵源關係是一項複雜

---

[*]　1986年6月24日，本文刊於《華僑日報》副刊。

的學術研究，這不能單靠文學領域的研究就可以解決，一定還要深及
民族學、文化交流史、語言學及宗教學等的比較研究，或有可能找到
兩故事淵源的一些蛛絲馬跡。

本文的目的只是對兩故事的內容作一比較，從而論述各自的中心
旨趣，亦可藉此窺見同樣的故事素材，落在不同文化背景的民族所表
現的不同傾向性。

二 《竹取物語》與《斑竹姑娘》的內容概述

（甲）《竹取物語》

《竹取物語》的內容大意是說一位叫贊岐造麻呂的老人，經年累
月靠上山砍竹子做竹器為生。有一天他發現一節竹射出光來，於是他
便把它砍開，發現了一個三寸長短的小人兒。他把這個小人兒抱回家
中撫養，不到三個月，這三寸的小人兒變長得有成年人那麼高。這位
伐竹翁當然十分高興，況且自從小人兒回家以後，他每次上山砍竹
時，常常在砍斷的竹節間發現了黃金，因此他很快便成了十分富有的
人。那位長得十分漂亮的竹生女孩取名叫做赫夜姬，從此她便成為公
子哥兒的追求對像了。

但由於赫夜姬的性格十分高傲，使到很多求婚者失望而離去，只
剩下五位十分尊貴的貴族和高級官員在她的門前日夜地等候著。伐竹
翁苦勸她應從五位中選擇一位作為丈夫，她為了避免養父母的担心，
便答應了，但提出了五難題考驗他們是否真心愛她。那五難題是叫他
們去找她所指定的寶物，誰找回來便嫁給誰。那五件寶物分別是：

　　1. 菩薩的石鉢盂；
　　2. 以蓬萊山的一支白銀、黃金和珍珠樹；
　　3. 大唐的火鼠皮袍；

4.龍頸上發五色光的寶珠；

5.燕子裡的安貝。

結果他們五人都失敗了。

赫夜姬的美貌及求婚者的事給天皇知道後，便下令伐竹翁造麻呂將他的女兒赫夜姬送進皇宮，可是赫夜姬竟以死要脅，不肯服從天皇的旨意。因此天皇便親身巡幸到伐竹翁的家裡，找到了赫夜姬，並揚言一定帶她入宮。赫夜姬便隱身消失在空氣中，不再在天皇面前露面。天皇帶著十分失望的心情回宮後，也因此而害了相思病，終日念念不忘這位美麗的赫夜姬。天皇開始獨居寢室，痴心一片地想著他心愛的赫夜姬。

然而不幸的事終於來臨了，赫夜姬接二連三的在夜裡對著明月發愁，且不停地飲泣。她的養父母伐竹翁夫婦覺得十分奇怪，苦苦追問之下才曉得箇中原因。原來赫夜姬原是月宮仙女，因為孽障未除，所以暫時棲息在凡間受苦。現在時間已到，月宮的仙人快要下凡來接她回去。赫夜姬知到快要離開日夕相對的父母時，便心痛悲傷起來。伐竹翁夫婦知道這情形後，堅決不讓仙人把赫夜姬帶走，並通知了天皇。天皇知道後更派出了最強陣容的衛隊把伐竹翁家重重包圍，屋頂也布滿拿弓箭的士兵，不准仙人接走赫夜姬。可是當仙人們下凡時，他們所發出的強光把衛兵們堅強的防禦全部瓦解，赫夜姬穿上了天宮羽衣升回月宮去了。

赫夜姬離開人間後，伐竹翁夫婦傷心到得了重病，天皇也膳食不思，把殿前的歌舞音樂也撤走了，並命人將赫夜姬所贈送的不死藥和自己所作的詩歌，放在富士山的尖頂上焚燒掉。

（乙）《斑竹姑娘》

斑竹姑娘大意是說一位老媽媽和他的兒子朗巴生活在四川金沙江

畔，他們是靠種竹為生的。那裡的人特別喜歡楠竹，因為楠竹用處最廣，價錢最好。母子的生活本來還算過得去的，但好景不常，土司竟以最低賤的價錢強行收購了所有竹林的筍子，並要他們照顧看守著，等筍子長成竹子才派人砍下來。

土司的無理欺壓，使老媽媽和朗巴吃盡了苦頭。他們餓著肚子看著楠竹的長大，眼淚水也一天一天的多起來。但是奇怪的事發生了，母子每流出一顆淚珠，楠竹上青瓦色的竹幹便升出一塊斑點。淚珠越多斑點也越多，好像畫家繪上去似的。其中有一根楠竹長到與朗巴一樣高時，便不再向上長了。這根楠竹隨著朗巴日日的淚水而增長出美麗的斑點來。

一年後土司派人來砍楠竹，老媽媽傷心到昏了幾回。當他們要砍那根跟朗巴一樣高的楠竹時，朗巴苦苦的哀求，但他們還是舉起刀砍下去，老媽媽看著心疼得很，便拉著他們，因而被他們的刀砍傷了手指。她的血濺到那根楠竹上又昏了過去。

他們終於將所有的楠竹砍斷，扎好了便扛下河去，朗巴趁著扛竹的沒有注意時，抱著那根和他一樣高的楠竹走向陡岩去，一下子拋進了漩渦打轉的水沱裡。扛竹的走了以後，朗巴便冒著生命危險從陡岩爬下水沱，把那根楠竹抱上來。當他爬上岩口時，已累得沉睡不醒了。隔了很久以後，朗巴被陣陣哭聲驚醒，原來那些哭聲是從那根楠竹發出來的。老媽媽小心地把它抱回家，並小心的劈開楠竹一看，裡面竟然有一位漂亮的小女孩。更奇妙的是小女孩見風直長，一會兒便長得和朗巴一樣的高大。

從此這位從楠竹出生的斑竹姑娘便和他們一起生活，更答應了老媽媽三年後便和朗巴結婚。自從那位橫暴的土司死後，他的兒子和四位惡少年到處作威生事。有一回他們無意中在竹林裡看到了斑竹姑娘，便仗著地位與權勢嚷著要和斑竹姑娘結婚。當時朗巴出外去了，老媽媽十分掛心，斑竹姑娘提出了條件，限他們在三年內取回一件指定的

寶物，誰能取回來便嫁給誰，過了三年便無效了。那五件寶物是：

    1. 一口打不破的金鐘；

    2. 一株打不碎的玉樹；

    3. 一件燒不爛的火鼠皮袍；

    4. 海龍頷下的分水珠；

    5. 燕子窩裡的金蛋。

這五位惡少年一口答應便各自尋寶去了，然而他們都歸於失敗，三年後斑竹姑娘和朗巴便快快樂樂的結成夫婦。

（丙）兩故事極為類似的地方

    兩故事最吻合如同一轍的地方，是女主角的奇蹟的出生與成長，以及向求婚者所提出的難題和求婚者失敗的經過。現列表對照如下：（原文是陳述句，今改為列表）

表一　發現、出生和成長經過

項目	《竹取物語》	《斑竹姑娘》
發現者	伐竹翁造麻呂。	種竹為生的老媽媽和兒子朗巴。
出生經過	伐竹翁把竹子從透光處砍斷，發現三寸長短的小人兒。	老媽媽劈開楠竹，裡面竟有一漂亮的女孩。
成長經過	小女孩在老夫婦撫育下，才過三個月，就長得有成人這麼高了。	朗巴轉身取馬奶餵她，那女孩子見風直長，她已經長得和他一般高大。

表二　五位求婚者

求婚者	類別	《竹取物語》	《斑竹姑娘》
第一位	A難題	菩薩的石鉢盂	一口打不破的金鐘
	B取寶	求婚者將大和國山寺裡，被煤煙薰得烏黑的石鉢充當。	求婚者偷了深山廟裡的銅鐘，鍍了金。
	C結果	赫夜姬認為鉢應該有奇光異彩的，因而識穿了求婚者的陰謀，他因事敗而羞得逃走了。	斑竹姑娘用錐子向銅鐘一戳，金箔脫落，被戳了一個大洞。求婚者因事敗羞得逃走了。
第二位	A難題	以蓬萊山的一支以白銀為根、黃金為幹，珍珠為實的樹。	一株打不碎的玉樹。
	B取寶	求婚者召聘了六位首屈一指的鍛冶工匠；投入巨資讓他們製成珠樹。	求婚者僱用了手藝高超的漢人工匠，投入巨資讓他們制成玉樹。
	C結果	因鍛冶工匠追討賞賜而揭發了求婚者的欺詐。他溜走了，但在歸途中被工匠懲罰了一頓，躲進了深山。	因工匠們追討工錢而揭發了求婚者的欺詐。他想抱著玉樹逃走，但給工匠們把玉樹打碎了，他羞着走了。
第三位	A難題	大唐的火鼠皮袍。	一件燒不爛的火鼠皮袍。
	B取寶	求婚者託人買到了天竺聖僧攜來唐土的火鼠裘。	求婚者在松潘的深山的古廟中，找到了皮袍。
	C結果	赫夜姬把火鼠皮袍拋入火中一燒，一陣熊熊大火就把皮袍燒了個清光，求婚者失色而歸。	斑竹姑娘將皮袍投進火中一燒，皮袍燒成了灰爐，求婚者沮喪之至地回去了。
第四位	A難題	龍頸上發五色光的寶珠。	海龍頷下的分水珠。
	B取寶	求婚者把糧食、財物分給家臣們，讓他們代找寶珠，家	求婚者把金銀、刀鎗分給家丁們，派他們去取分水珠；家丁拿

求婚者	類別	《竹取物語》	《斑竹姑娘》
		臣們拿了錢財躲了起來。求婚者親自乘船出海，遇了大風，嘔吐起來，三、四天後被大風吹到海灘。	了財物溜到很遠的地方去安家。求婚者親自乘船出海，遇上大風，暈船嘔吐，七天後被吹上孤島。
	C結果	家臣用腰輿，抬求婚者回到邸中。	求婚者流落異鄉。
第五位	A難題	**燕子裡的安貝。**	**燕子窩裡的金蛋。**
	B取寶	有人報告在膳食房屋梁上燕子築巢。求婚者坐進筐子裡叫人用繩子吊上去，想一下子把安貝拉出來，但家臣因急放繩子讓他摔了下來。	有人騙求婚者說山頂的摩天台上的燕窩裡有金蛋。他便用桶繫在繩子上，坐了進去繞上摩天台的畫梁，因躲避燕子的攻擊而摔了下來。
	C結果	求婚者斷了氣。	求婚者死了。

　　從上述兩書內容的對照，可發現兩故事中的基本素材是來自同一源流的，但有趣的是，它們所表現的旨趣傾向，卻有著極大的分別。

三　《竹取物語》與《斑竹姑娘》的旨趣

　　《竹取物語》可以說是一部涉及貴族階層生活的作品。它具有批判諷刺現實的一面，也有著令人感到深沉與浪漫的一面。日本學者認為作者可能是「一個大學寮出身者，不然的話也具有大學寮出身者同等以上的良好學識素養及強烈的理性求知慾的人。」作者似乎是通過赫夜姬的智慧，將那些昏庸無能而又欺詐的貴族之醜惡面貌無情揭露、例如石作的皇子找不到「菩薩的鉢盂」，便胡亂的將大和國山寺裡被煙薰得烏黑的石鉢來充當；又例如庫特的皇子因不能到東海蓬萊山找那棵「以白銀為根、黃金為幹、珍珠為實的樹」，竟召聘了六位

首屈一指的鍛冶工匠製成了一棵玉樹，幾乎把赫夜姬欺騙了，後因工匠得不到賞賜才識穿了他的欺詐行為。

作者對於天皇的描寫又如何呢？天皇身為一國之君有著至高的尊嚴和權威，當是可以呼風喚雨的了，他的命令又有誰敢違抗呢？但是當他召赫夜姬入宮的時候，赫夜姬卻說：「哪怕是皇上降旨召我進宮，我也不會從命的。」就因為赫夜姬的絕不入宮，天皇也無可奈何的，只有一顆心完全沉醉在對赫夜姬的相思之中。從那以後，天皇開始獨居寢室，除非萬不得已，絕不到后妃的寢殿去。抱著這樣心情的一位國君又怎能料理好國家大事呢？

從赫夜姬愚弄五位貴族的求婚，以及拒絕天皇的愛情，讀者好像感到赫夜姬是一位完全能夠主宰自己命運的女神了。然而事實並不如是呢！在「天宮羽衣」一節中，我們清楚的知道赫夜姬的命運還不是她自己所能主宰的，她很快便被仙人接回去。她極其悲傷的對伐竹翁夫婦說：「在人世間遊戲了這麼久，覺得什麼都親切，要我回到月中，我的心情絲毫不快活，只覺得難以割捨。然而，由不得我作主呀，我只有辭別父母親了。」這不正好說明了這位能將五位貴族和天皇玩弄於掌上的女神的悲哀嗎？

當仙使下凡來接赫夜姬時，天皇「降旨諸衛司，遴選中將高野大國為敕使，統率六衛府兵二千人到伐竹翁家，把住宅團團圍住，護牆上派出千名兵丁，屋頂上也是一千人，又把老人家裡所有男丁集中起來，裡三層外三層，將房子護衛得密不透風。」這是天皇以最強的力量保衛赫夜姬，然而當天使下凡時，祂們所發出的強光，使天皇最強的防禦不費吹灰之力便自動的瓦解了。這是作者傳達的宿命論，即是說一切事物的進程，皆依預定的命運發生，是一切人力所不能改變的。這是一種悲痛的、絕望的人生觀。

赫夜姬終於升天了，她悲慟的對伐竹翁說：「我也是迫於無奈，只能就這樣去了。我快要升天了，爸爸媽媽送送我吧。」這表現了人

類所獨有的生離死別的親情，然而這種感情是仙界所沒有的。當赫夜姬「一穿上羽衣，剛才覺得老父親可憐可悲的心情頓時消失殆盡。」這是何等的冷漠無情，這就是仙人的理智世界嗎？這裡作者對於人類的感情是有所肯定的。作者描寫赫夜姬臨升仙時，還要寫一封信給天皇以表達自己的愛意。當時仙使們十分焦躁的說：「要誤了時辰了。」赫夜姬卻指責仙使們的「太不通情理了。」雖然作者曾借仙使們的口中說出人世間是「塵世穢物，沒有慧根」，但通過赫夜姬對伐竹翁的親情表現，對天皇的示愛，突出了人類的高尚情操。

　　然而人世間的命運不是由自己主宰的，故事中人物的命運完全由仙界的仙人們所主宰了。祂們留下那不幸和悲痛給人們去品嚐。伐竹翁夫婦苦苦地思念赫夜姬，他們哭到雙眼滲出血來，被憔悴重病纏得臥病不起。天皇也不好過呢！自從他批閱了赫夜姬寫給她的信後，內心痛楚如刀割，膳食不思，並吩咐把殿前的歌舞音樂都撤了下去。

　　作者最後描述天皇命令敕使把赫夜姬贈送的不死藥和自己所作的詩篇一起裝在壺中，帶到富士山最高處架在火堆上焚燒。本故事最後一句話是「據說當年在山頂點火以後，那美麗的輕煙，直到如今還向雲中裊裊直上呢。」這是作者人生觀的整個表現：人的一生冥冥有所命定，這是人力所不能改變的，命運是悲劇性的，地上的天皇也是如此，這種悲劇如富士山之煙，永遠不熄地在人類社會流傳下去。

　　與《竹取物語》幾乎完全相同資料寫出來的《斑竹姑娘》，顯然是傳達了一種絕然不同的旨趣。在《竹取物語》中，伐竹翁發現赫夜姬是偶然的，他在竹林中發現一株竹子熠熠放光，砍斷後便看見一個三吋長短的小人兒了。他撫養了三個月便長得如成人一樣高，這種感情的聯繫顯然是不深厚的，赫夜姬離去時所表現的傷心也只能是人之常情吧了。相反的，在《斑竹姑娘》裡就表現了斑竹姑娘與老媽媽和朗巴斬不斷的血的感情。可以說《竹取物語》表達的高層次的人生哲理，正如野口元大說：「這部物語（指《竹取物語》）從表面看來儘管

頗多遊戲之筆，並似乎以無拘束的戲謔為其作用，但它絕不是那種附上大量註釋、供童稚婦孺消遣的藻繪之作。」它的讀者對象是和作者「同一教養水平（大學寮）的男性知識階層。」很有趣的是《斑竹姑娘》是講給兒童聽的，可以說是童話故事。故事中是充滿著童稚溫馨的感情，平實而真摯。以下是對《斑竹姑娘》的論述。

《斑竹姑娘》中也有批判土司的橫暴與欺詐，這只是故事的緣起或襯托老媽媽母子生活的艱苦。作者首先述及金沙江畔人們對楠竹的喜愛，繼而寫土司以十分低的價錢收購所有筍子，還要人們看守筍子長大。老媽媽和朗巴看著竹子一天天長大，內心便越來越傷心，淚珠也越來越多。最奇怪的是他們每一滴淚珠，楠竹的青瓦竹幹上便生出一塊斑點來，這顯示了母子與楠竹的不尋常關係。作者再進一步描述其中一根楠竹長到和朗巴一樣高的時候，再也不肯向上長的情況。

這種人物交感之事，暗示了朗巴與這根楠竹的親密關係。以及土司派人來砍楠竹時，老媽媽為了保護那根與朗巴一般高的楠竹而被砍傷了手指，她的血濺到那根楠竹上，這顯示了那根楠竹與老媽媽有了血緣上的關係。後來朗巴趁著扛竹的人不留意，抱了那根楠竹拋在河水裡。那根楠竹像懂人性似的「跟著漩渦打轉轉，一會兒飄到河中，一會兒又飄到岩腳，總不肯隨波逐流而去。」朗巴冒著生命危險爬下陡岩把楠竹救起來，這意味著那根楠竹的生命與朗巴的生命已連在一起了。這是作者有意的鋪陳，使那根楠竹與老媽媽和朗巴的生命不可分割。當老媽媽劈開楠竹後，斑竹姑娘便成他們家庭的一分子了。

這對青年人的生活怎麼樣呢？作者用開朗而帶歌頌的語調說：朗巴和斑竹姑娘長得快，男的像山鷹一樣英俊，女的像牝鹿一樣美麗。男的唱歌像金沙江流水，那麼婉轉而雄渾；女的歌像百靈那麼清脆迷人。這是一對年輕戀人的生活，老媽媽看著他們「常常笑得從夢中醒來。」他們開心的生活著，真實地生活著。他們一起種地、澆竹林，還時常一起上山打獵。

　　斑竹姑娘的生活是赫夜姬所沒有的。赫夜姬好像是生活在寶盒中
的夜明珠一樣，只有伐竹翁可以看見她。她是悲傷的，她知道自己不
能主宰自己的命運，她不敢去表示對天皇的愛情，因為她知道自己快
要回到天宮去。這是赫夜姬的悲哀，也是作者的悲哀。相反的，斑竹
姑娘與朗巴的婚事，遇到五少年的曲折，但這曲折更顯出斑竹與朗巴
的堅貞愛情，他們終於愉快地結成夫婦。這種大團圓式的結局與赫夜
姬帶淚離開，留下永遠的悲痛在人間是絕然不同的，這是兩故事最大
的分別。

四　結語

　　《竹取物語》的藝術成就較《斑竹姑娘》高出很多。可以說《竹
取物語》是一篇具有思想具有創意的小說。它深沉地表現了作者的的
人生觀，從而反映出當時現實生活中的矛盾。相反的，《斑竹姑娘》
只是一篇簡潔而溫馨的童話故事，揚溢著年輕人對美滿生活的憧憬。
大團圓的結局更展現了作者對未來生活充滿著希望和信心。

　　我們可以這樣說，《斑竹姑娘》的內容是較幼稚和原始的，而
《竹取物語》已越過了這一階段，正向更高的寫作藝術和思想前進。
這並不意味著《竹取物語》的原本是從《斑竹姑娘》轉過來。很有可
能這兩故事皆淵源自另一民族的傳說，其後各自發展為具有民族性格
的故事。我們不能不正視在同一素材下，而轉化為兩種絕然不同，甚
至相反的旨趣傾向；一是悲劇性的，一是喜劇性的意旨。《竹取物語》
正好表現了大和民族那種「莫然的悲哀」（芥川龍芝介語）的人生
觀，而《斑竹姑娘》則表現了我國金沙江畔藏族開朗而自信的性格。

四　明代《南翁夢錄》撰著者黎澄身世考[*]

一　撰者的時代及是書的價值

　　《南翁夢錄》一書是明正議大夫資治尹工部左侍郎交南黎澄所撰。序文寫於明正統三年（1438），換言之，是書在是年或以前已完成。由於明史無傳，故黎澄生平亦鮮為人知。作者在序文謂：「交南人物。自昔蕃盛，豈可以偏方而遽謂無人乎哉？前人言行才調多有可取者，至於兵火之間，書籍灰燼，遂令泯滅無聞，可不惜歟？興思及此，尋繹舊事，遺亡殆盡，猶得百中之一二，集以為書，名之曰《南翁夢錄》以備觀覽。以揚前人之片善；一以資君子之異聞，雖則區區于小說，亦將少助于燕談。」作者是交南人（即安南人），觀其序文念念不忘故國之思，因而尋繹舊事，集以成書。雖謂以資君子之異聞，實以慰其心中的鬱結。其時安南已進入後黎朝，而黎澄則在中國任官。他於何時和為何進入中國？下文將詳加考證。為了考證方便有必要將安南後黎朝以前的歷史略加述明。

　　安南自秦漢後為中國郡縣之地，歷朝中央政府均派將官鎮駐。於是安南地區在中國文化薰陶下，文教大開，典章文物幾同內地。唐末五代，中原板蕩，安南亂象相繼而生，先後有楊廷藝、矯公羨、吳權、楊三哥、吳昌文等稱帝自立，互相攻殺。其後發展為十二使君割據稱雄的局面。至宋太祖開寶元年（西元968年）交阯華閭洞人丁部領削平群雄，統一安南自立為帝，自是安南脫離中國的統轄。雖然安南丁、黎、李、陳各朝均向中國稱臣入貢且接受中國冊封，但實際是一獨立自主的國家。安南自立國後，一切典章制度等均模仿中國，儼似一小中國。

---

[*]　本文刊於《東方雜誌》（復刊第20卷），第6期，1986年12月1日。

　　宋、元兩代曾數度向安南用兵，但因安南力拒，均無功而回。明成祖時正值安南陳朝末年，其時陳朝外戚黎季犛弒主篡位，自立為王，陳氏王孫陳天平從老撾逃來中國告難於明，成祖因而興兵南下。明永樂五年（1407）征安南軍生擒黎犛父子，明朝乘時改安南為交阯，設三司治理，安南再度為中國的郡縣。其時安南人心不服，屢起叛亂，明軍疲於應付，終於在宣德三年（1428）宣布班師回國，棄守安南。安南頭目黎利乘勢自立，建立黎朝，史或稱後黎朝，自是安南又恢復其自主的地位。

　　在明統治安南期間，曾下詔訪求「山林隱逸、明經博學、賢良方正、孝弟力田、聰明正值、廉能幹濟、練達吏事、精通書算、明習兵法及容貌魁岸、語言便利、膂力勇敢、陰陽術數、醫藥方脈諸人，悉以禮敦致，送京錄用。於是張輔等先後奏舉九千餘人。」（見《明史》卷三二一）《南翁夢錄》作者黎澄是否於是時奏舉中入中國呢？他在序中唶歎說：「交南人物，自昔蕃盛，豈可以偏方而遽謂無人乎哉？前人言行才調，多有可取者。至于兵火之間，書籍灰燼，遂令泯滅無聞，可不惜歟！」又謂「彼中人物，昔甚繁華，時遷事變，略無遺跡，惟我一人知而道之。」

　　這裡反映出作者對安南昔日的繁華是十分熟悉的，是亦間接證明他來自安南。序中謂「兵火之間，書籍灰燼，遂令泯滅無聞。」顯然是暗指明永樂年間明大軍南侵安南時所造成的破壞活動。因明成祖於發大軍討伐黎季犛前夕，曾諭勅總兵官朱能等「軍中事十件」，其中一項謂：「兵入，除釋道經板經文不燬外，一切書板文字以至禮俗童蒙所習如上大人丘乙己之類，片紙隻字悉皆燬之，其境內凡有古昔中國所立碑刻存之，但安南所立者悉壞之，一字勿存。」（見李文鳳編《越嶠書》卷二）明成祖興師討伐黎季犛，除因其弒主篡位大逆不道外，成祖之別有用心於此可見。黎澄處於這「時遷事變」的時代，安南往事亦只有他一人知而道之，可見《南翁夢錄》一書，多少反映作

者故國鄉情的心態。書中沒有系統的敘述安南史事，也沒有直接抒發亡國的感受。正如序文中謂：「尋繹舊事，遺亡殆盡，猶得百中一二……雖則區區于小說，亦將少助于燕談。」這只是筆記小說一類的作品。

是書大致可分為上下兩篇。上篇是記載安南李陳兩朝的善人異事，內容涉及陳朝王室的事蹟的有「藝王始末」、「竹林示寂」、「祖靈定命」、「德必有位」、「婦德貞明」、「聞喪氣絕」，其他有儒行「文貞鯁直」、醫行「醫善用心」、怪異「勇力神異」、貞節「夫妻死節」，僧道事蹟有「僧道神通」、「奏章明驗」、「壓浪真人」、「明空神異」、「入夢療病」、「尼師德行」、「感激徒行」等條。以上除四條記載李朝事蹟外，餘皆與陳朝有關，且多記陳王室事蹟，故對於了解安南陳氏王朝是有有所幫助的。

下篇詩論是最有價值的部分。這篇全是記載陳朝詩人的事蹟和作品，並略評其詩藝與行誼。從各條的標題中亦大略可知作者對詩人的評鑑。計有「疊字詩格」、「詩意清新」、「忠直善絡」、「詩諷忠諫」、「詩用前人警句」、「詩言自負」、「命通詩兆」、「詩志功名」、「小詩麗句」、「詩酒驚人」、「詩兆餘慶」、「詩稱相職」、「詩歡致君」、「貴客相歡」等條。所涉及的陳朝詩人有：陳聖王、竹林大士（陳仁王）、陳明王、范邁、范遇、陳元旦、岑樓、阮忠彥，黎括、范五老、陳愛山、胡宗鷟、阮聖訓、陳藝王、陳恭信、莫記等共十六人，引詩句共十八首，保留了安南陳朝文學的寶貴資料。

因此黎澄《南翁夢錄》一書是研究安南歷史的重要著作，其價值是不容忽視的。在卷帙浩繁的古代中國，能確知是安南人所撰著的書籍只有三本。一本是元朝黎崱的《安南志略》，其次是明朝不知撰者的《越史略》，三便是黎澄所撰的《南翁夢錄》，這三書可以說是研究安南歷史與文化的一手資料，是以，清楚黎澄的身世有助於進一步了解明朝時代中國與安南的關係。

二　黎澄先世考

黎澄先世，在《南翁夢錄》中間有涉及，現將資料摘錄如下：

> 澄先人之外祖曰范公諱彬，家世業醫，事陳英王為判太醫令……後之子孫為良醫，官四、五品者二、三人，世皆稱譽其不墜家業。（見「醫善用心」條）

> 澄太父之外祖曰阮公諱聖訓，事陳仁王為中書侍郎，性甚仁厚，少年登高科，最能詩，當時無敵。後人稱為南方詩祖……其女配我曾祖，生太父及陳明王次妃，妃生藝王。卒有贈典尊榮，門閭昌盛之福……以至四世外孫如澄今者，出自幽谷，遷于喬本，溝斷之餘，濫同成器，豈非先人之澤未割，乃得生逢聖世，深沐堯仁而有此奇遇也歟。（見「詩兆餘慶」條）

第一條與其先世關係不大故不論，而第二條則隱約可見出黎澄先世的來龍去脈。原來他的曾祖母之父親便是有「南方詩祖」美譽的安南陳朝大詩人阮聖訓。重要的是其曾祖育有一子一女，子便是黎澄的太父（即祖父），女則嫁與陳明王為次妃。這裡顯示黎氏與陳朝有著某種的外戚關係。

陳明王（安南史稱陳明宗）是陳朝第五代皇帝，陳英宗的第四子。他於元延祐元年（1314）繼位，改元大慶，在位十五年，傳位其幼子陳憲宗。明宗次妃（即黎澄的太姑母）生藝王，陳藝王即陳藝宗，是安南陳朝第九代皇帝，明宗的第三子。藝宗於明洪武三年（1370）即皇帝位，改元紹慶，即位三年傳位其弟陳睿宗。從以上的資料中可以理出黎澄可稱陳藝宗為「表叔伯」了。雖然如此，但對於黎澄的父系情況仍毫無資料。究竟黎澄父親是誰？《南翁夢錄》隻字

不提，也找不出一點蛛絲馬跡，這是令人失望的。若祇據《南翁夢錄》一書相信沒法查出其身世，所以筆者試從其他方面加以探究。

三　安南陳朝叛臣黎季犛父子

《明史》卷三二一「安南條」有一段令人興奮的紀錄：「（成祖永樂五年）九月，季犛、蒼父子俘至闕下，與偽相胡杜等悉屬吏，赦蒼弟衛國大王澄子芮，所司給衣食。」黎季犛是安南陳朝外戚，曾篡位自立，前文已有所述及。今引《明史》以證：「（明洪武十年，安南）國相黎季犛竊柄，廢其主煒（即陳廢帝）尋弒之，立叔明子日焜（即陳順宗）主國事，仍假煒名入貢。朝廷知而納之。越數年始覺，命廣西守臣絕其使，季犛懼。廿七年遣使由廣東入貢，帝怒，遣官結責，卻其貢。季犛益懼，明年復詭詞入貢。

帝雖惡其弒逆，不欲勞師遠征，乃納之……建文元年（1399）季犛弒日焜，立其子顒（即陳少帝）。又弒顒，立其弟安〔火在下〕，方在襁褓中，復弒之。黎季犛大殺陳氏宗族而自立，更姓名為胡一元，名其子蒼曰胡互〔大在上〕，謂出帝舜裔胡公後，僭國號大虞，年號元聖，尋自稱太上皇，傳位互，朝廷不知也。」又「永樂元年（1403）互自置權理安南事，遣使奉表朝貢言：『高皇帝（指明太祖）時安南王日煃（即陳裕宗）率先輸誠，不幸早亡，後嗣絕。臣陳氏甥，為眾所推，權理國事於今四年。望天恩賜封爵，臣有恐無二。』」由於季犛父子弒主篡位自立，引起明朝極大不滿，又藉成祖登基之際，欲一展明朝國力，於是在永樂四年（1406）命朱能為總兵官，沐晟為左副將軍，張輔為右副將軍，李彬、陳旭為左右參將，督領八十萬大軍南征。

結果大敗季犛父子，並將黎氏親族及將帥等全部俘送金陵問罪，其中有季犛子安南衛國大王黎澄其人。此季犛子澄與《南翁夢錄》撰

著者是否同屬一人？或只是同姓同名而已？從前文所述的歷史事件，可斷言其為同時代人，且兩「黎澄」均為陳氏外戚，但單憑這些不能確定其為一人。況且季犛子蒼自稱為安南陳王「甥」，其兄弟亦應如是稱，而據前文分析《南翁夢錄》撰者黎澄則應自稱為安南陳王「表侄」，那麼兩「澄」又似非同一人了。但是親屬稱謂往往因些微人事改變而前後不同，既如此，進一步考查季犛與陳朝的親屬關係或有幫助。

四　黎季犛與安南王室陳氏的關係

為了清楚指出季犛與陳氏的關係，先將有關資料展列後才進行分析。

（1）《欽定越史通鑑綱目》卷十一謂：

> 漢蒼季犛次子，元澄之弟，母徽寧公主，陳明宗之女也。季犛初欲立漢蒼而未決，乃假石硯語元澄曰：「此一拳石，有辰為雲為雨，以潤生民。使之對，以觀其意。」元澄應曰：「這三寸小松，他日作棟作樑，以扶社稷。」季犛乃立漢蒼。

（2）《大越史記本紀》卷九謂：

> 季犛以其位與子漢蒼，自稱太上皇同聽政……遣使如明。先是漢蒼母徽寧公主，陳明王之女，先嫁陳仁榮，藝宗奪以嫁季犛，生欽聖皇后及漢蒼。至是遣使如明，稱陳氏已絕，漢蒼明宗外孫，暫權國事。

（3）《欽定越史通鑑綱目》卷十謂：

> 陳藝宗二年（明洪武四年，1371）五月以外戚季犛為樞密使。
> 季犛祖胡興逸，浙江人。五季辰來南，因邑演州泡濱鄉，後胡
> 廉徙清化，為黎訓義子，因改姓黎。季犛其四世孫也。季犛姑
> 二人，明宗皆納之後宮。一生帝（即陳藝宗）是為明慈，一生
> 睿宗是為惇慈。故帝信用之，遂自祇候正掌隆是職，又以新寡
> 妹徽寧公主嫁之。

（4）《大越史記本紀》卷八謂：

> 陳藝宗二年五月以外戚黎貴（季）犛為樞密大使。季犛之姑妤
> （姊）妹二人，明宗皆納為宮人。一生帝是為明慈，一生睿宗
> 是為惇慈。故帝初政寵信任焉，又以新寡妹徽寧公主嫁之。

（5）《欽定越史通鑑綱目》卷十謂：

> 陳藝王二年春正月，道尊生母黎氏為明慈皇太妃。

上述資料（1）、（2）說明季犛的長子為元澄次子為漢蒼，《明史》卷
三二一謂：「赦蒼弟衛國大王澄」一條有誤。至於季犛傳位給次子蒼
而不立元澄，是因為次子蒼為徽寧公主所親生。徽寧公主是明宗女，
藝宗妹，換言之漢蒼可自稱為明宗的外孫，也可自稱是陳藝宗甥，這
是季犛篡位的用心所在。元澄因非徽寧公主親生，故有自知之明，那
只好說「這三寸小松，他日作棟作樑，以社稷」來對應其父的試探。

（3）、（4）兩條資料大致相同，其重要有二：一是季犛先世的說
明。原來黎季犛先祖本姓胡氏，浙江人，五代時由中國南來，後從義
父改姓黎。這說明為什麼季犛篡位後即更改「姓名為胡一元，名其子

蒼為胡互，謂出帝舜裔胡公後，僭國號大虞」（見《明史》卷三二一）的行動。其次是季犛與陳朝的關係。季犛的姑母姊妹二人皆為明宗的宮人，一生藝宗、一生睿宗，換言之，季犛與陳藝宗、陳睿宗有「表兄弟」的關係，原則上季犛子亦可自稱為陳王「表侄」。

　　資料（5）證明陳藝宗的生母慈皇太妃姓黎氏，亦即季犛的其中一位姑母。據上所述，大略亦見出季犛與陳氏的親屬關係，其受到重用與信任不是偶然的，況且季犛長女亦嫁陳順宗為皇后（見《欽定越史通鑑綱目》卷十一）。季犛便是憑藉著諸多外戚關係的條件下，從祇候正掌的小官吏一路陞至國相，以致走向弒主篡位，自立為王的途徑，其間還有一系列的歷史事件，因非本文目的，故不詳述。

五　黎澄身世及入中國後的遭遇

　　清楚了季犛與藝宗的親屬關係後，很容易使人想起《南翁夢錄》撰著者黎澄如何述及其先世與安南朝的關係。他說：「澄太父之外祖曰阮公聖訓，事陳仁王為中書侍郎……後其女配我曾祖，生太父及陳明王次妃，妃生藝王……。」（見「詩兆餘慶」條）季犛姑母兩人入宮為明宗妃子，其一生藝王；《南翁夢錄》的撰著者黎澄亦謂其太姑母曾入宮為陳明宗次妃而生陳藝王，陳藝王的生母明慈皇太紀姓黎氏。換言之，生陳藝宗的黎氏即季犛的太姑母，因此季犛亦即《南翁夢錄》撰者者黎澄的父親。也就是說，永樂五年被俘至金陵後被赦的衛國大王黎澄，亦即後來撰寫《南翁夢錄》一書的正議大夫資治尹工部左侍郎交南黎澄孟源先生。那麼黎澄的太父是誰？《明史》卷三二一記載，陳朝倍臣裴伯耆詢闕告難言：「竊惟季犛乃故經略史黎國髦之子，世事陳氏，叨竊寵榮，及其子蒼，亦蒙貴任……」季犛的父親即安南陳朝經略史黎國髦之子，亦即黎澄的太父，至此黎澄的身世亦應大白於世了。

　　黎澄家族既是安南陳朝顯赫的外戚，且其父子曾為帝為王，何以《南翁夢錄》中竟隻字不提及呢？這是不難理解的。他在序文中曾謂：「或問予曰：『君所書者皆是善人，平生聞見不善乎？』予應曰：『善者我所樂聞，故能記之，不善者非無，吾不記耳。』」為何不善者不記呢？原因或在此，其父季犛弒主篡位之事，當然是大不善，若記則於心不忍；記則無以面對明朝的責難。雖知明人心目中的季犛父子是弒主篡位的叛徒，人人得而誅之的亂臣賊子。這情況黎澄是十分清楚的，那麼將所有不善者不記，便可避開他心中的隱痛。

　　季犛父子被俘送金陵後的命運如何，則有不同的說法，試展列如下：

　　（1）《大越史記本紀》卷十謂：

　　　　張輔、沐晟使都督僉事柳昇、橫海將軍曾麟、神機將軍張勝都、指揮俞讓、指揮同知梁鼎、指揮僉事申志俘送季犛及其子：漢蒼、澄、潄、汪，孫：芮、滷、范、幼孫五郎，弟：季貌，姪：元咎、子駢，叔：驊伯、駿延、燁廷，懬將臣：東山鄉侯胡杜、行遣阮彥光、黎景琦、將軍縣伯段擊、亭伯陳湯夢，中郎將范六材及其印信驛獻金陵。胡氏（指季犛）之到金陵也，明帝問曰：「中國如此，何不畏服而敢憑陵抗拒。」具以不知對。明帝曰：「嘗告諸來使者，何為不知？」明遂以王汝相同彥栩、阮均、黎師凱，假授京兆侍郎，山西、陝西、山東參政，遣人護送，中途殺之。

　　（2）《大越史記本紀》卷十註釋云：

　　　　明帝御奉天門受之。季犛及子蒼、胡杜等悉付獄，誅之。而赦其子孫，惟季犛子澄進神鎗法，詔官之。事實出明史。」又注

云：「外史載二胡至金陵，明帝賜季犛姓名胡一元，漢蒼名胡亥，送至北俄驛，誅之。封其二墓以為弒逆之戒。」又注云：「全越詩載季犛在獄囚，其子澄進神鎗法，得授禮部尚書。澄乞恩開宥，季犛得赦出，卒壽終。」

（3）《欽定越史通鑑綱目》、卷十二謂：

明帝御殿受之，問季犛曰：「弒主篡國，此人臣之道乎？」季犛不能對，乃悉下獄。赦其子澄、孫芮。後季犛釋自獄戌廣西。澄以善兵器進鎗法，赦用之。

（4）《明史》卷三二一謂：

季犛、蒼父子俘至闕下，與偽將相胡杜等悉屬吏。赦蒼弟衛國大王澄、子芮，所司給衣食。

（5）明張鏡心《馭交記》卷四謂：

上御奉天門受之，文武群臣皆侍。兵部侍郎方賓讀露布畢，以季犛及子蒼，偽將相胡杜等悉付獄，而赦其子孫澄、芮等，命有司給衣食。

（6）明嚴從簡輯《殊域周咨錄》卷五謂：

敵俘至京。上御奉天門受之，文武群臣皆侍。兵部侍郎方賓讀露布畢，季犛及子蒼、偽將胡杜等悉付獄，誅之，而赦其子孫。惟蒼弟澄進神鎗法，詔官之。

又卷六引「孤樹裒談」云：

> 永樂中，安南黎季犛降，其三子皆隨入朝。其孟曰澄，賜姓陳，
> 官為戶部尚書。澄善製槍，為朝廷創神槍，後貶某官，命其子
> 世襲錦衣指揮。澄願從文，乃許。令世以一人為國子生，今凡
> 祭兵器並祭澄也。其仲曰某，賜姓鄧，亦官尚書，後貶江陰縣
> 佐，有三子，亦令一人襲錦衣指揮，並賜江陰田甚厚，永蠲其
> 徭，今猶守世業。其季曰某，官為指揮，久之，乞歸祭墓，既
> 往即自立為王。季犛死，葬京師，其子後遷葬於鍾山之傍。

以上資料大致說明季犛父子被俘後的不同命運。季犛及次子漢
蒼、諸將相等皆囚於獄中，後或被誅或被釋。其他子孫則赦而給衣
食，季犛長子黎澄因進神鎗法不但獲赦，且授以官。黎澄是否官至
「禮部尚書」或「戶部尚書」等職則闕足夠資料以證，但至明英宗正
統三年，黎澄為其《南翁夢錄》寫序文時仍為正議大夫資治尹工部左
侍郎一職則為事實。而且生活上也算安定富足，這從《南翁夢錄》中
可窺知。他說：「澄今者出自幽谷，遷於喬木，溝斷之餘，濫同成
器。豈非先人之澤未割，乃得生逢聖世，深沐堯仁而有此奇異也
歟！」（見〈詩兆餘慶〉）亂臣賊子，人人得而誅之，黎澄被俘至金陵
後竟得高官厚祿，他自己亦認為是一種難以想及的奇遇呢。

從以上的分析可知，黎澄被俘至中國後不但沒有坐獄或被殺，而
是官運亨通，這是因他懂得製造神鎗的原故。事實上，永樂年間安南
軍的火器，其威力比明軍要強大得多。這可從明成祖發兵征安南時諭
勅總兵官朱能等有關「軍中事十件」見之。其中一項謂：「聞黎賊多
備火器以拒離我師。夫軍旅之行，凡遇山林險阻，尚且避之，不使疲
勞軍力，況聞賊有所備而不思所以防之乎？故勅工部計較造成挨牌以
當火器。初編竹一層，箭直透過入地，翎花俱沒，再用二層，蹉縫編

之以牛皮，入道繮裡試之。三十步箭透三寸五分，二十五步箭透四寸，十五步箭透五寸，甚是堅固，以是擁蔽，火器不能為患，軍士自然輕敵。今就發去一面為式，高五尺二寸六分，上闊一尺八寸，下闊一尺三寸六分。」（見李文鳳編《越嶠書》卷二）

　　明成祖對於安南火器的威力是有所認識的，所以再三叮囑研製一種堅固的挨碑（盾牌）以擋安南火器。其實這種安南火器亦即前文所說的神鎗，那時明人還不懂製造的方法。《明史》卷九十二謂：「古所謂礮，皆以機發石。元初得西域礮，攻金、蔡州城始用火。然造法不傳，後亦罕用。至明成祖平交阯，得神機鎗礮法，將置神機營肄習。」「明成祖平交阯」即大敗季犛並將安南改為交阯，設三司治理一事，明亦從安南學「得神機鎗礮法」。前文資料說黎澄進神鎗法得赦，並授以官的說法，是有根據的，也值得相信。是以黎澄在中國軍事史上也應記上一功呢。

　　據前文考證，筆者斷言《南翁夢錄》一書撰著者黎澄，亦即永樂五年（1407）因父篡位自立而同被俘送金陵的安南陳朝外戚季犛的長子、安南衛國大王黎元澄。

附錄三
成大生活點滴錄

一九九三年八月一日因應聘國立成功大學歷史系教職定居臺南，至二〇一七年七月三十一日正式退休共二十四年，這裡是我人生中工作最長的地方，也是我安身立命之所，我視臺南為我的第二故鄉，雖然我聽不懂臺語，但這不妨礙我對這裡的認識和愛護。二十多年來，每逢星期日都會開車到南部各鄉鎮、村里、山海附近走一走，除了陪伴小孩和太太外，認識本土的風土人情是我的目的。至今我大概開車環島三、四次，上阿里山、塔塔加和武嶺幾乎每年都走一走，這是我在臺灣最自由自在的生活。其他時間除了教學和指導研究生論文外，學術研究是我的主要工作。收錄在這裡是在成大生活中的文章，以及我退休時同學主辦的一場研討會和中研院《明清研究通訊》的訪問記錄，一併收入，以誌職場生活的結束。

一 隨筆三篇[*]

隨筆一

《明報月刊》（2002年1月）刊出〈諾貝爾獎百週年紀念〉特輯，其中有二〇〇〇年度諾貝爾文學獎得主高行健先生的〈文學的見證：對真實的追求〉一文。文中提及「文學的見證較之歷史，往往要深刻得多。歷史總帶有權力的烙印，而且隨著權力的更替而一再改寫。文學作品一經發表卻改寫不了，作家對歷史的承擔因而更重。歷史可以一再變臉，也因為不用個人來承擔責任，而作家面對自己印出來的書，白紙黑字卻無法抹殺。」讀到高先生這段文字時，心裡感到不快，再三思考，心情頓時沉重下來。寫歷史的人很容易被權力或意識形態所籠絡，為國家、民族、或主義等服務，所以寫歷史的人，也應具有虔誠的赤子之心才行。

隨筆二

最近讀到李歐梵先生的〈知識分子的當代作用〉一文，他在文中提到葛蘭齊把知識分子分為傳統（生活於農村，可坐而論道，談文說藝）與機動（生活於都市，是現代工業社會的產物，能為所屬的階層爭取文化霸權）兩類；而薩依德把機動知識分子的定義更為推廣，凡為公司或各行業做廣告和公關的人都是。李先生說：臺灣泛政治化以後，知識分子登上仕途，似乎不再關心文化；大陸適得其反，多數知識分子與政權疏離，但在文化領域卻發起各種運動，屢屢為了爭奪話

---

[*] （《導師通訊》（班刊）2002年3月、4月、5月，第2、3、4期）

語霸權而爭論不休；而在香港，各式各樣的機動知識分子比比皆是，但只知為商品服務，而鮮有人站在公共領域或公民社會的立場作文化批評。李先生說新馬地區的知識分子更為可愛，「他們爭的不是名利或霸權，只不過是些許發言和論述的空間。」

李先生有禮失求諸野的感慨是可以理解的。傳統知識分子的理念距離我們真的越來越遙遠了，「不為五斗米折腰」及「雖千萬人吾往矣」的志氣與情操，在自由民主的國度裡已變得非常高調和不近人情。有人以為在民主自由的國度裡，知識分子的角色已從傳統轉入機動，但是如果沒有那種「為生民立命，為往聖繼絕學，為萬世開太平」的精神，在現代化的華人社會裡還剩下些什麼呢？所謂機動知識分子只是為了個人的或某一團體的「動機」而有所作為，因此，他們所做的事不一定有益於全體人民，這也是我近來所憂慮的問題。

隨筆三

上一期通訊我曾談及對知識分子的憂慮，想不到四月九日《中國時報》創辦人余紀忠先生與世長辭的消息傳來，心中有一股說不出的難過，也許自今而後再沒有傳統的知識分子了。余先生幾十年來為臺灣孕育了新聞工作者的風骨，他的報紙一直是社會的良知與正義，他也為臺灣培訓了一批有理想的文化青年，余先生可說是當代中國知識分子的光輝典範。

我是讀報紙長大的，從小學五年級開始讀報至今未斷。在香港，我是《明報》的讀者，社長是查良鏞先生也是《明報》社論的主筆，他對中國共產黨的諍言與批判，一直影響著我，但是，他的武俠小說如《射鵰英雄傳》等，我卻都沒有看完。到臺灣後《中國時報》成為我的早點，每天起來必先讀報才回學校，這已是每天生活的習慣。報紙是我收集各方面資訊的重要來源，感情也由此產生，如果與辦報人

的理念格格不入，那讀下去也沒有什麼意義。但願《中國時報》堅持余先生的辦報精神與理念，繼往開來，讓我有報可讀。

二　走在成大歷史系的時空中[*]

　　一九九三年八月一日，從香港飛抵高雄小港機場，轉乘計程車到達臺南成功大學歷史系，約三小時的行程，便開始了我在臺灣的教與學的生活。對於中華民國，特別是那面隨風飄揚的青天白日滿地紅國旗，我有著圖騰式的感情；這並不是我的家族與國民政府有什麼淵源關係，而是小時候每到雙十國慶鄰居便升起一面大幅的國旗，旗杆旁掛滿了數不清的大小一樣的小青天白日紅旗。不曉得是什麼原因這一天顯得特別興奮，與平時經過社區警察局所看見的米字旗有著截然不同的感覺。我家就在維多利亞港的最東邊，剛好是大洋船進港的附近，我最喜歡看船尾掛著的國籍旗，然而，每當看見五星旗的船便有點兒失落。

　　一九六七年受到文化大革命的影響，左派分子在香港發起所謂反英抗暴鬥爭，每天從街上、收音機、電視機聽到和看到嚇人的土製炸彈與激烈的示威遊行，還有港英政府出動軍警鎮壓滋事分子的暴力血腥場面，我心裡十分悸動，原來大陸與香港是那麼的親近。從此，反思中國成為我日常生活的一部分。對自由祖國復興基地臺灣我有著無限的深情；但我也關注著反帝國主義的紅色中國。好不容易到了九十年代，大陸政治狂熱開始衰退，臺灣也面對新的挑戰，一個新的時代來臨。

　　一九八〇年六月，拿著五千塊港幣，在家人的反對下獨個兒到大陸浪蕩了兩個月，為的是感受中國。從香港乘船出發到上海，然後坐火車經北京―呼和浩特―太原―西安―蘭州―酒泉―哈密―吐魯番―烏魯木齊，回程從寶雞轉向成都―重慶，穿過長江三峽，從武漢回

---

[*]　1999年寫於成大歷史系系慶三十週年文集。

港，五十多天的大陸行，恍如隔世，我背著沉重的包袱回來。我比從前更沈默了，擔子也愈來愈重，正是路漫漫其修遠兮，吾將上下而求索，學術生命也正式開始。

大陸終於解開心結，開始走向市場經濟，就在這當兒有關香港前途的談判亦已展開，一切令人感到無力與不安，對我來說是歷史的必然結果，心中有著更遠的期許與宏願。然而，突如其來的六四卻把心中的烈焰冷卻成鐵，一些認識的不認識的朋友都走了，而我並沒有絲毫離開的想法，對於這塊國土我有著莫名的承擔。可是，世間事並不由人所料，也許與中華民國緣未了，我竟然來到了臺南成功大學，遇到的朋友都會問：是九七？我真的苦笑難言。

走在成大校我園裡，我著實有更多的思考空間，殘留下來的城牆遺址以及小格局的小西門城樓，與日據時代留下的古建築群──舊文學院，這種不和諧的歷史事實與遺蹟，仍然活在我們的生活之中。遠處海邊的安平古堡與億載金城，中間佇立著與現代城市不甚協調的孔廟和赤崁樓，使我苦思冥想著紅毛、明鄭、滿清和日本之間交錯中的臺灣。真的，我從來沒有如此的親近臺灣，當我的本田喜美奔馳在阿里山後的塔塔加、武嶺，衝向嘉南平原阡陌交通的傳統農村，那似曾相識的親切著實使我嫣然，尤其是東海岸的藍水綠山，伴著黝黑的人民是那麼的怡然自得。

這裡的一切既熟悉又陌生，四百年的歷史滿頁是衝突、誤會、矛盾、無奈與融洽。當我在堂上細說著倭寇與海商，歐力東漸以及海外華人國家認同的同時，我才驚覺自己正處於歷史劇變之中。在那歇斯底里的吶喊競選聲中；統獨與主權穿刺夾雜著，中華民國的秋天映照一抹淡紅橫放在海峽上，潮起潮落，歷史就在這裡沉澱開展。我冷靜地思索五千年來的血與淚，人們不知不覺被僵固的意識犧牲了，猛然想起黃宗羲有關方鎮的構思，他深邃的智慧貫穿著對歷史的認知。

從香港到臺灣，短短幾年，竟出現老花眼，思考角度改變了，包

袱仍是重沉沉的。深秋的臺南北風更烈，拋一粒細沙在黃金海岸的沙灘上，看著遠遠的澎湖更遠的武夷，人們等待著海不揚波的日子，而我仍然思考著武夷山外新的結構藍圖。

三 「不惑──成大歷史系四十週年系慶文物特展」序言*

　　年過半百的人，對「人生七十古來稀」這句話，不見得會認同，但對「四十而不惑」的古訓，卻有深刻的體會與感動。「不惑」是走過那一段青春、任性、困惑、自我、不凡的歲月時所面對的成功與挫折、悲憤與喜悅、理想與現實生活中的矛盾與衝突的調適過程之經驗與成長。

　　這裡的每一幅造型呆板的老照片，或是那件留下汗臭的 T 裇，或是抄寫得密密麻麻而發黃了的筆記，還是那本被翻捲得快要斷裂的課本，都在歷史的氛圍中再次凝聚，回到那一段歷史生活的時空中，呢喃著一段快被遺忘的故事。

　　這次展出的文物是過去四十年歷史系師生們生活的見證。歷史系在成功大學作為一個獨立的學術單位只不過四十年，卻留下許多年輕歲月的回憶，承載著每一顆真誠的心，沐浴在源頭活水之中，走向宏願與希望。也為當下的同學，為了未來的歲月，提供了燈火相傳承之繼往開來的意義。

　　願每一位參觀者走過這一段歷史時空後，滿載著青春歲月時成長的喜悅和幸福。

---

* 2008年8月至2011年7月，擔任歷史系教授兼系主任。

四　《成大歷史系四十週年紀念文集》序[*]

　　今年（2009）五月十七日是本系創系四十週年的大日子，還記得系友們回娘家時興奮之情，瞬間又過去了。系友們的臉頰上雖已印上歲月的痕跡，但是那興奮而隱藏著的激動湧如噴泉，在系館教室、走廊或成功湖畔仍聽得到他們嘻嘻哈哈的笑聲或訴說著大學生活的點點滴滴，構成一段起落有致的音符，舒坦了數十年的青春夢。

　　為了迎接我們四十週年系慶生日，為了系友們回娘家，為了讓友系知道成大歷史系的能量，我們設計了一星期的慶祝活動，務求在校師生和系友們都能參與。五月十一日我們的慶祝活動正式開始，首先登場的是在文物館策展「四十不惑：成大歷史系四十週年系史展」，在展場中您一定能找到您自己或是熟悉但已幾乎記不起來的臉龐。從五月十二至十五日，我們設計了「歷史與電影之間：面對本土導演的三場饗宴」的系列座談，突顯歷史研究與電影產業文化的關係，邀請知名電影工作者蒞臨本系現身說法。第一場主講人黃玉珊編導，座談主題「真實與幻影：從〈池東紀事〉&〈南方紀事之浮光掠影〉談起」；第二場主講人林正盛導演，座談主題「記憶與遺忘，以〈天馬茶坊〉為主題」；第三場主講人洪智育導演，座談主題為「過去與未來，以〈1895－乙未臺灣〉為主軸，反省歷史」。

　　五月十四日本系標竿計畫「東亞歷史變遷研究」配合系慶系列活動，主辦一場工作坊「交錯中的東亞面向」，強化師生對東亞研究的認識，我們邀請甘懷真先生（臺大歷史系教授兼系主任）主講〈從「化外人」概念檢討傳統東亞之天下理論〉；陳國棟先生（中研院史語所研究員）主講〈從海域活動看東亞〉和吳密察先生（成大臺文系

---

[*] 2008年8月至2011年7月，擔任歷史系教授兼系主任。

教授兼系主任）主講〈東亞是什麼〉，引起師生們的熱烈迴響。五月
十六日我們邀請「第六回臺灣世界史討論會」成員從臺北移師成大歷
史系館舉行討論會，為歷史系生輝不少。當天傍晚，歷史系館前擠得
水洩不通，由在校同學精心設計和策劃的「歷史之夜」表演開始，年
輕的舞者渾身解數，故事新編感人惹笑，熱情的掌聲徘徊在成功湖上
空，將歷史系學生的組織力和文化創意呈現在觀眾的眼前。

　　掀起系慶高潮是在五月十七日的系慶茶會上，數十人聚在振芝講
堂，瀰漫著溫馨與歡樂的氣氛，在薪火相傳的儀式中，為成大歷史系
四十週年齊唱生日歌，共同分享四層高的大蛋糕。接下來是「七股潟
湖之旅」，探訪紅樹林、烤蚵仔，看著台江內海的晚霞，為四十週年
系慶活動畫下句點，卻又準備迎接五十週年的來臨。

　　除了以上的節目外，為了讓師生系友們能廣泛地參與，系慶籌委
會決定出版「成大歷史系四十週年紀念文集」。我們呼籲大家「動筆
寫一篇，留下您的一份情。」原以樂觀之心來等待，可是農曆年過
後，投稿不多，我們才緊張起來，不得不發出〈急遞鋪〉來催稿。
「為的是系慶您的一篇文稿／走了四十年／終於送到您的手上／也許
您可利用現代的驛傳系統 email, fax, 7-eleven, post, express, etc.／急遞
您的文稿您那年代的記憶／我們已站在第二聯隊兵舍的梯階上」等著
您的話語，終於送來了五十一篇珍貴的文稿，涵蘊著老中青三代情。

　　每一篇文稿都是歷史的見證，充滿感恩之情懷。有緣人一起走過
終身難忘的片段日子，字裡行間就充滿著「真」精神。我們都是科班
出身，雖然不一定成為史學家，但是我們活出「真」的我、「真」的
生活。願歷史學的「真」精神，隨著我們的生活走遍每一角落。

五　《東亞歷史變遷計畫：
　華北天主堂與天后宮田野考察報告》序

　　二〇〇六年教育部以專案「五年五百億（臺幣）」補助重點大學發展為世界一流大學的計畫。國立成功大學以「邁向頂尖大學計畫」獲得每年十七億的補助，這當然值得我們高興的事，也是全體師生的願望。學校經費增加了，我們比較弱勢的學門，以為會得到學校全力的支持，提高研究水平，大家都準備全力以赴，希望做出多些成績來。第一年提出申請計畫時我們滿懷希望，花了很多時間討論協商，最後提出「東亞歷史變遷研究計畫」企圖在未來五年，每年針對東亞地區五個城市之歷史變遷做研究，重構十六世紀以來「東亞城市變遷史」。

　　系上不同領域的老師，主要是中國史和臺灣史同事十多人組成團隊，不堅持自己的研究方向，企圖有所突破，我們編列每年約四至五百萬左右經費，因考慮到研究團隊共有十二、三人，且出國田野調查等花費頗大，平均每人約三十萬。可是經費批下來「東亞歷史變遷研究」只核准八十多萬，大家都大失所望，良好的意願完全落空了。在這樣有限的經費下，根本不可能從事原來構思的東亞城市研究方案。為了盡一點力，作為總主持人的我說服同事繼續支持本計畫，我們改變原來城市史研究構思，改以專題為主。即以自己專長研究領域為主，盡可能配合每年「東亞歷史變遷研究」的不同主題來做研究，因在自己的人文研究領域內，經費並不必然重要，其實每位人文學者沒有補助也都從事研究工作，因為教學、研究寫論文本來就是我們的責任，有經費補助，我們的構思空間會更大而已。

　　到了二〇〇七年，學校因一些理由，在原有經費中又因種種理由取回百分之二十，「東亞歷史變遷研究」在這種連「雞肋」也不如的

經費下，我們不好意思跟同行說我們獲得「五年五百億」的補助。真的，沒有這種補助，我們同樣也可做出相同的成績來。我們想過退回第二年計畫，其後考慮到學校新團隊上任，也為了「邁向頂尖大學」盡一份力，因此繼續執行此計畫。人文研究者不是要同情和憐憫，而是要公平、合理與尊重，以及有實質意義的前瞻性的政策。我們相信學校同仁們都有共同的願望，為成功大學「邁向頂尖大學」而努力。如果學校只透過自以為是的主觀願望，以 SSCI 來考核及獎勵的唯一標準，人文學者對此不但無動於衷，且會不屑一顧。要強化校園的人文氣息，提升學生的人文思維，達至博雅教學之效益，學校必須重視人文學門的生態及其存在的意義，如何喚起人文研究者的積極性、熱情、榮耀感才是長久之計。作為一流大學，沒有人文學者的舞臺，是無以為繼的。

雖如此，我們仍然勉為其難，積極進取，二〇〇七年十二月舉辦了「族群、遷徙與文化：第一屆東亞歷史變遷國際學術會議」，會議論文經外審通過後，刊登於《成大歷史學報》第三十五號和三十六號專號中，我們伙伴也有論文發表。在國內歷史學術界，同一單位內組成一個十人以上的研究團隊，竟維持幾年的合作，且研究成果繼續在成長中，真是一件不容易的事。我們都是一群有心之人，為了提升成功大學人文學門的研究，我們願意放下身段，團結一致參與整合型的研究，共同合作推動成大歷史系在國內外的能見度。

近年成大歷史系的研究成果，應值得肯定，團隊的運作成功地使「東亞歷史變遷研究」成為成大歷史系的重要標竿，也值得學校繼續支持和鼓勵。我們終於在二〇〇八至二〇一〇年榮獲「成功大學人文社會標竿新計畫」的全力支持，獲得較充裕的研究經費，使我們更積極的投入研究，除各成員的子計畫執行外，更設計各項學術研究活動；包括邀請著名國外學者來系講學、主辦學術研究工作坊和博士論文發表會、推動東亞田野考察與文化交流，並籌備二〇〇九年十一

月，舉辦「性別、身體與多元文化：第二屆東亞歷史變遷國際學術會議」等等。這幾年的一波接一波的學術活動，使南臺灣的學術氣氛熱鬧起來，可惜的是，二〇一一年後經費又再減半，接下來逐年遞減，至二〇一四年「東亞歷史變遷研究」戛然而止，總算告一段落。

　　在經費充裕的第二年（2009-2010），我們曾推動師生國外田野考察與文化交流的活動，其中一次是二〇〇九年「華北天后宮、天主堂考察與交流」就是我系師生執行「國立成功大學人文社會標竿新計畫」之「東亞歷史變遷研究計畫」的部分活動。本次考察的目的是觀察明代中葉後南方沿海宗教文化對京畿及華北沿海地區的影響；我們都知道十六世紀以來的大航海，近世基督教（天主教）從海路東來，先在東南亞建立據點如馬六甲、馬尼拉和澳門，再往東亞的交阯支那、東京、九州、長崎等地擴張。而在中國的北京，更是歐洲傳教士重要的聚落，目的是透過和中國皇室與官員的接觸，有利於基督教在中國的傳播。與此同時，南方本土天后信仰，卻隨著漕運或海洋貿易商人的足跡，在東亞各地沿海城市建立天后宮，成為商人及群眾的信仰中心，如華北沿海城市有天后宮的包括天津、煙臺、青島等海港城市。天后宮的出現與天主堂的建立代表著宗教與海洋貿易的密切關係，以及地區開發的時代意義，透過這次田調更能清楚觀察當時的狀況。

　　我們以寬廣的視野看待歷史，綜覽歷史的波瀾壯闊，因此本系選擇以東亞整體作為觀察與敘事範圍，整合系內中國史和臺灣史老師為研究團隊，互相學習和互相切磋。為求與國外學術界有更多、更深刻的交流，加強第一手資料之蒐集、與古文物之直接接觸；該次「華北地區天主堂、天后宮與孔廟田野考察」於二〇〇九年七月五日至十七日，由時任系主任鄭永常教授率領本系師生十二名，前往大陸之北京王府井天主堂（東堂）、宣武門天主堂（南堂）；天津天后宮；山東的煙臺天后宮、蓬萊天后宮、青島天后宮等地考察，沿途順道前往曲阜孔廟、五嶽之首的泰山參觀，探視中國學術思想的發源地，以及見識

傳統敬天之地，對於華北地區的文化有更深一層的了解和認識。最後並與北京大學歷史系、清華大學歷史系、南開大學歷史學院等簽署合作協議備忘錄，為日後的跨校學術交流奠定良好的互動模式。其間也到中國社科院明史研究室和山東大學歷史文化學院等參訪交流，雙方達成初步交流共識，也期許不久的將來可以展開合作。

這次考察，除了原訂的天主堂與天后宮之外，本團也參訪了許多名勝古蹟如北京故宮博物院、泰山、曲阜孔廟、臨淄古車博物館、濰坊楊家埠版畫作坊、青島德國殖民地總督府、青島康有為故居等，對於華北地區的文化有更深一層及多方面的了解。這次考察的順利完成，為本系日後陸續舉辦的國外考察奠立基礎。我們希望能循本次考察的模式，於明年舉辦日本或東南亞天后宮與天主堂之考察，而這項主題目前學術界尚未有深入探討。考察期間我們收集了相當多的相關資料如各單位的贈書，考察時購入的圖書、拍攝了合計上萬張的照片；其中以團員對於碑誌及建築物細部花紋圖案等特別有興趣，拍下非常珍貴的照片。我們將針對這些圖像資料進行整理研究，初步計畫出版師生合作《華北天后宮、天主堂考察與交流》一書，作為本次田野考察報告與研究成果之一，書中除輯錄部分珍貴圖像外，還有三篇學員田野考查觀察報告及三篇老師們對天后信仰的學術論文研究，以及一篇考查日記等。每篇內容活潑生動有意義，旅行、生活與研究並共冶一爐，值得一讀。（總主持人鄭永常誌，2013年）

六　退休點滴

說明：

　　二〇一七年七月三十一日正式從成大歷史系退休，因仍有研究生未畢業，繼續以「兼任教授」指導學生，我很喜歡回研究室，退休後與同事共用一間研究室我也經常回去，我習慣在研究室工作。退休時我指導的畢業生為我舉辦了一次學術研討會，發表人都是我指導過或在學的學生，我非常感謝他們的好意。成大歷史系沒有為退休老師辦學術研討會的傳統，這次由系主任翁嘉聲教授建議，由我指導的畢業同學和在校生籌辦，我卻被蒙在鼓裡。及至舉辦學術會議前三個月我才獲悉，我認為不妥當，避免引起不必要的誤會，但同學的論文已差不多準備好了，他們一番心意，我唯有隨他們心意，但堅持不用歷史系之名和系辦經費。我請同學以「我的研究室畢業同學」之名主辦是次會議，經費由同學支付。由於在學博班同學多以研究東南亞史為主，他們決定以「東南亞研究」為主題。其實二十多年來隨我研究的同學主要有明清史、東南亞華人史、東南亞史等領域，會議中同學要求我做一次「我的學思歷程」演講。二年多後，中研院「明清研究通訊」為我做一次專訪，我基本以「我的學思歷程」回應他們的訪問，我將這篇訪問收錄下來，讓大家了解我關注的研究課題。

（一）同學們饋贈匾額

兩邊持區額是我指導的究所畢業生：左邊是李貴民博士、右邊是郭人豪先生。中間是我本人，右二成大歷史系系主任翁嘉聲教授、右三是中研院臺史所林玉茹教授；左二是成大歷史系王琪教授、左三是國立東華大學臺灣文化學系康培德教授。

（二）東南亞史研究學術研討會暨祝賀鄭永常教授榮退

主旨：為響應政府新南向政策，以及展現成大歷史系對於東南亞史的學術研究前景，鄭永常教授研究室畢業同學發起籌辦有關東南亞歷史、文化、宗教等議題的學術研討會，以展現成大歷史系所擁有的東南亞學術研究能量，特於二〇一七年七月二十七日星期四（10:00-18:00）假成功大學光復校區文學院學術演講廳舉辦「東南亞史研究學術研討會」。

時間：2017年7月27日（星期四）

地點：成大文學院學術演講廳

2017年07月27日（星期四）			
10：00-10：20	報到成大文學院學術演講廳		
10：20-10：40	成大文學院陳玉女院長暨歷史系翁嘉聲主任開幕致詞		
10：40-10：50	鄭永常教授與學生的點滴回顧影片		
10：50-11：00	師生合影留念		
	主持人與討論人	發表人	題目
11：00-12：30	康培德教授 東華大學臺灣文化學系暨研究所	安煥然教授 馬來西亞南方大學院	滿剌加與明朝廷的兩個事例：息力八密息瓦兒丟八沙的求援與明朝冊封馬哈木沙
		吳龍雲教授 國立臺灣師範大學	華資與華工：馬來半島西岸的錫礦業
		周怡君博士生 國立成功大學歷史學系	17-19世紀爪哇殖民政權更替對華人甲必丹之影響
12：30-13：30	中午用餐休息		
13：30-15：00	林玉茹研究員 中研院臺史所	釋祖道博士生 國立成功大學歷史學系	十六世紀以前勃固的海洋角色
		范棋崴博士生 國立成功大學歷史學系	西力衝擊下的晚清外交使節之香港見聞（1866-1900）
		石文誠副研究員 國立臺灣歷史博物館	再論16、17世紀閩南海商貿易網絡：以澳門、越南二地為例
15：00-15：30	休息茶敘		
15：30-17：00	陳玉女教授 成大文學院院長	吳鵬基博士生 國立成功大學歷史學系	籌邊與必征──明嘉靖林希元的欽州治荒到主戰安南
		李貴民博士後研究 國立成功大學歷史學系	佛光再照南國──明末清初佛典南傳與越南佛教復興

		阮氏青河博士生 國立成功大學歷史學系	阮福映統一越南的手段與外界 聯手
17：00-18：00	講題：我的學思歷程主講人：鄭永常教授		
賦歸			

備註：一場次共三篇文章，時間九十分鐘，每一位報告人23分鐘，討論人的
　　　綜合討論20分鐘。

主辦：鄭永常教授研究室畢業同學籌辦；指導單位：成大文學院東南亞文化
　　　學分學程、成大歷史學系

（三）中央研究院《明清研究通訊》〈專訪鄭永常教授〉

第七十九期，2020年6月15日

訪談人：李佩蓁教授（中央研究院臺灣史研究所）

撰寫人：李貴民博士（國立成功大學歷史學系博士後研究人員）

　　鄭永常教授一九五二年出生於香港，一九九一年取得新亞研究所史學組博士學位，畢業後留校擔任博士後研究員。因緣際會之下，兩年後到臺灣進入成功大學歷史系任教，期間曾兼任系主任，並獲教學傑出教師獎（2008），亦是香港新亞研究所榮譽教授。鄭教授於二〇一七年榮退，目前仍在指導未畢業的博士生，且研究不輟，陸續有新作問世。其主要專書著作有：《漢文文學在安南的興替》（1987，臺灣商務印書館）、《征戰與棄守：明代中越關係研究》（1998，國立成功大學）、《來自海洋的挑戰——明代海貿政策演變研究》（2004，稻鄉出版社）、《海禁的轉折：明初東亞沿海國際形勢與鄭和下西洋》（2011，稻鄉出版社）、《血紅的桂冠：十六至十九世紀越南基督教政策研究》（2015，稻鄉出版社出版）、《耶魯航海圖研究》（2018，遠流出版社印刷）；並主編《海港、海難、海盜：海洋文化論集》（2012，里仁書局）及《東亞海域網絡與港市社會》（2015，里仁書局）。

一　求學經驗

　　鄭教授自幼家境清寒，弟妹多，因一九六七年香港左派動亂，他在初中一年級後便出外工作以幫補家計，靠工餘時間完成中學、大學和研究所碩博士學位。一九六七年至一九九一年間，鄭教授曾當過印刷學徒、紗廠工人、見習管理員和中學教師，皆為其用以維持生活家計的正式工作，餘下的時間就用來讀書，一路艱辛求學的精神令人感佩。但也因為如此長期背負身心的壓力，身體不堪負荷，在經年使用藥物後，導致晚年健康亮起紅燈，不得不減少工作量。但是鄭教授對學術研究的熱誠，仍支持著他在退休後繼續完成既定的目標與計畫。鄭教授雖已離開香港數十年，但幾乎每年都會返鄉省親，直到近幾年身體欠佳才減低回港頻率。不過，家鄉深刻的記憶如同生命裡的印記，鄭教授希望日後能出版一本《香港的回憶：在殖民地的生活、成長與學習》（已完成初稿），作為對於其成長的自我書寫，以為紀念。

　　一個人的成長，與其對外在的觀察有極大的關係，經常深化為內心的一部分。鄭教授自小學五年級起便經常閱讀香港報紙，例如《明報》的社論，從一九七〇至一九九三年間幾乎每天必讀，加上視《香港時報》〈副刊〉等文章為精神糧食，自述因此受到當時許多學者的影響，不但找了錢穆的《國史大綱》、《中國歷代政治得失》、《中國歷史精神》等書來提升國學素養與中國文化的認識，對於徐復觀的《中國人性論史》、《兩漢思想史》、《政治與學術之間》等深具批判性格的書籍，也興趣盎然，讀得津津有味，這些書籍建立了他學術生涯中，偏重傳統考據研究為方法，強調以問題意識為導向的治學基礎。

　　中學畢業後，鄭教授考入香港理工學院完成 Works Management（1975-1977）二年證書課程（PTDRC），在管理學課程中學會了「5W+1H」的分析方法：Why（為什麼）、What（是什麼）、Where（在哪裡）、Who（誰）、When（什麼時候）、How（如何）。而這與其後來從事歷史學研究的三大基柱：人物、空間、時間，沒有太大差別，因此也奠定了他轉換為就學方向的基礎訓練。本來二年後即可升上高級管理課程，但由於鄭教授從小就喜歡閱讀中國文學以及歷史、思想文化之類的文章和著作，如梁漱溟、唐君毅、牟宗三、徐復觀等人合著的《生命的奮進》，唐君毅《說中華民族之花果飄零》等書，於是毅然決然放棄了這條升學管道。

　　鄭教授一九七九年進入香港能仁書院文史系就讀，這是一間佛教僧團創辦的私立大專，在臺灣教育部立案註冊，畢業可獲臺灣教育部頒授大學學位，但香港政府不予承認。能仁是以佛學和哲學為重心的大專，文史系是舊式學系，深受乾嘉之學影響，有文字、訓詁、聲韻等課程，暗合鄭教授的興趣。當時鄭教授絕大多數朋友認為讀私立大專沒有前途，他本人也完全同意這樣的說法，不過由於他只是為興趣而讀書，並未考慮前途的問題。

　　大學一、二年級時鄭教授喜歡文學創作，二、三年級則開始閱讀林惠祥、胡耐安、劉義棠等學者所撰寫的西域歷史與人類學、民族學和考古學的論文和書籍，且曾試圖整理新舊《唐書》中有關回紇西遷的事蹟，寫成一、二篇粗淺的文章刊登在《香港時報》的副刊上，之後亦陸續發表相關的學術文章刊登在報紙雜誌上。

　　一九八〇年六月鄭教授辭去中學教師的工作，拿著僅存的幾千塊港幣，獨自前往中國大陸五十四天，目的是想去感受中國，到新疆一窺地圖所見之沙漠，親眼目睹書本上的維吾爾族人。他由香港坐船到上海，一路經杭州—蘇州—北京—呼和浩特—太原—西安—蘭州—河西走廊—敦煌—哈密—吐魯番—烏魯木齊—寶雞—成都—重慶—漢口，再從廣州回到香港。這一次的深度旅程，剛好是大陸文革後不久，宣布改革開放的初期，當時的政府也不知要從何改起，親眼所見的中國一片狼藉。幾乎二個月的時間都在平民百姓的生活當中穿梭往來，深刻感受到古老中國的生命力，然而眼下破落的城牆，卻惹人無限悲壯蒼涼之感。

　　一九八三年鄭教授大學畢業之後，繼續在能仁文學研究所攻讀碩士，白天又回到私立中學教書，因修了陳直夫教授的「中國與東南亞文化」課程，從東南亞華人史發現越南古代文人的文學修養並不亞於一般中國文人，覺得可以作為研究方向，便一頭鑽進越南漢文學的整理與研究，對古代中越關係史興趣日益濃厚。陳直夫教授留學日本慶

應大學經濟系，主修華僑史，回國後任職於中大崇基學院、珠海書院、能仁研究所。陳教授本身不研究越南史，但他給了鄭教授一本《大越史記全書》，開啟鄭教授越南漢文學和歷史的研究。其碩士論文以文學史的角度論述「越南漢文文學在安南的興替」，進行畢業論文口試時，委員們認為其論文具出版價值，鄭教授遂鼓起勇氣，修改後寄給臺灣商務印書館。當時沒有人推薦，只知道商務印書館是一間學術書籍的出版社。經過審查後，鄭教授的第一本書、也是代表作之一《漢文文學在安南的興替》於一九八七年出版。出書雖然對鄭教授而言是一種肯定，但當時他以為這是自己求學過程中完美的句號，不知道其實是學術生涯的開始。

臺北市：臺灣商務印書館，1987 年

當時鄭教授的小孩正要出世，經濟上開始壓力較大，而香港私立中學的教職薪俸低且工作不穩定，為了改善生活，鄭教授投考羅富國教育學院修讀教育學證書課程（1985-1988），修習中文教學法、中國歷史教學法、教育學等課程，畢業後可擔任中學教師，享政府津貼，薪資高且工作穩定。一九八八年鄭教授進入一所津貼中學任教，生活也安定下來。

　　然而，在教育學院讀書的最後一年，鄭教授想做學術研究的念頭又開始蠢蠢欲動，在學友的鼓勵下，於一九八七年考入香港新亞研究所博士班。當時新亞研究所仍有牟宗三、嚴耕望、全漢昇、羅夢冊等幾位大師坐鎮，學術氣氛依然濃厚。鄭教授的博士論文原先計畫由陳直夫教授指導，但陳教授年事已高，不久又長期入院治療，故改由所長全漢昇教授代為指導。在全老師的指導下，開始走上學術之路。

　　全漢昇教授是中國經濟史的權威，當時陸續發表多篇有關明清時期白銀貿易的論文，研究成果為後輩學習的典範。雖然，鄭教授當時的博士論文是「明洪武宣德年間中越關係研究」，但已相當關注明代的海外貿易問題。一九九一年十月博士論文口試順利通過後，原以為學術生涯已經結束，準備回到中學全職教書。但那一年新亞研究所剛好得到臺灣教育部的資助，成立博士後研究（員額四名），所內相近時間畢業的同學便成為博士後研究的生力軍。因為薪資較中學教師低，有學長不太願意放棄正職來當博士後研究。全漢昇所長對鄭教授說：「博士是要做學術研究的，不要只為了幾千塊錢。」全漢昇教授對學術的堅持精神一直令人敬佩，因此，鄭教授在全老師的鼓勵下，不忍拒絕這份博士後的工作。同學們都明白博士後是不穩定的工作，也知道之後進入香港各大學任教的機會微乎其微，於是鄭教授向太太承諾一、二年後再回中學當教師。鄭教授當時在新亞研究所有兩個職銜：一是當副研究員（等同副教授），開設中國與東南亞關係研究、中越關係研究兩門課；一是博士後研究，每年至少要完成一篇學術論文，總共寫了兩篇中越關係史的論文。這些經驗強化了他獨立研究的能力。鄭教授這二年完全浸淫在書堆中，課程並不多，主要是讀書、研究和寫論文。期間也經常協助全漢昇所長處理一些日常事務，一星期約莫會有三天向他報告、請益，這是鄭教授和全教授接觸最多的日子，全教授的學者風範深深的影響鄭教授。

　　鄭教授認為在新亞研究所讀書時，深受全漢昇教授和嚴耕望教授

的影響。全教授雖然對越南歷史不熟悉，但對學術論文規範掌握得很嚴格。當時博士論文初稿提出時，便被他批評得一無是處，全教授對鄭教授說學術論文要規範，文章要有可讀性。全教授的要求對鄭教授日後論文寫作有極大的影響。此外，在新亞研究所時，選修嚴教授的課較多，他一直關心著鄭教授的研究，對之有相當的期許。當鄭教授到成功大學教書時，嚴教授來信對其說：「你學術基礎尚弱，以前所寫論文，惟新亞學位論文有相當功力，其餘一般報章雜誌所發表者，多不登大雅之堂，宜當努力，走上真正學術路徑……當亦少外務。今日生活既能安定，若能埋頭苦學十年，當能有望真實成就，是所至盼也。」嚴教授的訓勉，成為鄭教授二十多年來的座右銘。

　　到臺灣教書是一個偶然的機會，一九九三年成功大學歷史系招聘一名教授東南亞史和明史的專任教授，中研院劉石吉教授認為鄭教授很適合，通知他申請。當時成大歷史系系主任是涂永清教授。鄭教授很欣幸能到臺灣教書。自此一直至二〇一七年退休共二十四年，也從一個香港人變為臺灣人。

　　來臺灣後，鄭教授對兩岸三地時代變遷的問題相當關注：其一是中國的改革開放、其二是香港回歸中國、其三是臺灣民主建構的過程和國家認同的衝突。這三者彼此之間強烈的衝擊，深深影響著他的思緒，彼此激盪逐漸形成更為成熟的世界觀，也牽引著鄭教授往後的研究方向與思索。在成大教書的前幾年，除了適應新環境之外，鄭教授也將博士論文和博士後的研究成果整理出版，一九九八年《征戰與棄守：明代中越關係研究》一書是成功大學出版的第一本人文社會類書籍。

臺南市：成功大學，1998 年

二　從越南史到海洋史

　　由於在大學部講授「明史」、「東南亞史」、「東南亞華人史」、「東亞海洋史」等課程，鄭教授熟悉明代海外關係。一次在香港，全漢昇教授與施建生教授聚餐，鄭教授陪席，閒談中引發他寫一點與全老師研究相關議題的想法，因此重新研讀全老師在新亞研究所講授的「中國近代經濟史研究」以及對明清海外貿易的研究成果，並與自己講授的課程內容貫串起來，這讓鄭教授對東亞地區十六世紀以來海洋貿易的發展有更深刻的認識。明代是中國走向近代化的重要時刻，已不能從傳統的角度去解釋當時的歷史，外在因素特別是對外貿易扮演著重要角色。全教授對於大量白銀輸入中國的研究貢獻，已為中外學界肯定，但其中較少關注明代中國政府如何因應海外貿易的情勢變化，執行其貿易政策，鄭教授以此為研究的著力點，一九九八年發表〈晚明

荷船扣關與中國之應變〉一文，經過七、八年的努力，終於完成《來自海洋的挑戰：明代海貿政策演變研究》一書，並得到稻鄉出版補助，於二○○四年初版、二○○八年再版，可見這本書獲得讀者的歡迎與肯定，書中內容主要梳理貫通明代二百多年對外貿易政策演變的脈絡。遺憾的是，全教授於二○○一年逝世，無緣見到此書出版。

板橋市：稻鄉出版社，2004 年初版，2008 年再版

本書結論主要討論白銀的輸入、海外華人以及臺灣地位三個議題。最重要的貢獻是系統地重構明太祖朝貢體系一體化形成的歷史意義：這一政策衝擊、引發當時東亞沿海局勢的轉變，至明成祖時鄭和下西洋才完善了近代中國朝貢體系的格局。明朝的朝貢體系格局與前代不盡相同，它成為東亞近五百年來海洋規範的體系，至晚清才被條約體系取代。此外，明中葉後當明朝政府面對來自海洋力量的挑戰，如倭寇與走私貿易，葡萄牙、西班牙荷蘭人的到來，它有足夠的能力在朝貢體系下建立新的貿易框架以回應世界局勢，如澳門的開埠，一五六七年福建月港允許人民出海貿易，形成早期華人移民海外，連帶

影響臺灣等等。總之，明代的海洋貿易政策，每一步都有其脈絡可循，偶然性其實不多。

　　關於鄭和下西洋的時代背景及國際因素，鄭教授在《來自海洋的挑戰：明代海貿政策演變研究》一書已經討論過，後因躬逢紀念鄭和下西洋六百週年盛會，參加數場學術研討會，陸續發表了幾篇與明朝對外關係及國際問題相關的論文。此外，又因參與成大歷史系編輯的《鄭和研究與活動簡訊》，陸續發表了幾篇學術性或考證性的短文章，進一步探討鄭和下西洋時中國與東南亞沿海國家的關係。相關文章後來整合為《海禁的轉折：明初東亞沿海國際形勢與鄭和下西洋》一書，該書於二〇一一年由國立編譯館補助和稻鄉出版社出版。此書撰作目的是更深入分析解說鄭和下西洋的時代背景。目前的鄭和研究，已超越純粹歷史範疇，多元視角帶來多采多姿的學術成果。然而就鄭和為什麼下西洋這點上，基本上仍是各說各話。鄭教授以明代的海洋貿易政策切入考察，認為鄭和下西洋離不開當時中國面對沿海國際形勢的困局而作出的反應。當時有來自日本方面的倭寇，以及中國與爪哇（滿者伯夷）的對立。然而困局何以出現，所引發的效應為何？書中討論明朝如何解決此一問題，釐清了鄭和為何下西洋、為什麼日本願意十年一貢，以及為什麼明朝會以滿剌加為外府（官廠）等核心問題。

臺北市：國立編譯館主編、稻香出版社印行，2011 年

對中國海洋史的研究，鄭永常教授是從明代開始往前找尋脈絡，發現古代中國的國際貿易港有從南往北遷移的現象，因此，先後發表的論文開始形成系統性的論述。二〇一〇年〈交阯與日南：五世紀前中國第一個國際貿易港市〉指出，從西元一至四世紀，日南和交阯是中國海外貿易的主要港口，也是南海各國來華朝貢的出入港。當時的廣州也有對外貿易，但從史料記載可知其重要性不及交阯。這種貿易格局的形成，與沿岸航行的傳統有密切關係。西元前數世紀以來，從印度到中南半島進行國際貿易的船隻，無論跨越馬來地峽或是繞行馬來半島至暹羅灣，主要是依靠沿岸航行。自從東漢馬援平定交阯徵側後，交阯和日南的對外貿易與朝貢港地位開始明確地被記錄下來。從天竺或大秦來的貿易商，先至頓遜（馬來半島北部），再經柬埔寨扶南特牧城（Vyadhapura）才進入日南和交阯貿易，這是五世紀前中國與印度最重要的國際貿易航線。當時扶南的興起，顯然與中印貿易的開拓、發展和提升有關，因此五世紀前的扶南成為中國對外貿易的重要伙伴，而各種有利於扶南的因素，直至五世紀時才發生變化導致其衰落，貿易港從日南轉向廣州。我們從法顯《佛遊天竺記》得知南印度的婆羅門商人利用季風坐船，從師子國（斯里蘭卡）經蘇門答臘南部或是爪哇西部的耶婆提直航廣州貿易或朝貢，加上西元九三九年越南獨立，廣州、泉州才成為中國的對外貿易中心。至此，沿岸航行的競爭力下降，交阯日南和扶南的國際貿易地位開始衰退，而蘇門答臘的室利佛逝和爪哇的闍婆成為東南亞的營運中心。

此後，鄭教授於二〇〇六年參加中研院「第十屆海洋史國際學術研討會」發表〈從蕃客到唐人：中國遠洋外商（618-1433）身分之轉化〉一文，順著時代的脈絡往後追尋，討論在唐宋元時期所謂中國遠程海商究竟是蕃客還是華人。鄭教授認為，這些中國遠程海商大多是蕃客及其後裔，他們曾經歷一波接一波從蕃客到唐人的身分轉化的過程。學者都知道「蕃舶」是指外國船，但有些學者認為唐宋時期「所

說的蕃商，雖說中外都有，但主要是中國的海船和海商。」囿於對蕃商認同的偏差，對蕃客的關注不足，沒有認真思考蕃商與唐人一體兩面的關係。鄭教授此文考察「蕃客」經唐宋元至明初轉化為「唐人」的過程。唐代的大食人李彥升從蕃客涵化為唐人，「形夷而心華」還僅是特例，不應視為普遍現象。但從唐至宋，一波接一波的蕃商「市田宅，與華人雜處」也出現「僑生」現象。宋代時，官員對這類僑生蕃客已以「部民」來看待，並以「苟在吾境，當用吾法。」可見「客」的身分在宋代越來越模糊。北宋朱彧所撰的《萍州可談》提到：「廣州蕃坊，海外諸國人聚居，置蕃長一人，管勾蕃坊公事。專切招邀蕃商入貢，用蕃官為之，巾袍履笏如華人。」當晚唐黃巢大掠廣州時，廣州蕃坊受到極大的創傷，阿拉伯人史料記載「不計罹難的中國人在內，僅寄居城中經商的伊斯蘭教徒、猶太教徒、基督教徒、拜火教徒，就總共有十二萬人被他殺害。」

　　這些數代定居蕃坊的蕃客，其身分為何？宋元二代的廣州和泉州蕃客來中國定居的不少，例如南宋市舶使趙汝适為了瞭解對外貿易而撰寫《諸蕃志》，序中說：「迺詢諸賈胡，俾列其國名，道其風土，與夫道里之聯屬，山澤之蓄產，譯以華言，刪其穢渫，存其事實，名曰諸蕃志。」也就是說，中國遠程貿易商早期都是來華蕃客，趙汝适《諸蕃志》是一本訪問蕃客的「口述歷史」，從「譯以華言」可想而知。蕃客大多是從阿拉伯、伊朗等地來華商人，他們定居中國後，在廣州、泉州跟中國女人結婚生子，到了第二代或第三代又以唐人身分回故鄉貿易，如宋元時期最佳的例子就是蒲壽庚家族。

　　鄭教授之後陸續在學術會議或期刊中發表了十多篇有關海洋史研究的論文，在寫作《來自海洋的挑戰》一書時，開始關心荷治時代臺灣海洋貿易問題，其中如〈鄭成功海洋性格研究〉主要透過案例論述鄭成功海權思想；〈風雨飄搖中的東寧王國：來自海洋上的訊息（1681-1683）以《華夷變態》為中心〉論述鄭氏政權是商人治國，

而當時的商業貿易建立在不穩定的基礎上;〈港市與華人:晚明東亞貿易商埠形成之華人元素〉是論述明亡（1644）前,東亞各海港城市興起與華人的關係,當時約有二十萬中國人生活在東亞各處;〈會安興起:廣南日本商埠形成過程〉分析說明一六〇四年越南會安開埠是日本政府與廣南政府談判的結果,當時在會安居住的大多是日本人,華人至一六四四年後才大量移居會安。鄭教授因研究上述越南外來勢力時觸及天主教（基督教）傳入越南的問題,有了後來寫作《血紅的桂冠》一書的企圖心。又〈鄭舜功日本航海之旅〉一文分析一五五五年明朝高級官員為了偵察倭寇,暗中派遣鄭舜功出訪日本,他發現不同群體的華人散居在九洲各海港,互不統屬。這是一五四八年朱紈摧毀走私貿易中心雙嶼港後,無家可歸的走私商人便以日本九州為基地衝擊中國沿海,引起所謂「倭寇之亂」的效應。

事實上,鄭永常教授的研究領域並沒有改變,其自我比喻為「兩條腿走路」:一是海洋史、一是越南史,同時並行,其在越南史方面的研究,尤其是在討論越南與西方的關係上,多數議題也與海洋史有關,且集中在十九世紀阮朝對外關係研究上,已陸續發表〈越法「壬戌和約」簽訂與修約談判,1860-1867〉、〈越南阮朝嗣德帝的外交困境,1868-1880〉、〈嗣德帝最後的掙扎:1880-1883年中越秘密接觸〉,這三篇論文深刻地析論阮朝嗣德時的對外關係,令讀者得以窺見十九世紀東亞小國面臨大國施壓,一種無力、無助又不得不面對的努力與掙扎過程。雖然,越南阮朝後期的處境與中國滿清末年極為相似,都是內外夾攻、積弱難振的時代,評價不高,但在研究歷史過程中,面對歷史上的失敗者,歷史學者不應一句話便抹煞了個人的尊嚴、努力和奮鬥,應該恰當地給予合理的評價。

由於對海洋史研究的逐漸深入,特別是對《鄭和航海圖》的了解,以及近年用心閱讀《耶魯航海圖》之「山形水勢圖」,鄭永常教授對於法國學者伯希和氏一九〇四年的論文〈交廣印度兩道考〉提出

新州在越南歸仁的說法越來越懷疑。而伯氏的學生馮承均翻譯伯氏著
作也以此為根據，影響所及現時一般地名史料註釋都引用伯氏之說。
為了反駁他的說法，鄭教授翻讀《大南一統志》發現編者是受阮文超
（1799-1872）的地輿志影響，阮文超死後二十八年越南出版他的著
作《大越地輿篇》（1900），而《大南一統志》編纂於一九〇九年。為
了解決新州地理位置的問題，鄭教授陸續發表了〈橫山之爭：林邑疆
域之變遷〉、〈新州港：占城國都地理位置考〉及〈朝貢關係本質：明
中國與安占爭戰之處理政策〉。這三篇文章皆論及林邑／占婆／占城
的歷史變遷過程，也就是新州的位置會因時代不同而變動，還有其他
問題影響，故有新州、舊州的問題。同時，藉討論上述問題可以反映
越南往南發展的過程，以及占婆王國的衰敗過程。以上的單篇論文都
與東亞海域國家有關，故即將出版的論文集名之為《瞬間千年：東亞
海域周邊史論》，本論文集得到曹永和文教基金會資助出版，鄭教授
為此感到十分榮幸與感謝。

臺北市：遠流出版公司，出版中

　　由於研究過程中難免觸及越南與西方的關係，彼此的衝突又主要由基督教（天主教）傳播引起，因此，鄭教授轉向十七至十九世紀越南天主教的研究，先後發表了〈十七世紀越南北圻基督教的發展與挫折：勒魯瓦耶（Abraham le Royer）神父在東京（Tonkin）之見證〉及〈從寬鬆到緊縮：越南阮朝基督教政策研究，1802-1840〉。二文深入檢討十六世紀大航海時代基督教（天主教）傳播對東亞各國的衝擊，由十六世紀至十九世紀中晚期，宗教衝突造成日本鎖國、中國教禁、越南殺害傳教士等事件。相對於基督教在日本和中國傳播的研究成果很多，越南基督教的發展，較少得到學界關注，沒有中英文論著可供閱讀。鄭永常教授自二〇〇〇年發表有關越南嗣德帝研究時便觸及基督教的問題，陸續從西方遊記、傳教士資料和回憶錄、教會資料，尤其是《中國耶穌會書簡集（中譯本）》（2005）這套書，以及越南官修的《大南寔錄》中有關基督教的史料等，整理出越南政府從十六世紀至一八七四年被殖民前的基督教政策，對當時越南政府面對基督教的傳播所採取的種種態度，作出系統而脈絡化的分析和討論。鄭教授花了十多年重構十六至十九世紀越南對基督教的政策，終於在二〇一五年出版《血紅的桂冠：十六至十九世紀越南基督教政策研究》一書。

板橋市：稻香出版社，2015 年

　　該書以大海航時代為背景，研究重心在於十六世紀至十九世紀基督教（天主教）傳入越南的過程和遭遇，以及越南執政當局的回應。當時越南分裂為南北政權，雙方爭戰不休，為了爭取對外貿易及取得武器，對基督教的政策時而寬鬆時而緊縮。越南於一八○二年再次統一，及至第二代皇帝因為禮儀之爭，對基督教採取嚴厲政策，殺戮傳教士和信徒之事件，時有所聞。而傳教士甘冒風險偷渡入境，為推動傳教事業不惜犧牲生命，當時傳教士的殉教精神轉化為傳教者的桂冠，贏得信徒的擁戴與歌頌。法國亦藉口保護傳教士而入侵越南，越南最終淪為法國殖民地，基督教開始全面發展。此外，書中也論及教權轉移，耶穌會被取代，法國外方傳教會控制東方傳教事業等問題。該書當時榮獲成功大學人文及社會科學中心專書出版補助。

　　而在撰述上述論文的同時，鄭教授也開始撰寫《耶魯藏中國帆船航海圖研究》。此書緣起於二○一○參加交通大學人社中心所主辦之「耶魯大學所藏東亞山形水勢圖研究工作坊」，主辦單位主任李弘祺教授將他收藏的 Yale University's 1841 Maritime Map（耶魯藏中國帆船航海圖）複製一份以資鄭教授參考。當時鄭教授十分驚訝竟有如此精彩的「山形水勢」圖像，在電腦看山形水勢圖，泛黃與墨線交錯，美如水墨字畫。《耶魯藏中國帆船航海圖》裡的海圖就是所謂「山形水勢」，圖中只有海域上山嶼之名作為望山用及方位記錄，以及簡單記載針路和水文。

　　本書共收圖檔一百二十三幅，由於圖的序次錯亂且無規則可隨，不易作系統性的研讀和了解，因此儘管過去介紹的學者不少，但大陸學者解讀此圖有誤，最大原因是以中國為中心，加上不了解越南地理，也對海外華人活動不了解，故誤讀者多。鄭教授利用空檔時間逐幅研讀和判斷，主要的研讀工具是向達先生校注的《順風相送》、《指南正法》以及其他的針路簿，又運用中外古地圖和 Google Map 全球定位系統對耶魯海圖中的每一幅「山形水勢」圖像進行解讀，並標示

現時所在位置等。鄭教授完成一百二十三幅海圖解讀後，於二〇一六年發表〈《耶魯藏山形水勢航海圖》的誤讀與商榷〉一文，發表在李慶新主編的《海洋史研究》中，以正視聽，並整理出耶魯海圖的真正面貌。該批資料為三條航線的「山形水勢」圖：第一條航道從越南赤坎往金門；第二條航道從越南赤坎往高棉和暹羅；第三條航道從福建至盛京天橋廠，另有數條支線往遼東。鄭教授也發現海圖製作、應用的時間跨度，應為十七世紀至十九世紀中葉，他據此寫成《明清東亞舟師祕本：耶魯航海圖研究》，此書獲曹永和文教基金會資助，由遠流出版公司於二〇一八年出版。

臺北市：遠流出版公司，2018 年

書中分析這批海圖產生的時代背景，船主的身分和船籍在何處，並對這三條航線之「山形水勢」圖序理出其路徑。每幅海圖的解讀由四部分組成：一、圖的本身，賦與其名；二、圖中文字校讀；三、地理名詞考釋；四、海圖認知和說明，並附以古地圖或 Google Map 全球定位系統找尋其經緯度來幫助說明，航線最後附上航路示意圖。這

是目前學界最完整的中國古代帆船「山形水勢」航海圖的展現，此圖的航線是以越南赤坎為中心，北至金門，再往渤海灣天橋廠；南往柬埔寨和暹羅。耶魯航海圖重現明代中葉後華人移民出海，再以移居地為中心往返中國或至其他國家貿易的交通網絡，對往後海洋史研究有重要幫助。《耶魯航海圖研究》的價值在於建構出一幅晚明中國帆船在東亞海域的交通運輸網絡。

　　此外，因退休在即，鄭教授應三民書局邀請撰寫一本大眾讀物《越南史：堅毅不屈的半島之龍》，此書與李貴民博士和范棋崴同學合作撰寫，歷經數年校稿、出版作業，已於二〇二〇年順利出版。

臺北市：三民書局，2020 年

三　退休後的「慢生活」

　　鄭教授這一年來身體出了狀況，原想就此擱置學術研究，悠閒度日，但他自嘲「不知悔改」，近日又讀了幾本十九世紀越南人到西方的遊記，例如潘清簡等《西浮日記》（1863）、綿寊《己丑年如西日

記》（1889）、李文馥《西行見聞》（1858）等，都是記錄坐船出使外國之事，乃了解當時航海路線、航海規則、海港見聞的一手漢文資料。鄭教授興起之下將大致的航海路徑都找出來，更通過這些記錄觀察越南在輪船時代來臨之際，新建立的現代海洋航海規則、港口設施、船上活動，以及東方知識人眼中的所見所聞。他表示如果精神還可支持，這幾本越南人的西遊航海路線、地名及所見所聞，特別是他們出使玻璃城（Paris，巴黎）的經歷，都值得整理成篇。

　　鄭教授亦持續關心臺灣海洋史研究，為二〇一九年成大歷史系慶舉辦的「臺灣史國際研討會」，撰寫了一篇〈起卸運轉與情報中心：荷蘭時期大員外海的澎湖海域〉（未刊登）。此外，鄭教授最近讀了 *Chinese Muslims in Java in the 15th and 16th Centuries: The Malay Annals of Semarang and Cerbon*（《三寶壠和井里汶馬來編年史》）一書，對十五、六世紀爪哇華裔穆斯林深感興趣，希望寫一、二篇相關的論文。未來，如再有餘力，他希望為臺灣寫一本大眾讀物《古代東南亞歷史與文化》，將早年進入學術研究領域起始的出發點，化成一個完美的果實，獻給第二個家鄉——臺灣，以為回報。

名家推薦

本書是一個動人的在香港成長的故事，一位扎實的學者追求學問的經歷。

——科大衛 David Faure（香港中文大學歷史系講座教授）

西哲曰：故鄉者，小時候鄰居之狗叫也。本書最令人讀之興味盎然、印象深刻的，就是那茶果嶺的好玩小童。故鄉香港，刻劃了鄭永常教授成長、學習的軌跡，也形塑了他的理想追求，當然這也是他終生魂牽夢縈的所在。書中，鄭教授篤實真誠地剖白了自己的過往與對於家國的思考。

——吳密察（國立故宮博物院院長）

「在殖民地的自由政策下，貧困磨練出一股向上奮進的精神」，這是作者學思歷程的最佳心志寫照。沒有傲人的家世，卻有傲骨的風格，從工人到教授，不讓困頓折服內心嚮往的學問世界，是部激勵年輕學子思考為學與人生的好書；是歷史與生活的結合、是文獻與生命經驗的寫實記憶，是近百年來中國近現代沉浮歷史歲月中香港命運起伏的另一種微觀，值得細讀玩味。

——陳玉女（國立成功大學歷史系教授暨文學院院長）

永常教授，香港新亞研究所同窗也；中國經濟史泰斗、中央研究院院士全漢昇先生高足也。治史有成，此固然；今以其對香港史之認識及個人之生活體驗，而撰就本著作，對讀者而言，當增益不少聞見

無疑，是以樂為推介。

——黃兆強（東吳大學歷史系名譽教授）

　　這是一本在香港寮屋出生的小孩，如何向上奮鬥、追求夢想的故事，感人肺腑。作者不僅歷述香港簡史，而且親身見證香港製造業的發展和沒落，英國殖民政策下各級教育的變遷。字字句句都是作為一位歷史學者的觀察和省思，充分反映他來自香港的驕傲、對香港的思念，以及建言。

——林玉茹（中央研究院臺灣史研究所研究員）

　　本書為東南亞史學者鄭永常教授對早年出生地香港的追憶，也娓娓道出與東南亞研究的淵源。

——康培德（國立東華大學臺灣文化學系教授）

　　《香港的回憶》這本書以記事、詩文、論文的形式，濃縮了鄭永常教授這一代香港人的獨特生命經驗。我最感動的，是他這一代香港人從底層出身、作為香港精神的肉身載體，透過自己的努力和拚搏，成就東亞海洋史研究的精彩學術人生。這本書也以獨特的形式表達了作者對香港之外的另外兩塊『中華土地』的深厚情感，而這種情感恰恰來自他這一代香港人的文化認同。然而現實和他的研究對象不一樣，大陸、台灣和香港都正在迅速改變。

——富察・延賀（八旗文化總編輯）

　　鄭永常老師一直以「一個中國人的認知」在生活著，然而香港是他的故鄉，現在是臺灣人，多樣性的身份認同讓鄭老師有了更多元的關懷向度和觀察視角。《香港的回憶》有別於刻板東方之珠的風華與市儈，而是一部從香港低下階層出身奮進的史學工作者的心路歷程。

他的故事、文青的作品、治史的精神和師承感懷及經驗談，是一種很難得的奮發正能量。

　　　　　——安煥然（馬來西亞新紀元大學學院中文系教授）

　　鄭老師夾敘夾議，將個人成長，從十四歲出社會工作和兼職求學的經歷，結合殖民地時代香港社會脈動與中文教育的風氣，為他與同時代的人們留下自身視角的動人回憶。

　　　　　——吳龍雲（國立臺灣師範大學華語文教學系副教授）

文化生活叢書 1300007

香港的回憶

作　　者　鄭永常
責任編輯　呂玉姍
特約校稿　林秋芬

發 行 人　林慶彰
總 經 理　梁錦興
總 編 輯　張晏瑞
編 輯 所　萬卷樓圖書股份有限公司
　　　　　臺北市羅斯福路二段 41 號 6 樓之 3
　　　　　電話 (02)23216565
　　　　　傳真 (02)23218698

發　　行　萬卷樓圖書股份有限公司
　　　　　臺北市羅斯福路二段 41 號 6 樓之 3
　　　　　電話 (02)23216565
　　　　　傳真 (02)23218698
　　　　　電郵 SERVICE@WANJUAN.COM.TW
香港經銷　香港聯合書刊物流有限公司
　　　　　電話 (852)21502100
　　　　　傳真 (852)23560735

ISBN 978-986-478-467-7
2021 年 7 月初版
定價：新臺幣 400 元

如何購買本書：

1. 劃撥購書，請透過以下郵政劃撥帳號：
　　帳號：15624015
　　戶名：萬卷樓圖書股份有限公司
2. 轉帳購書，請透過以下帳戶
　　合作金庫銀行 古亭分行
　　戶名：萬卷樓圖書股份有限公司
　　帳號：0877717092596
3. 網路購書，請透過萬卷樓網站
　　網址 WWW.WANJUAN.COM.TW

大量購書，請直接聯繫我們，將有專人為
您服務。客服：(02)23216565 分機 610

如有缺頁、破損或裝訂錯誤，請寄回更換
版權所有·翻印必究
Copyright©2021 by WanJuanLou Books CO., Ltd.
All Rights Reserved　　　Printed in Taiwan

國家圖書館出版品預行編目資料

香港的回憶/鄭永常著. -- 初版. -- 臺北市：萬
卷樓圖書股份有限公司, 2021.07

　　面；　　公分. -- (文化生活叢書；1300007)

ISBN 978-986-478-467-7(平裝)

1.傳記　2.香港特別行政區

783.3886　　　　　　　　　　110007403